2022

한국이 열광할 세계 트렌드

2022 한국이 열광할 세계 트렌드

KOTRA가 엄선한 글로벌 뉴비즈니스

KOTRA 지음

알키

더 나은 미래를 위한 선택은 계속해야 한다

서문

2021년에도 코로나19의 위세는 현재진행형이다. 변이 바이러스가 우리의 건강과 안전을 위협했고, 지구촌 전역에서 봉쇄와 격리, 사회적 거리두기는 여전했다. 팬데믹이 장기화 국면에 접어들고 백신 접종률이 가파르게 상승하면서 일상으로의 복귀를 시도하는 나라가 조금씩 늘어났지만, 사람들의 걱정과 불안은 사그라지지 않았다.

그 결과 비대면화에 더욱 속도가 붙었고, 사람들은 개인화・맞춤화된 서비스와 제품에 익숙해졌다. 세상을 보는 관점도 이를 닮아가기 시작했다. 그리고 이 같은 거대한 흐름은 지속될 전망이다.

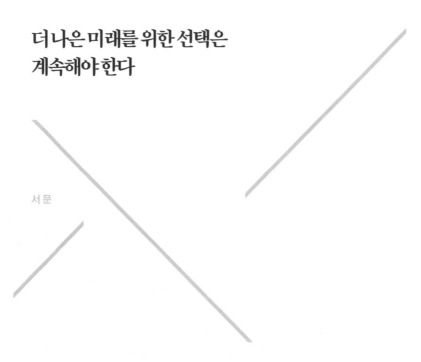

이는 다음과 같은 세 가지 변화와 연결된다. 첫째, '감정'을 우선시하는 흐름이 강화됐다. 비대면과 재택근무가 일상화되고 나 홀로 집에 머무는 시간이 길어지면서 사람들은 피로감과 고립감을 느꼈다. 그로 인해 건강과 안전, 가족, 행복 등 본원적인 가치를 중시하는 현상이 급부상했다. 더불어 코로나 블루로 인한 우울감과 무기력증을 치유해줄 다양한 방법을 찾는 데 집중했다. 둘째, '기술'의 역할이 더욱 커졌다. 코로나19로 혁신 기술에 대한 저항감이 낮아지며 산업 전반에서, 우리의 일상에서 새로운 기술을 받아들이는 속도가 빨라졌다. 셋째, '실천'이 가치의 중심에 놓이게 됐다. 더 나은 사회를 만들기 위한 개인적 노력이 친환경 기술 개발, 가치소비 확산, 자원 순환 확대 등 실질적이고 구체적인 행동으로 나타났다.

《2022 한국이 열광할 세계 트렌드》는 이 같은 변화를 발 빠르게 담아내는 데 집중했다. 1부 '치유사회'에서는 걱정과 불안, 스트레스를 치유하고, 고립된 사람을 위해 가족의 역할을 대신하는 기술과 서비스를 소개했다. 2부 '새로운 놀이'에서는 비대면 사회에 익숙해진 사람들이 새롭게 즐거움을 찾도록 도와주는 비즈니스 사례를 발굴해 수록했다. 3부 '미래의 일상'에서는 주거와 도시의 변화, 그리고 더욱 중요해진 건강관리에 대한 혁신 기술을 소개해 우리 주변의 모든 것이 디지털화되어 가는 현주소를 살펴봤다. 마지막 4부 '공존사회'에서는 산재한 환경 문제를 해결하고, 저탄소 친환경 사회로 나아가기 위한 전 세계의 반짝이는 아이디어를 소개했다. 특히 물 부족을 해결하기 위한 혁신적 아이디어, 가치를 중심에 둔 의식 있는 패션 소비, 폐기물 없는 사회를 위한 노력 등을 엿볼 수 있다.

최근 글로벌 경제 환경은 코로나19 장기화 속에 디지털 전환, 기후변화, 글로벌 공급망GVC 재편, 신보호주의 경향이 가속화되고 있다. 그러나 우리는 예기치 못한 위기를 마주하고 이를 슬기롭게 극복해온 경험적 자산을 가지고 있다. 또한 변화 속에서 새로운 기회가 따른다는 사실도 잘 알고 있다. 기회를 성공으로 이끄는 것은 준비된 자만이 할 수 있다. 세계 경제의 변화와 흐름을 읽고, 성장 잠재력이 풍부한 유망 산업 분야를 예견해 남보다 먼저 미래 비즈니스 기회를 선점해야 한다.

여기, KOTRA 84개국 127개 해외 무역관 직원들이 팬데믹 속에서도 자리를 지키며 발굴한 36개의 글로벌 비즈니스 사례가 있다. '치유사회', '새로운 놀이', '미래의 일상', '공존사회'를 주제로 한 이들 사례가 미래를 위한 발걸음에 영감과 인사이트가 되길 바란다.

2011년 '한국을 뒤집을 14가지 트렌드'란 이름으로 처음 책이 나온 지 어느덧 10년이 지났다. 시시각각 변하는 해외 비즈니스 모습을 현장에서 직접 전하기 위해 시작한 책이 꾸준한 사랑을 받았다. 이 자리를 빌려 오랜 시간 이 책을 지지해준 독자 여러분께 진심으로 감사드린다.

마지막으로, 이번 열한 번째 책이 무사히 세상에 나오기까지 바쁜 시간을 쪼개 세계 곳곳의 사례를 조사하고 분석한 KOTRA 해외 무역관 직원들과 지원을 아끼지 않은 출판사 관계자들에게 감사의 인사를 전한다.

KOTRA 사장 유정열

목
차

1 치유사회

마음 케어 | Relax Science |

■ 지치고 힘든 사람을 위한 비즈니스 ■

3 미래의 일상

1

PART

치유
사회

마음케어 Relax Science

| 지치고 힘든 사람을 위한 비즈니스 |

많은 이들이 코로나19가 변화의 속도를 더욱 가속화했다고 말한다. 한편 빨라진 변화의 속도에 적응하지 못하고 힘들어하는 사람들도 늘어났다. 사람과 사람 사이의 거리는 더욱 멀어졌고, 사람들과 시간을 보내며 유대감을 형성할 수 있는 기회는 한층 줄어들었다. 혼자 운동하고 건강식을 챙겨 먹으며 몸과 마음의 회복을 위해 노력하는 사람이 늘어났지만, 지친 마음은 쉽게 회복되지 않는다. 이제는 적극적으로 마음의 건강에 힘을 쓸 때다. 사람들은 비로소 마음의 건강이 당연하게 주어지는 것이 아니라 꾸준히 관심을 기울이며 세심하게 관리할 때 유지할 수 있다는 사실을 깨달았다. 내 마음 들여다보기, 명상을 통해 단단히 수련하기, 실내 정원 가꾸기 등 우리의 마음을 치유해주는 비즈니스 사례를 살펴보자.

마음 케어

긍정적 마인드를 심어주는 심리치료 챗봇 무드메이트

민스크

30개 언어로 전 세계 2억 명 이상이 사용하는 모바일 메신저 바이버Viber, 20개 언어로 전 세계 1억 명 이상이 사용하는 여성 건강 주기 달력 애플리케이션 플로Flo, 2010년 처음 출시된 이후 글로벌 게임 유저들의 꾸준한 사랑을 받고 있는 전차 전략 액션 게임 월드오브탱크World of Tanks의 공통점은? 바로 벨라루스에서 개발한 애플리케이션 혹은 게임이라는 점이다.

잘 알려져 있진 않지만 벨라루스는 세계적 IT 강국으로 손꼽힌다. 특히 IT 아웃소싱 분야에서는 선도적 경쟁력을 갖췄다. 2020년 벨라루스의 IT 서비스 수출은 전체 서비스 수출의 32.2%에 달한다. 게다

출처 | 바이버 홈페이지

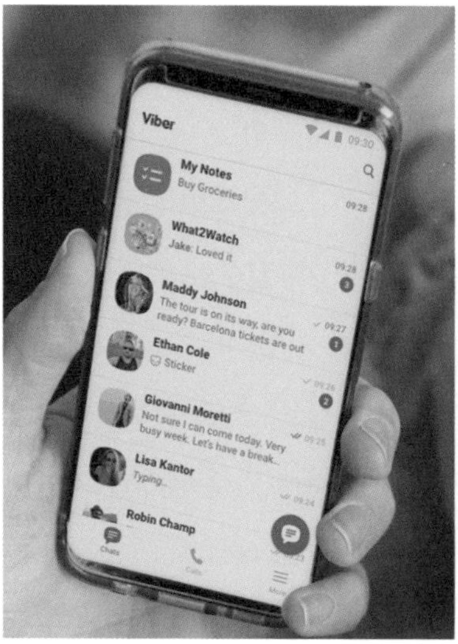

바이버 관련 이미지

출처 | 플로 홈페이지

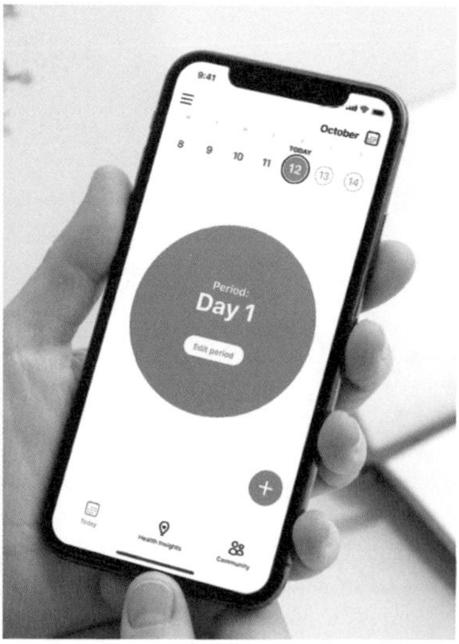

플로 관련 이미지

출처 | 월드오브탱크 홈페이지

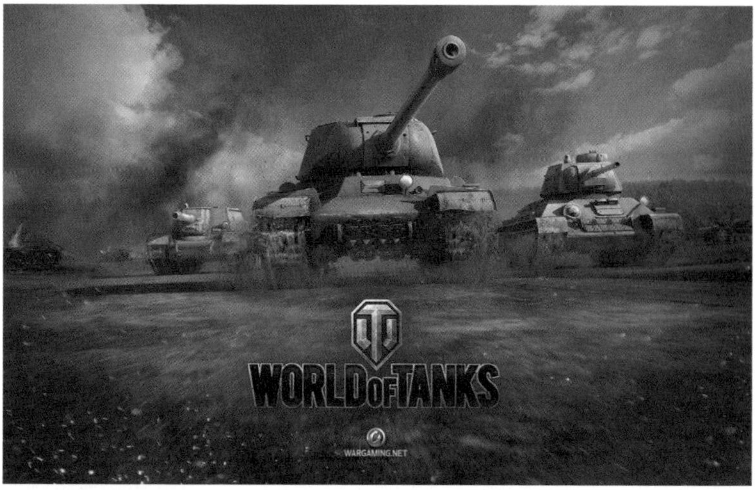

월드오브탱크 관련 이미지

가 IT는 벨라루스 전체 외국인 투자의 9.1%, 2020년 벨라루스 GDP의 7.3%를 차지하는 주요 산업이기도 하다.

경쟁력 있는 IT 스타트업들도 넘쳐난다. 정부의 전폭적인 지원하 2005년 설립된 하이테크파크Hi-Tech Park는 IT 스타트업의 요람 역할을 톡톡히 하고 있다. 2021년 기준 하이테크파크에 입주한 기업은 1,054개 사에 달하며, 이 중 40% 이상이 해외 투자 기업이다. 또한 입주 기업이 만드는 제품의 90% 이상을 미국, 유럽 등으로 수출한다. 구글Google, 마이크로소프트Microsoft, 페이스북Facebook 등 유수의 IT 기업이 수시로 포럼을 개최하고, 글로벌 기업을 대상으로 한 신생 기업의 피칭Pitching◆ 행사도 활발하다. IT 엔지니어의 기술 역시 세계 최고 수준이다. 특히 비교적 저렴한 인건비 덕분에 아웃소싱 분야 경쟁력이 뛰어나다.

코로나 블루와 정치적·경제적 좌절감을 치유하다

2021년 출시된 무드메이트Moodmate는 이 같은 IT 강국 벨라루스를 사로잡은 심리치료 챗봇chatbot이다. 무드메이트의 출시는 두 가지 배

◆ 제작사, 투자사, 바이어 앞에서 기획·개발 단계의 프로젝트를 공개 시연·설명하는 일종의 투자 설명회.

경으로 이뤄졌다. 첫 번째는 전 세계를 강타한 코로나 팬데믹pandemic이다. 코로나 확산은 사람들의 일상에 코로나 바이러스뿐 아니라 이른바 '코로나 블루corona blue'라고 불리는 정신적 우울감과 무기력증까지 안겨줬다. 국제노동기구ILO에 따르면 코로나 팬데믹으로 전 세계 18~29세 젊은이의 절반이 우울증과 불안장애를 경험했으며, 이 중 20%가 의료 종사자다. 2020년 10월 세계보건기구WHO가 130개국을 대상으로 실시한 설문조사 결과도 비슷하다. 코로나 팬데믹으로 정신건강에 대한 관심은 높아졌으나, 정신건강 서비스 면에선 전 세계 국가의 93%가 미흡함을 드러냈다.

두 번째는 2020년 8월 치러진 벨라루스의 대선 결과다. 대선 결과에 의문을 갖고 점차 분노하는 사람들이 늘어났고, 이후 벌어진 정치적 갈등으로 서방의 경제 제재와 급격한 현지 평가절하가 이어져 경제적 좌절감까지 가중됐다. 현지 마케팅조사기관 사티오SATIO가 2020년 하반기 월간으로 실시한 설문 결과에 따르면, 전염병에 대한 두려움에 정치적·경제적 우울감이 지속적으로 더해서 가장 마지막 달에는 '벡의 우울척도Beck Depression Inventory◆'가 최고치를 나타냈다고 한다. 현지 스타트업이 개발한 심리치료 챗봇 무드메이트는 이런 벨라루스인들의 우울감을 조금이나마 덜어내고 긍정적 마음을 갖도록 유도하기 위

◆ '인지치료의 아버지'라 불리는 미국의 정신과 의사 벡(Aron Temkin Beck)이 우울증 측정을 위해 개발한 자기보고식 검사로, 총 21개 문항으로 구성돼 있다.

해 출시됐다.

분위기를 개선하고 스트레스를 덜어내다

무드메이트는 말 그대로 분위기를 살리고 전환시키는 친구 같은 챗봇이다. 주된 역할은 사용자에게 스트레스를 극복하는 행동 방법을 알려주는 것으로 사용법은 간단하다. 매일 5분 정도 챗봇과 대화하면서 제시된 심리극에 따라 주어진 네 가지 객관식 답안 중 하나를 고른다. 알고리즘을 통해 챗봇이 생각하는 심리적 상황이 맞을 경우 다음 문제로 넘어가고, 우울한 심리를 반영하는 답안을 선택하면 설득해 다시 답을 고르게 하거나 우회하도록 유도한다. 결국엔 긍정적인 결과로 이끌면서 사용자의 기분이 나아지는 일종의 심리행동 전략 게임인 셈이다.

그 결과 사용자는 일정 기간 긍정적인 기분을 유지하는데, 무드메이트의 궁극적 목적은 일시적으로 사용자의 기분을 풀어주는 것이 아니라 긍정적 마인드와 습관을 형성하는 데 있다.

단순 대화형 챗봇, 우울감 해소를 위한 최적의 솔루션

무드메이트의 개발자 겸 CEO인 야우헨 클리셰비치Yauhen Klishevich는

출처 | 아우헨 클리세비치

무드메이트의 개발자 겸 CEO인 아우헨 클리세비치는 28세에 프로그램을 개발하기 시작해 29세인 2021년에 동 서비스를 론칭했다

벨라루스국립대학교 재학 시절부터 모바일 게임 개발 등 다양한 프로젝트에 참여했으며, 7년간 벨라루스 내 크라우드소싱 및 크라우드펀드 플랫폼을 운영하면서 1,000개 이상의 프로젝트를 수행했다. 그러다 2020년 코로나 사태와 벨라루스 정세로 많은 이들이 심리적 어려움을 겪는 것을 보며 사회에 유의미한 영향을 미칠 수 있는 사업을 구상했다. 이것이 심리학자 올가 투르체비치 Olga Turtsevich, 구글의 IT 엔지니어 얀 바비츠키 Yan Babitskiy 등과 의기투합해 챗봇 무드메이트를 출시하는 것으로 이어졌다.

이들 무드메이트 크리에이터팀은 코로나가 불러온 일상의 변화와 이동 제한, 불확실한 미래, 경제적 문제로 고통받는 사람들에게 가장 필요한 것은 친근한 의사소통, 심리적 안정감, 긍정적 마인드 리셋이라 생각했다. 그리고 이를 실현할 최적의 솔루션으로 대화형 챗봇을 택했다. 이유는 인터페이스를 디자인하는 데 많은 시간이 소요되지 않기 때문이다. 따라서 적은 리소스로 빠른 서비스 제공이 가능하고 사용자를 위한 콘텐츠 개발에 집중할 수 있다. 또한 피드백 분석과 대응도 빠르게 가능하다.

출처 | moodmate.me

무드메이트 홈페이지 화면

게임처럼 흥미롭게 진행되는 심리치료 방식

무드메이트가 매일 제공하는 알림에 하루 5분 2주 이상 투자할 경우 확실한 심리치료 효과를 누릴 수 있다고 한다. 그렇다면 챗봇과의 대화 소재는 어떤 것일까? 오늘 입은 옷부터 가족과 직장에 관한 이야기까지 일상 속 여러 소재가 등장할 뿐 아니라 대화 또한 가볍고 재미있는 어조와 방식으로 이뤄진다.

챗봇은 알고리즘으로 사용자의 선택 결과를 미리 예측하고 어떤 행동 전략을 갖는 것이 최적인지 알려주며, 좋은 습관을 개발하도록 도와준다. 채팅 자체는 게임과 같은 흥미로운 방식으로 전개되지만, 대화 내용에는 심리학자와 의사들이 연구한 인지재구성Cognitive Restructuring, 수용전념치료Acceptance and Commitment Therapy, 변증법적 행동치료Dialectical Behavioral Therapy 등 심리학적 치료 기법이 녹아 있다. 실제 무드메이트 속 문제 상황의 예를 들면 다음과 같다.

상황 1 | 당신의 관심사에 부정적인 영향을 미치는 불안한 상황과 마주했을 때, 당신이 할 수 있는 최선의 선택은 무엇인가?

선택 ① 발생할 수 있는 모든 나쁜 결과를 예측한다.

선택 ② 상황을 개선하기 위해 내가 할 수 있는 것이 무엇인가 생각하고 실천한다.

선택 ③ 불안한 생각을 하지 말고 다른 일로 전환한다.

선택 ④ 이 상황에서 벗어나기 위해 노력한다.

사용자의 선택에 대한 챗봇의 답변은 다음과 같다.

답변 ① 부정적인 결과를 예측하고 대비하는 것도 필요하나, 그것에 너무 집착하면 절망과 슬픔에 빠지게 됩니다.
답변 ② 아주 단순한 실천이라도, 상황을 통제하며 자신의 행동을 믿고 불안감을 낮추는 데 도움이 됩니다.
답변 ③ 흥미로운 아이디어지만 보통 실제 상황에서는 그렇게 잘 되지 않을 뿐 아니라, 불안감에 대해 생각하지 않으려고 하면 할수록 더 많이 생각나는 법입니다.
답변 ④ 현실로부터 도망치는 방법이 최선은 아니며, 외부 요인에 의한 갈등의 경우 대부분 그 현실을 피해 갈 수 없는 경우가 많답니다.

답변 2를 선택하면 다음 상황으로 대화가 넘어가지만, 그 외의 경우에는 다시 생각해보라는 식으로 유도하거나 우회하도록 함으로써 답변 2를 고르는 상황으로 되돌아가게 만든다.

다음은 챗봇과의 또 다른 대화 사례다. 단, 대화는 이미 제시돼 있고 사용자는 실제로 클릭만 하면 된다.

챗봇: 할 일이 너무 많아서 삶의 기쁨을 누리는 시간이 충분치 않다고 가정해보자. 그럴 땐 어떻게 해야 하는지 아니?

사용자: 말해줘!

챗봇: 가까운 장래에 너를 기쁘게 할 수 있는 일들의 목록을 생각해서 나열해봐.

사용자: 예를 들면, 어떤 거?

챗봇: 간단한 일일 수 있어. 예를 들면 평소 좋아하는 카페에 가기, 주말에 침대에 누워서 시체놀이 하기, 좋아하는 영화 보기 같은 거 말이야.

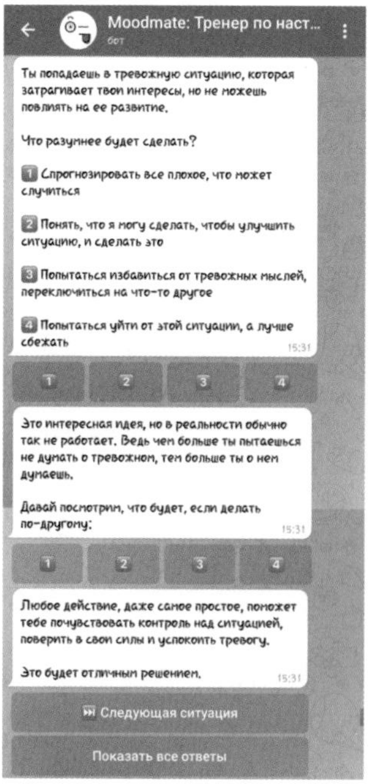

출처 | KOTRA 민스크 무역관

해당 상황 모바일 무드메이트 캡처 화면

사용자: 흠, 알겠어.

챗봇: 가장 중요한 것은 너 자신을 즐겁게 할 수 있는 일을 하나 이상 꼭 계획하는 거야.

사용자: 좋아, 목록을 써볼게. 그런데 적고 나면 다음엔 뭘 더 해야 해?

챗봇: 너 자신을 위해 시간을 내서 꼭 하루에 한 가지 이상 즐거운 일을 해. 아예 하루 정도 다른 일은 하나도 하지 말고 앞으로 하고 싶은 일들을 버킷리스트같이 쭉 적어봐.

출처 | KOTRA 민스크 무역관

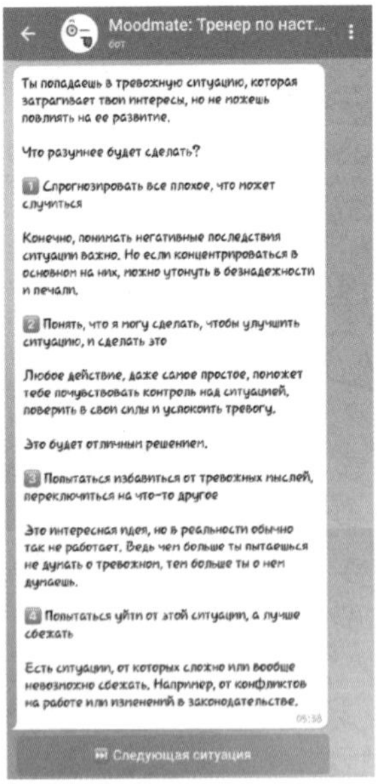

해당 상황 모바일 무드메이트 캡처 화면

무드메이트 이용 모습

출처 | KOTRA 민스크 무역관

사용자: 오, 그거 좋은 생각이다!

챗봇: 해보고 나면, 정말 네 맘에 쏙 들게 될 거야!(미소 아이콘과 함께)

단순명료하고 친근하면서도 유쾌한 대화가 인기 비결

단순하고 친근한 방식의 챗봇 무드메이트는 출시한 지 6개월 만에 3만 8,000명 이상의 구독자를 끌어모았다. 별도의 대규모 광고 마케팅을 하지 않았는데도 기존 사용자들의 입소문과 초대만으로 신규 가입자가 급증했다. 출시 후 6개월간은 텔레그램Telegram을 통해서만 서비스했으나, 2021년 6월 이후부터는 자사 홈페이지moodmate.me와 '러시아판 페이스북'이라 불리는 브깐딱쩨VkonTakte, VK, 인스타그램Instagram, 페이스북Facebook, 트위터Twitter, 링크드인Linkedin 등 다양한 소셜미디어 네트워크에도 홍보 페이지를 게시했다. 향후에는 좀 더 적극적인 홍보를 통해 2022년 말까지 200만 명 이상의 구독자를 유치할 계획이다. 또한 무드메이트 개발팀은 현재 716개의 고유 상황, 359개의 연습 상황 등 다양한 상황별 콘텐츠를 구축한 상태며, 앞으로도 고객의 피드백을 반영해 지속적으로 콘텐츠를 업데이트할 예정이다.

무드메이트의 인기 비결은 단순명료함과 친근함, 유쾌함에 있다. 챗봇과의 대화 방식이 한두 문장 단위의 간단한 형태인데다, 하루 1~3회 인사와 함께 챗봇이 자동으로 말을 걸어주는 뉴스레터 방식이라 편리한 것도 장점이다. 더욱이 챗봇의 어조는 친구와 이야기하듯 친근한 어투로, 전반적인 대화가 유머 섞인 유쾌한 내용이라 구독자의 웃음을 자아내기에 충분하다.

아쉬운 점은 현재 무드메이트의 서비스가 러시아어로만 제공된다는 것이다. CEO 야우헨 클리셰비치는 앞으로 페이스북 메신저에 영어 서비스를 할 계획이며, 기타 외국어로도 서비스를 확대해 나가겠다고 밝혔다. 더불어 심리학자와의 일대일 심층 상담, 추가 콘텐츠와 제휴 프로그램을 탑재한 프리미엄 서비스 등도 제공할 것이라고 덧붙였다.

코로나 블루 시대를 겨냥한 전 세계적 심리치료 챗봇 열풍

무드메이트 같은 심리치료 챗봇의 출시는 벨라루스에만 국한되지 않는다. 가히 글로벌적인 현상이라 할 만하다. 미국 스탠퍼드대학교 심리학 전문가들을 주축으로 설립된 스타트업 워봇헬스Woebot Health는 코로나 팬데믹 이전부터 페이스북 메신저와 전용 애플리케이션을 통해 우울증 환자를 위한 인공지능Artificial Intelligence, AI 기반 챗봇 서비스를 제공했고, 2021년 상반기에는 호주에서 청소년 정신건강에 특화된 챗봇 애쉬Ash가 등장해 화제를 모았다.

심리치료 챗봇이 각광받는 이유는 명확하다. 시간과 장소에 구애받지 않고 누구 눈치를 볼 필요도 없이 언제 어디서든 상담을 청할 수 있는 데다, 답변 또한 신속하게 받을 수 있기 때문이다. 기밀 유지가 보장되는 것 역시 강점이다. 그런 의미에서 심리치료 챗봇 열풍은 앞으로도 계속될 전망이다. 코로나 팬데믹이 완전히 해소된다 해도 마음의 위안이 필요한 이들, 스트레스와 우울감으로 고통받는 이들, 걱정과 불안으로 잠 못 이루는 이들은 어디에나 존재하기 때문이다.

김동묘(민스크 무역관)

마음 케어

간편한 스마트 실내정원, 베를린그린

함부르크

급격한 도시화가 이뤄지던 19세기, 독일 라이프치히에 사는 의사이자 교수인 다니엘 슈레버Daniel Schreber는 도시에 사는 아이들과 청년들의 건강을 위해 야외활동을 장려할 수 있는 방안을 모색했다. 그리고 슈레버의 사후인 1864년, 라이프치히의 한 학교는 그의 이름을 따서 도시 외곽에 아이들이 과일과 채소를 심고 뛰어놀 수 있는 정원을 조성하고 슈레버가튼Schrebergarten이라 명했다. 이후 슈레버가튼은 독일 전역으로 확대돼 지금은 도시정원 및 외곽의 농장 등을 뜻하게 됐다. 현재 100만여 개의 슈레버가튼이 있으며 가드닝을 즐기는 독일인들의 발걸음이 끊이지 않는다.

하지만 최근 독일인의 가드닝 사랑에 전혀 예상하지 못한 방해 요소가 등장했다. 바로 코로나19다. 팬데믹 대응 방안으로 외출 금지 혹은 외출 반경 제한이 이뤄지면서 주로 도시 외곽에 위치한 정원을 방문하기가 어려워진 것이다. 게다가 정원 일은 혼자가 아닌 다른 사람과 함께하는 경우가 많아 사회적 접촉 제한이 필요한 상황에선 가드닝 자체가 힘들어졌다. 이에 사람들은 슈레버가튼을 본인이 거주하는 건물 혹은 집 안으로 들여오는 방안을 강구했다.

사실 도시에 거주하는 경우, 본인의 거주지에서 야외 정원을 기대하기는 어렵다. 발코니가 있다고 해도 날씨가 더워 수분이 지나치게 많이 증발되거나, 너무 강한 햇볕 때문에 식물이 화상을 입을 수도 있다. 정반대로 흐린 날이 지속될 땐 광합성 작용이 일어나지 않는 등 시시각각 변하는 날씨 때문에 식물들을 가꾸기 힘들어서다.

독일의 스타트업인 베를린그린BerlinGreen의 창업자 필립 바브르지니아크Filip Wawrzyniak는 '이 같은 상황을 개선할 방법은 무엇일까?'를 질문하면서 사업 아이디어를 얻었다. 일조량이 부족해 어두침침하고 흐린 베를린에서 오래 거주하며 식물을 잘 키워내기 위해서는 뭔가 새로운 방법이 필요하다고 생각한 것이다.

언제든 스마트폰으로 식물 상태를 확인할 수 있는 그린박스

"첫 프로토타입prototype◆은 근처 목공소와 철물점에서 산 재료로 제 주방에서 만들었어요. 이후 토목공학 공부를 마친 친구 올가 블라작Olga Blaszak과 함께 식물이 자라기에 적당한 온도, 습도, 빛의 종류 등을 연구하고 베를린 팹랩Fablab◆◆에서 다양한 프로토타입을 만들었죠."

이들은 여러 대학교, 기업들과 협업하며 실내 재배에 알맞은 식물의 종류와 환경 조건을 실험하고 질 좋은 제품 원료 공급자를 찾는 데 집중했다. 이런 과정을 통해 탄생한 결과물이 바로 그린박스Green Box다.

그린박스 패키지는 그린박스, 파워어댑터, 8개의 씨앗과 건조배양토인 플랜트플러그Plant Plug로 구성된다. 사용 방법은 간단하다. 씨앗을 심은 플랜트플러그를 그린박스 안에 넣고 박스 내 구멍으로 약 2주에 한 번씩 물을 주면 된다. 전원을 연결하면 박스에 부착된 마이크로 컨트롤러가 현재 식물의 상태를 측정해 사용자의 스마트폰 애플리케이션으로 정보를 전송한다. 이를 통해 사용자는 언제 물을 주고 플러그를 갈아야 하는지 알 수 있다. 또한 박스에 손잡이처럼 붙어 있는 전등에서 식물 성장에 알맞은 종류와 양의 빛이 나와 흐린 날씨나 겨울에

◆ 원래의 형태나 전형적인 사례, 기초 또는 표준. 정보 시스템의 미완성 버전 또는 중요한 기능들이 포함된 시스템의 초기 모델을 의미한다.

◆◆ 제작(Fabrication)과 실험실(Laboratory)의 합성어로, 3D 프린터와 레이저 커터 같은 제작 장비를 이용할 수 있는 창작 지원 공간을 뜻한다.

출처 | BerlinGreen/Alessandra Chastalo

그린박스와 플랜트플러그

출처 | BerlinGreen/Alessandra Chastalo

베를린그린의 창업자 필립 바브르지니아크와 올가 블라작

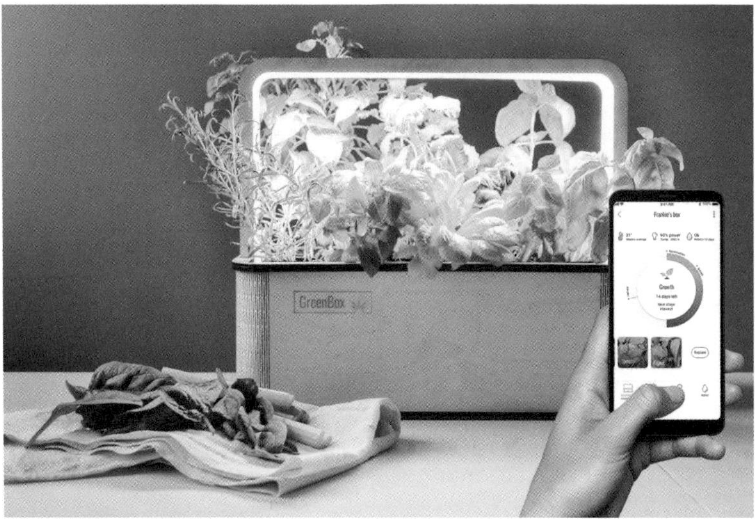

출처 | berlingreen.com

그린박스와 애플리케이션

도 식물들이 잘 자랄 수 있다.

그린박스의 또 다른 특징은 와이파이를 이용한 OTA Over-the-Air 방식이라는 점이다. 보통은 펌웨어 firmware의 버그 수정이나 기능 추가를 하려면 기기 간 물리적 연결이 필요한 데 반해, OTA는 무선으로 업데이트가 가능하다. 예를 들어 조명에 다양한 색을 내는 기능이 추가됐다면, 사용자는 기계와 컴퓨터를 연결하고 베를린그린 홈페이지에 접속해 패치를 설치하는 등의 번거로움 없이 스마트폰 버튼 하나로 간편하게 업데이트를 할 수 있다.

심고, 뜯고, 맛보고, 즐기는 재밌는 가드닝

그린박스에서 재배하는 채소의 종류는 다양하다. 현재 베를린그린에서 판매하는 채소로는 고수, 오레가노, 타임, 레몬밤, 페퍼민트 등의 허브와 다양한 바질(타이, 라임, 레드, 제노베네, 피콜리노 등), 로메인상추, 살라노바, 레드 로메인 등이 있다. 플랜트플러그에 심은 씨앗은 그린박스에서 약 4~6주가 지난 후 먹을 만한 크기로 자라는데, 손쉽게 뜯어 맛있는 샐러드를 만들 수 있다. 식물을 기르는 재미와 더불어 자신이 키운 채소로 요리하는 즐거움까지 누리게 해준다.

이외에도 베를린그린은 개인적으로 기르고 싶은 식물이 있는 소비자들을 위해 씨앗을 포함하지 않은 플랜트플러그도 판매한다. 그린박스에서 자란 채소들을 다른 곳으로 옮겨 재배해 집 안의 녹색 공간을 확장할 수도 있다. 이를 위해 현재 베를린그린에서는 식용 식물뿐 아니라, 조경용 식물과 꽃의 씨앗을 포함하는 플랜트플러그를 개발하고 있다.

사용자들의 반응도 긍정적이다. 자작나무로 만든 제품의 모양새가 세련되고 기능성도 매우 좋아서다. 일례로 요리사인 벤저민Benjamin은 슈퍼마켓에서 판매하는 허브들이 모두 플라스틱 봉지에 담겨 환경에 좋지 않고 맛도 무미건조해 대안을 찾다가 그린박스를 발견했다. 정원에서 기르는 것보다 빠른 속도로 자라고, 맛과 향까지 좋아 매우 흡족하다는 게 그의 평이다.

그린박스 사용자들은 단순히 제품을 쓰고 만족하는 것을 넘어 다양한 아이디어를 제공하기도 한다. 예를 들어 한 사용자는 그린박스에서 방출하는 빛이 식물엔 좋지만 자신에게는 너무 밝은 것 같다며, 그 주위를 감쌀 무언가가 있으면 좋겠다고 제안했다. 이에 베를린그린은 그린박스에 부착하는 텐트를 개발, 사용자들이 그린박스를 조명으로 활용할 수 있도록 했다.

코로나19로 인한 인도어 가드닝 시장의 급속한 성장

코로나19가 베를린그린 같은 인도어 가드닝Indoor Gardening 기업의 성장에 미친 영향력은 상당하다. 일단 전 세계적으로 시장 규모가 확대됐다. 시장조사업체 마켓스앤드마켓스Markets and Markets는 세계 식물재배기 시장이 2022년 184억 달러(약 22조 2,700억 원)까지 성장할 것으로 전망했다. 미국도 2020년 대부분의 소매판매 업종이 급격한 매출 감소세를 겪었지만, 인도어 가드닝 분야만큼은 10%에 가까운 높은 성장률을 기록했다. 한국의 상황도 비슷하다. 발명진흥회 지식재산평가센터에 의하면, 그린박스와 유사한 식물재배기 시장은 코로나19 이후 대폭 성장, 2023년에는 5,000억 원 규모에 달할 전망이다. 실내에서 녹색식물을 가꾸며 심리적 위안을 얻으려는 사람들이 늘고, 인도어 가드닝 혹은 반려식물◆이 우울감, 불안감, 무기력 등으로 대표되는 코로나 블루의 효과적인 치유책으로 각광받으면서 이에 대한 관심이 급증한 까닭이다.

베를린그린 역시 코로나19로 예상치 못한 마케팅 효과를 누렸다. 2020년 세계에서 가장 큰 가전제품 박람회인 베를린 국제가전박람회Internationale Funkausstellung, IFA에 참가해 많은 주목을 받은 것이다. 평소였다면 삼성이나 애플 같은 대기업에 밀려 스포트라이트를 받기 쉽지 않았을 것을 코로나19로 많은 글로벌 기업이 참가를 포기하면서 베를린그린처럼 작은 스타트업에도 관심이 모아졌다. 베를린그린의 필립 바브르지니아크 대표는 당시 그린박스가 많은 언론에 소개되면서 기대 이상의 홍보 효과를 얻었다고 밝혔다.

코로나19로 실내 여가활동이 증가하면서 제품에 대한 문의도 많아졌다. 시장조사기관인 모도 인텔리전스Mordor Intelligence에 의하면, 인도어 가드닝 시장은 향후 5년 내 연평균 성장률이 7.2%에 도달할 전망이다. 독일의 경우 핀테크나 모빌리티 같은 인기 분야가 아닌, 스마트 수직형 식물재배 스타트업인 인팜infarm이 2020년 가장 많은 펀딩을 유치한 기업 TOP 10 순위에 들어 사람들을 놀라게 했다. 또한 현재까지 약 2,000개의 그린박스를 판매한 베를린그린은 5년 내에 100만 개를 판매할 계획이다. 건물 안의 벽면을 식물로 감쌀 수 있는 그린 월Green Wall도 개발 중이다. 이를 통해 소비자에게 직접 판매하는 B2C를 넘어 사

◆ 원예, 취미에 반려·동반자의 뜻을 더한 개념으로 식물을 기르고 가꾸며 교감하는 것을 의미한다.

무실, 코워킹 스페이스, 레스토랑 등을 타깃으로 하는 B2B 시장에도 진출할 예정이다.

인간과 환경이 함께하는 지속 가능한 사회

베를린그린은 회사의 가장 중요한 가치로 지속 가능성을 꼽는다. 이에 대해 필립 바브르지니아크 대표는 "저희는 다른 인도어 가드닝 제품들이 주로 쓰는 플라스틱이 아니라 나무를 선택했습니다. 제품의 재료들도 가까운 곳에서 구하려고 노력해요. 모든 재료는 독일, 리투아니아, 폴란드, 헝가리 등 유럽 내에서 해결하고 이렇게 공급받은 재료들에 직원들이 장인정신을 발휘해 하나하나 수작업으로 제품을 만들고 있습니다"라고 강조했다.

출처 | BerlinGreen/Alessandra Chiastalo

하나하나 장인정신으로 만들어지는 그린박스

실제로 향후 지속 가능성을 고려하지 않는 기업은 생존이 어려울 것으로 보인다. 유럽은 2018년부터 500명 초과 기업의 경우 ESG Environment, Social,

Governance(환경, 사회, 지배구조) 요소를 포함한 지속 가능성 보고서를 필히 발간해야 하는 비금융정보보고지침Non-Financial Reporting Directive을 규정했다. 또한 앞서 언급한 인팜을 포함해 2020년 독일 내 스타트업 펀딩 누적액 TOP 10 기업 중 세 곳이 지속 가능성 관련 기업이었다.

한국에서도 느리지만 변화가 시작되고 있다. 정부는 2021년 공공기관의 지속 가능성 정보 공시를 의무화했고, 업사이클링과 비건 제품을 다루는 스타트업들도 급증했다. 앞으로 인간과 환경을 함께 생각하는 지속 가능성은 기업 비즈니스의 필수 조건이 될 전망이다. 코로나 팬데믹 상황에도, 또 팬데믹이 해소된 이후에도 '치유'와 '지속 가능성'은 반드시 기억해야 할 키워드다.

안수언(함부르크 무역관)

마음 케어

명상 웨어러블 디바이스로 마음 챙김을, 뮤즈

토론토

다니엘의 아침은 새벽 5시에 시작된다. 출근 전 가벼운 조깅과 명상으로 상쾌하게 하루를 연다. 불면증으로 새벽까지 잠들지 못하다가 7시쯤 간신히 일어나 출근 준비를 서둘렀던 1년 전과 비교하면 엄청난 변화다. 그가 달라진 건 뮤즈 S Muse S를 알게 된 후부터다. 오랜 기간 병원에서 불면증 치료를 받았지만 증상이 호전되지 않아 괴로워하던 그에게 '절친'인 미카엘이 뮤즈 S를 선물한 것이다. 사실 처음엔 '이게 뭐 효과가 있겠어?'라는 마음이 더 컸다. 하지만 성취 욕구가 강하고 '뭐든 잘해내야 한다'는 강박이 심해 일에서 받는 스트레스가 유달리 컸던 그는 지푸라기라도 잡겠다는 심정으로 매일 밤 뮤즈 S를 착용하고 잠

자리에 들었다.

이후 언제 잠든 지도 모르게 잠들었다가 아침에 눈을 뜨는 상황이 몇 차례 반복되자, 다니엘의 일상은 완전히 바뀌었다. 몸이 피곤해 짜증스럽기만 했던 아침이 상쾌해지고 일에 대한 의욕과 집중력이 높아진 것이다. 기상 시간 역시 자연스럽게 빨라져 허둥지둥 정신없이 출근하던 이전과는 달리, 아침 운동과 식사까지 마치고 여유롭게 출근한다. 이제는 뮤즈 2Muse 2로 명상도 꾸준히 하고 있다. 휴식 시간마다 명상을 반복하자 스트레스도 줄어들고 '일이 잘 안 풀리면 어쩌나' 하는 걱정과 불안도 조금씩 사라지는 듯하다.

코로나 블루에도 효과적인 명상과 '마음 챙김'

코로나19가 전 세계를 강타한 2020년과 2021년, 우울과 불안은 우리의 일상에 더욱 가까이 다가왔다. 코로나19의 장기화로 많은 이들이 누적된 정서적 피로감을 호소하는 가운데, '코로나19 때문에 급격히 변화된 일상생활에서 오는 불안과 우울, 무기력함'을 의미하는 '코로나 블루'라는 신조어까지 생겨났을 정도다.

2021년 상반기만 해도 이스라엘, 영국, 미국 등 백신 선진국을 중심으로 백신 접종이 가속화되며 코로나19 이전 일상으로의 복귀를 기대했으나, 최근 델타 변이 바이러스가 급속도로 퍼지면서 또 다른 감염

병 확산의 우려가 사회를 잠식하는 추세다. 이에 따라 무기력감과 우울감을 호소하는 이들 또한 지속적으로 증가하고 있다.

2020년 미국 센서스 인구조사US Census Bureau에 따르면, 2020년 12월 기준 불안, 우울 증세를 겪는다고 답변한 미국 국민은 응답자의 42%에 달한다. 이는 2019년 1월부터 6월까지의 수치보다 약 31% 상승한 수치다. 전문가들은 코로나19로 확산된 공포와 불확실성이 국민들의 우울, 불안감을 높인 것으로 분석한다.

팬데믹 이전부터 현대인들의 스트레스, 불안, 불면증, 우울증 등 정신질환은 심각한 사회 문제로 인식됐다. '어떻게 해야 인생을 행복하게 살 수 있을까'라는 질문에 대한 답 역시 범람하고 있다. 그래서인지 그 어느 때보다 '마음 챙김Mindfulness'이라는 키워드가 큰 관심을 받는다. 과거의 후회나 미래의 불안이 아닌 현재의 나에 집중하자는 메시지가 더욱 각광받는 것이다.

과학적 분석으로 명상의 습관화를 유도

명상은 현재 일어나고 있는 일에 의식적으로 정신을 집중하는 방법이다. 걱정과 불안에 매몰돼 현재의 삶을 살지 못하는 이들에게 지금 이 순간에 집중하며 충만한 행복을 누리도록 돕는다. 그러나 숨 쉬듯 떠오르는 잡생각을 완전히 비우기란 쉽지 않다. 2007년 설립된 캐나다 기업 뮤즈Muse는 이런 어려움을 해결하기 위해 명상에 더 집중하도록 도와주는 웨어러블 디바이스를 개발, 다양한 명상 집중 기능을 제공한다.

뮤즈 로고

출처 | 뮤즈

특히 뇌의 활동을 기록하고 측정하는 데 사용하는 뇌파Electroencephalogram, EEG 센서로 사용자의 심박수, 호흡, 몸의 움직임 등을 감지·분석해 사용자에게 실시간으로 피드백한다. 사람이 진행하는 명상 가이드와는 달리, 개인의 신체 반응을 면밀히 감지해 객관적인 수치를 바탕으로 집중력이 흐트러지지 않게 명상 가이드를 하는 점이 특징이다. 이로써 사용자는 명상 환경에 더 집중할 수 있도록 도움을 받는다. 기기는 스마트폰 애플리케이션에 연결해 사용하며, 명상 시 실시간 뇌파 측정을 통해 일정 기준보다 높으면 활동 모드Active, 일정한 수준이면 일반 모드Neutral, 일정 기준보다 낮으면 진정 모드Calm로 나눠 사용자에게 알림을 제공한다. 사용자는 자신이 얼마나 침착함을 유지하며 집중하는지 모니터링하고 기록할 수 있다. 또한 진정 모드를 일정 시간 이상 유지하면, 보상이라는 게임적 요소를 이용해 사용자들이 지속적으로 깊은 명상에 집중하도록 돕는다. 실제로 한 사용자는 이런 시각적 챌린지Challenge 기능이 명상을 습관화하는 데 좋은 동기부여가 된다고 언급했다.

뮤즈는 마음 명상Mind Meditation, 심장 명상Heart Meditation, 몸 명상Body

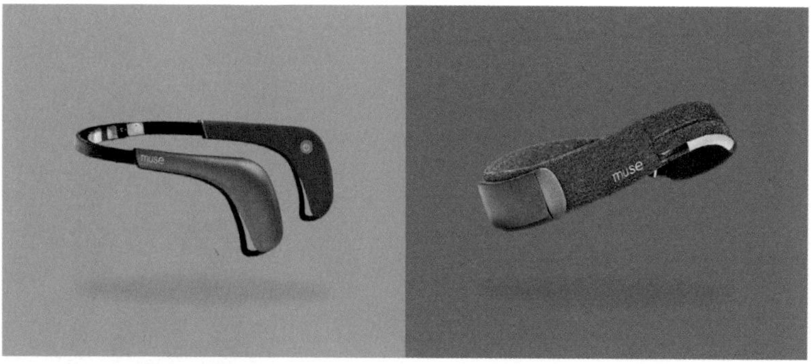

출처 | 뮤즈

뮤즈 2(왼쪽)와 뮤즈 S(오른쪽)

Meditation, 호흡 명상Breath Meditation 등 세부 항목을 통해 사용자에게 다양한 명상 콘텐츠를 제공한다. 현재 뮤즈는 뮤즈 2, 뮤즈 S 등 총 2개의 제품군을 보유했다. 지난 2020년 기존 사용자들의 제품 이용 시간을 분석한 결과, 대부분 취침 시간대에 사용량이 집중된 것을 발견하고 취침 때 사용 가능한 뮤즈 S를 새롭게 출시했다. 천 소재로 머리를 감싸는 밴드 형태인 뮤즈 S는 취침 시 인체의 반응을 측정하고 뇌파를 자극해 수면의 질 향상을 돕는 제품이다. 뮤즈 2는 299.99캐나다달러(약 27만 원), 뮤즈 S는 449.99캐나다달러(약 41만 원)에 판매된다.

뇌파를 통한 정보 수집과 머신러닝을 통한 분석

뮤즈의 공동창업자 아리엘 가르텐Ariel Garten은 명상을 시도해본 사람들은 모두 한 번쯤 잡생각으로 명상에 집중할 수 없는 경험을 해봤을 것이라며 뮤즈 헤어밴드는 이들을 효과적으로 돕기 위한 제품이라고 강조했다. 더불어 획일화된 콘텐츠를 제공하는 기존의 명상, 취침 보조 제품·서비스와는 달리 뮤즈는 센서를 통해 수집한 사용자의 신체 반응에 따라 맞춤형 피드백을 제공하는 것이 가장 큰 차별점이라고 설명했다.

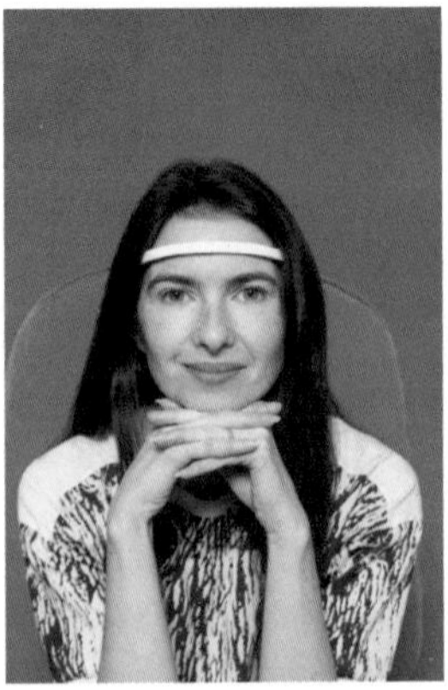
출처 | 뮤즈

뮤즈 공동 창업자 아리엘 가르텐

뇌파는 외부 환경에 대한 신체 반응으로 상황에 따라 다르게 발현된다. 일상적 상황일 때는 베타파, 편안한 집중 상태일 때는 알파파, 긴장 상태일 때는 감마파, 렘수면 상태일 때는 세타파, 깊은 수면에 빠졌을 때는 델타파가 나온다. 뮤즈는 이런 다양한 뇌파를 실시간으로 감지하며 머신러닝Machine Learning◆ 알고리즘을 통해 복잡한 뇌파의 움직임을 구분, 집중의 뇌파가 감지되지 않을 때는 사용자에게 알림을 제공한다. 예컨대 사용자의 심장이 빨리 뛰거나 자세가 흐트러지면 크고 빠른 소리의 명상 음악으로 집중을 유도하며, 심장 박동이 차분해지거나 집중된 명상 상태일 경우 조용하고 잔잔한 명상 음악을 제공한다.

◆ 인간의 학습 능력과 같은 기능을 컴퓨터에서 실현하려는 기술 및 기법.

지속적 업데이트로 사용자 경험 향상

뮤즈는 하버드대학교, 매사추세츠공과대학교MIT, 미항공우주국National Aeronautics and Space Administration, NASA 등 유수의 연구기관에서 진행한 200여 건 이상의 연구에 활용돼 그 효과를 입증했다. 지난 2018년 밀라노가톨릭대학교Catholic University of Milan에서 진행한 연구에 따르면, 뮤즈를 하루 10분씩 약 4주 동안 사용할 경우 사용자의 인지 활동 향상과 더불어 16%가량의 스트레스 감소 효과가 나타났다.

더불어 미국 최고의 병원으로 알려진 메이오클리닉Mayo Clinic이 유방암 진단 환자들을 대상으로 수술 4일 전, 그리고 수술 후 약 2주 또는 세 달가량 뮤즈의 명상 서비스를 사용하게 한 결과, 환자들이 암 치료·수술 과정에서 겪는 스트레스, 불안, 피로가 유의미하게 감소한 것으로 나타났다. 메이오클리닉은 제품의 효용성이 입증됨에 따라 환자뿐 아니라 의사, 간호사 등에게도 뮤즈 사용을 검토하는 등 향후 4개의 연구에 추가적으로 뮤즈를 활용할 예정이다.

또한 뮤즈는 이용자들의 피드백을 적극적으로 반영해 사용자 경험을 향상하기 위한 노력도 계속하고 있다. 예컨대 가장 최근 업데이트된 사항은 기존 사용자들의 공통적인 요청 사항을 받아들여 뮤즈 애플리케이션 콘텐츠 외에도 유튜브 콘텐츠와 같은 다양한 플랫폼의 접근을 허용하여 사용자들이 이용할 수 있는 라이브러리를 대폭 확장했다.

뮤즈에는 코로나19가 오히려 호재로 작용해

아리엘 가르텐 대표는 코로나19로 늘어난 스트레스와 불안이 뮤즈의 사업에 많은 영향을 끼쳤다고 언급했다. 특히 이전에는 기존 이용자들이 즐겨 듣는 명상 주제가 '더 나은 나Be the Best Version of Myself' 같은 자기 계발 관련 콘텐츠였다면, 코로나19 이후에는 '혼란에서 평온으로From Chaos to Calm' 같은 불확실성 해소와 관련된 콘텐츠가 큰 인기를 끌었다고 한다. 더불어 사용량이 줄었던 휴면 이용자들이 팬데믹과 동시에 뮤즈에 다시 복귀하는 현상도 눈에 띄게 두드러졌다고 덧붙였다.

그는 생활 건강, 의료 관련 분야 하드웨어가 기술 개발과 프로토타입 제작에 많은 시간이 걸린다는 점을 고려할 때, 코로나19 이전에 자사의 제품이 완성된 건 행운이었다고 말했다. 또한 코로나19 이후에도 마음 챙김과 관련한 소비자들의 관심이 계속될 것으로 예상되는 만큼 관련 기술을 지속적으로 개발해나갈 것이라고 밝혔다.

최근 뮤즈는 명상, 수면에 더해 통증 관리Pain Management 분야의 서비스 적용을 검토 중이다. EEG를 이용해 뇌파 신호를 분석할 수 있다는 점에서 향후 의학 진단으로 영역을 확장할 가능성도 높다. 이처럼 뮤즈는 다양한 방면에서 활용 가능성을 모색하며 사업을 확장해가고 있다.

마음 챙김은 일시적 유행이 아닌 지속될 트렌드

미국 최대 IT 컨설팅업체인 가트너Gartner는 전 세계 웨어러블 디바이스 시장 규모가 2023년 870억 달러(약 100조 2,200억 원)에 이를 것으로 예측했다. 헬스케어 분야 웨어러블 디바이스가 차지하는 비중도 전체의 10% 수준에 달할 전망이다. 이런 추세라면 뇌파를 활용한 웨어러블 디바이스도 대폭 늘어날 것이 분명하다.

하지만 기술 발전이 과연 인간의 행복까지 증진시켰을까? 100년 전과 비교하면 분명 편리한 삶을 살고 있으나, '행복한 삶을 살고 있는가?'라는 질문에 자신 있게 답하기는 어렵다. 과학 기술이 효율성은 확

출처 | 뮤즈

뮤즈 S를 착용한 모습

실히 보장하지만 행복이라는 상대적이고 정신적인 가치까지 보장해 주진 않기 때문이다. 기술의 발전은 해가 뜨면 일하고 해가 지면 잠들던 단순한 인간의 삶을 더 많은 시간 노동하도록 만들었다. 초연결사회 안에서 인간은 스스로를 타인과 끊임없이 비교하며 가중된 불안과 스트레스를 겪게 됐다는 관점도 등장했다.

뮤즈의 미션은 인간을 보조하는 기술을 통해 인간이 더욱 충만한 삶을 살 수 있도록 하는 것이다. 기술은 인간의 삶을 보조하는 수단이자 도구일 뿐, 그 자체로 인간을 대체할 수 없다는 메시지를 담고 있다. 기술이 무조건 인간을 행복하게 만들어주진 않는다. 다만 인간이 행복을 찾아가는 과정을 더 효율적으로 도울 수는 있다.

헤르만 헤세에 따르면 인간은 그저 행복하라는 단 한 가지 의무밖에 없다고 한다. '행복해진다는 것'이란 시에서 그는 우리가 행복하기 위해 이 세상에 왔다고 말한다. 어쩌면 그런 이유로 일생에 걸쳐 행복을 갈망하는지도 모른다. 지친 마음을 돌보는 마음 챙김은 일시적 유행이 아닌 지속적인 트렌드라고 해도 과언이 아니다. 인간이 행복에 대한 질문을 멈추지 않는 한, 마음 케어 관련 제품과 서비스가 앞으로 더욱 다양해질 것이다.

김예지(토론토 무역관)

마음 케어

정신건강 치료의 효과적 대안, 가상현실

실리콘밸리

바야흐로 정신건강이 위협받는 시대다. 의학의 발전에 따라 신체적 질병으로 인한 사망률은 점점 줄어드는 반면, 스트레스나 원인 불명의 정신질환으로 인한 사망률은 해마다 늘어나는 추세다. 현대 보건의료의 핵심은 정신건강에 달렸다고 볼 수 있다.

2020년 9월 미국 보건복지부 산하 약물남용·정신건강서비스관리국Substance Abuse and Mental Health Services Administration, SAMHSA이 발표한 '미국의 주요 약물 사용 및 정신건강 지표' 보고서에 의하면, 12~49세 미국인 중 약 1,770만 명이 2019년 주요 우울삽화Major Depressive Episode, MDE◆를 경험했으며, 2020년에는 그 수가 더욱 늘었을 가능성이 높다고 언급했다. 또한 해당 보고서는 정신건강 서비스에 대한 수요가 증가한 반면, 서비스 제공은 원활하지 못해 우울증을 겪는 사람들이 제대로 치료받지 못하는 악순환이 지속되고 있다고 밝혔다.

이런 와중에 발생한 코로나19는 전 세계를 충격에 빠트렸을 뿐 아니라, 다양한 방식으로 삶에 영향을 미쳤다. 사회적 거리두기가 보편화되면서 전 세계인의 정신건강에 빨간불이 켜진 것이다. 코로나 블루가 대표적인 예다. 더욱이 코로나19의 확산세가 거세지고 외부활동이 줄어들면서 신체활동이 현저히 감소한 것은 물론 인간관계의 단절 또한 심화됐다.

가상현실로 스트레스와 불안을 다스리다

현대인의 정신건강은 스트레스, 불안과 밀접한 관련이 있다. 따라서 이를 효과적으로 다스리는 것이 매우 중요하다. 운동이나 정기적인 명상이 필요한 이유다. 하지만 상당한 훈련이 돼 있는 사람을 제외하고 평범한 개인이 복잡한 일상 가운데 명상에 집중하기란 쉽지 않다. 더욱이 불안의 대부분은 심적으로 실제 내게 일어나는 일보다 그것을 과장되게 받아들이거나 극단적이고 최악인 상황을 가정해서 겪게 되

◆ 일상생활에서의 관심 내지 즐거움 없이 우울 증세가 나타나는 기간을 의미한다.

는 경우가 많다. 이런 과장과 왜곡, 일반화가 지나치다는 사실을 이해시키고 오류를 고쳐주는 방법이 인지행동요법Cognitive Behavioral Therapy, CBT이다. 점진적인 노출이나 탈감작법Hyposensitization◆도 효과적이다. 두려움, 불안에 적응하도록 점진적으로 예행 연습을 시켜주기 때문이다.

가상현실Virtual Reality, VR은 바로 이 지점에서 능력을 발휘한다. 유사 지각 자극으로 실제와 다른 곳에 존재하는 것처럼 느끼게 만드는 기술인 까닭이다. 가상현실을 이용한 의료 기술은 당초 1990년대 미국에서 참전 군인들의 외상 후 스트레스 장애Post-Traumatic Stress Disorder, PTSD 치료를 위해 처음 개발된 것으로 알려져 있다. 가상현실을 이용하면 치료자의 통제하에 환자의 상상 속 트라우마와 반복적으로 대면하고, 단계적으로 트라우마를 완화함으로써 이와 연관된 부정적 감정을 제거해 안전한 환경에서 환자의 정신건강을 개선할 수 있다. 즉, 가상현실은 사용자가 명상을 할 수 있는 몰입형 환경을 제공해 더욱 효과적인 방법으로 스트레스를 관리하게 해준다. 사용자가 불안을 느끼는 환경을 사실감 있게 재현하기 때문에 치료자의 지도 아래 보다 실제에 가까운 인지행동요법 치료를 받을 수 있다.

현재 미국에서는 각종 불안장애, 공포증, 중독, 스트레스에 시달리는 환자들의 인지행동요법에 가상현실을 접목한 치료법을 속속 도입

◆ 행동요법의 하나로 불안, 공포 상황을 약한 것부터 강한 것까지 차례차례 극복해나가는 것을 의미한다.

하고 있다. 이에 따라 가상현실을 이용한 정신건강 관리·치료 플랫폼 경쟁도 치열해지는 추세다. 미국 식품의약국Food and Drug Administration, FDA에서도 관련 규정을 마련하는 등 사람들의 관심 또한 뜨거운 상황이다.

효과적이고 혁신적인 정신건강 치료법

2016년 설립된 베하VRBehaVR은 가상현실의 가능성에 주목하고, 이를 현대인의 정신건강 증진에 활용하는 데 집중한다. 베하VR은 치료자가 환자를 위한 다양한 환경을 시뮬레이션하고, 이 경험을 통해 스트레스 회복 기술과 다양한 대처 기술이 반영된 가상현실 소프트웨어를 설계한다.

일례로 스트레스를 줄이기 위해 마음 챙김 운동을 원하는 사용자가 있다고 가정해보자. 존스홉킨스 헬스케어 솔루션Johns Hopkins Healthcare Solution과의 협력으로 탄생한 '센터드VRCenteredVR' 프로그램은 이런 마음 챙김 운동을 효과적이고 전문적으로 수행하는 데 최적화된 도구다. 이 사용자는 베하VR이 설계한 가상현실에서 다양한 마음 챙김 프로그램을 이용할 수 있다. 각 20분으로 구성된 총 6개의 세션으로 사용자는 가상현실 속에서 스트레스를 완화하는 자연의 이미지에 현실감 있게 몰입하면서, 마음 챙김 기술 전문가의 지시에 따라 스트레스를 줄여주는 교육 프로그램을 점진적으로 수행한다. 스트레스 요인을 효과

출처 | BehaVR

마음 챙김 프로그램 속 가상현실 이미지

적으로 관리하는 새로운 탄력성과 대처 기술을 배우는 것이다.

스트레스뿐 아니라 불안을 효과적으로 다스리기 위한 인지행동요법도 가상현실로 수행할 수 있다. 베하VR의 '밸런스Balance' 프로그램은 불안을 초래하는 '트리거Trigger◆'를 가상현실에 등장시키고, 사용자가 트리거에 점차 유연하게 대응할 수 있도록 도우며, 종국에는 트리거와 불안 반응 간의 연결고리를 해제하는 역할을 한다. 예를 들어 대중 연설에 대한 두려움이 큰 환자가 있다고 가정해보자. 이 환자는 의료진과의 상담을 통해 개인화된 베하VR의 밸런스 프로그램을 처방받고,

◆ 총의 방아쇠 부분을 가리키는 용어로, 과거의 트라우마 경험을 떠올려 재경험하도록 만드는 자극을 의미한다.

베하VR이 설계한 가상현실 속 대중 연설 시나리오에 노출된다. 처음에는 가상현실 속 등장인물이 서로를 살피면서 이야기를 나누지 않다가, 환자가 점차 가상현실 안 분위기에 적응하면 등장인물들이 차례로 연설을 하는 것은 물론, 서로 이야기를 나누며 웃고 고개를 끄덕이기도 한다. 해당 시나리오에 더욱 익숙해지면 환자가 긴장하거나 두려움을 느낄 수 있는 다음 시나리오로 이동, 환자는 반복적으로 두려움과 대면하면서 이를 극복하게 된다.

가상현실의 흥미로운 점은 환자가 이 모든 다양한 시나리오를 치료자의 사무실에서 체험할 수 있고, 치료자는 어려움을 겪는 환자의 상태를 직접 보며 다양한 시나리오 장면을 환자와 함께 경험할 수 있다는 것이다. 이와 관련해 미국 정신의학회American Psychiatric Association, APA에서는 가상현실이 정신질환의 치료 도구로 유효하며, 특히 인지행동요법 중 노출기법에 활용 시 더 효과적이라는 논문을 발표하기도 했다. 가상현실이 제공하는 몰입감과 현장감은 치료자와 환자 간 상담에 의존하거나 혹은 문제적 환경을 재현해야 하는 어려움을 해결할 수 있을 뿐 아니라 더욱 실제에 가까운 경험을 제공한다. 기존의 노출 치료는 환자의 상상력에 기댈 수밖에 없는 한계가 있었다. 하지만 가상현실 기술을 적용하면 상상적 접근이 어려운 환자들에게도 치료 효과를 높일 수 있다. 또한 가상현실은 실험 노출 분량과 자극 조절이 가능하므로 정교한 통제가 요구되는 임상·실험 연구 수행에도 효과적이라는 점에서 매우 혁신적이다.

임산부의 스트레스·통증 관리도 가상현실로 해결

베하VR은 가상현실을 활용해 산전 교육은 물론 임산부가 임신·출산 과정에서 경험하는 스트레스에 대한 회복력을 키우고, 임신과 관련한 통증을 관리할 수 있는 '뉴처VR NurtureVR' 프로그램도 개발·운영한다. 뉴처VR은 호그 메모리얼 장로병원 Hoag Memorial Hospital Presbyterian과의 협력으로 탄생했다. 의사에게 해당 프로그램을 처방받은 여성은 14주 분량의 교육 자료, 명상 기능 및 기타 몰입형 경험을 제공하는 가상현실에 접속해 스트레스와 통증 관리를 비롯한 다양한 문제를 해결할 수 있다. 또한 이 프로그램은 산모와 아기 사이의 유대감, 배우자와의 친밀감, 스트레스 관리, 호르몬·정서적 변화와 같은 문제도 다룬다. 각

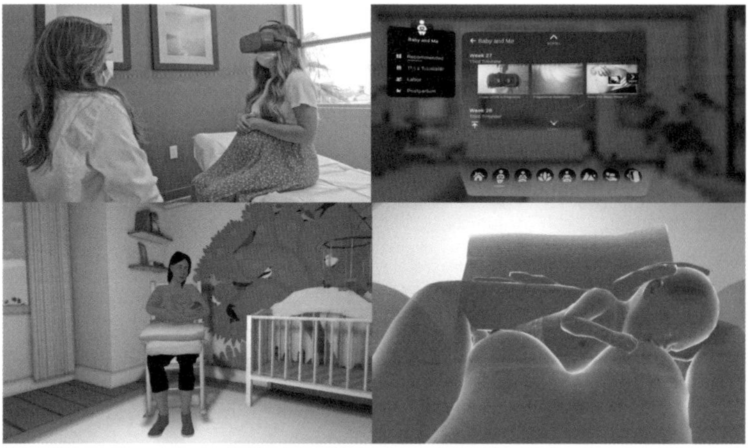

출처 | BehaVR

뉴처VR 프로그램을 사용하는 임산부의 모습과 가상현실 이미지

임산부의 선호도에 따라 다양한 환경·소리·시각을 조절하고 엄마와 아기의 피부색, 여성이 보는 풍경, 여성이 모유 수유 중 아기를 안는 방식에 이르기까지 모든 것을 맞춤화·개인화할 수 있다.

정신건강 분야 디지털 치료제 도입 및 스타트업 투자 활성화

베하VR의 예에서 알 수 있듯이 미국은 현재 가상현실을 비롯해 새로운 치료법으로 등장한 디지털 치료제Digital Therapeutics의 개발을 본격화하고 있다. 소프트웨어가 질병 치료에 직접적 영향을 미치는 시대에 접어든 것이다. 디지털 치료제는 보통의 의약품처럼 임상시험을 진행해 치료 효과를 검증받고, 규제기관의 인허가 과정을 거친 후 의사에 의해 처방되지만 약으로서의 형태는 없는 소프트웨어다. 즉, 가상현실, 인공지능, 챗봇, 애플리케이션, 게임 등 무형의 디지털 기술로 환자를 치료하는 개념이다. 환자의 정신건강에 주로 작용한다는 점 역시 남다르다.

미국은 정신건강에 대한 관심은 크지만 정신과 진료 접근성은 낮은 편이다. 때문에 디지털 치료제에 대한 높은 수요가 기대된다. 2020년 미국 연방정부는 정신건강 서비스 기관인 약물남용·정신건강서비스 관리국에 60억 달러(약 7조 원) 미만의 예산을 편성했다. 또한 미국 1차 진료기관의 30%만 정신과 전문의를 보유했을 정도로 정신과 전문

미국 정신건강 분야 디지털 치료제 관련 스타트업

기업명	내용
아키리 인터랙티브 랩스 (Akili Interactive Labs)	인지 능력 향상을 위한 자기주도형 비디오 게임 디지털 치료법 제공
페어 테라퓨틱스 (Pear Therapeutics)	중독, 정신분열증, 통증, 외상 후 스트레스 장애, 불안, 우울증, 수면 장애를 포함한 광범위한 정신건강 관련 디지털 치료법 제공
토크스페이스 (Talkspace)	사용자와 치료자를 일대일로 연결하는 텍스트 기반 치료 제공
빅 헬스 (Big Health)	개인화된 행동 변화 프로그램과 의료 전문가에 대한 접근권을 제공하는 디지털 의료 포털 서비스 제공
에이블투 (AbleTo)	개인화된 8주 가상 행동 변화 프로그램 제공
셀레브럴 (Celebral)	불안, 우울증, 불면증 치료에 효율적으로 접근할 수 있는 미션 중심의 원격 의료 서비스 제공
실버 클라우드 (Silver Cloud)	개인화된 정신건강 프로그램을 제공하는 가상 플랫폼
클릭 테라퓨틱스 (Click Therapeutics)	디지털 치료제 처방을 위한 온라인 플랫폼
옥타브 (Octave)	정서적 안정을 위한 맞춤형 일대일 가상 치료 제공
메루 헬스 (Meru Health)	우울증을 앓는 사람들을 위한 디지털 건강 프로그램 제공
엔오시디 (NOCD)	강박 장애 치료를 위한 모바일 정신건강 플랫폼
업리프트 (UpLift)	우울증을 위한 포괄적인 디지털 건강 프로그램 제공

출처 | MedicalStartups, Crunchbase

의 수도 부족한 실정이다. 이와 관련해 2015년 미국의 한 연구진은 보스턴, 휴스턴, 시카고 등 세 도시를 대상으로 정신과 의사 진료 예약을 시도했다. 그 결과 의료진에게 연락이 닿는 것조차 어려웠고, 예약에 성공하더라도 평균 25일을 기다려야 1차 진료를 받을 수 있었다는 사실을 발표하기도 했다.

이를 반증하듯 현재 미국에서는 정신질환 개선에 인지행동 치료를 적용하는 디지털 치료제 개발 스타트업이 빠르게 증가하고 있다. 이들이 개발 중인 정신건강 분야 디지털 치료제는 원격 진료는 물론 치료 목적의 게임 등을 포함한다. 주로 모바일 애플리케이션 형태로 구동되거나 가상현실, 챗봇, 인공지능 등 다양한 기술과 결합돼 제공된다.

실리콘밸리은행은 2030년까지 정신 질환 치료를 위해 전 세계적으로 16조 달러의 비용이 들 것으로 예상된다고 전했다. 주목할 만한 사실은 정신건강 문제가 전 세계적인 이슈임에도 이 분야 스타트업을 대부분 미국이 보유했다는 점이다. 이는 그만큼 시장이 크다는 방증이기도 하다. 전문가들은 그 원인으로 미국 연방정부의 지원 부족, 정신과 전문의 부족을 꼽는다. 미국이 최근 본격적으로 디지털 헬스 환경 구축에 나서는 이유다. 미국 식품의약국 역시 디지털 헬스 기술의 발전과 소비자의 건강 행동 변화를 인지해 '디지털 건강 혁신 행동 계획Digital Health Innovation Action Plan'을 수립, 안전하고 효과적인 디지털 건강 기술·제품 생산 촉진에 박차를 가하고 있다.

성장 잠재력이 풍부한 가상현실 활용 헬스케어 시장

시장조사업체 베리파이드마켓리서치Verified Market Research에 따르면, 전 세계적으로 가상현실을 이용한 헬스케어 시장은 2019년 21억 4,000만 달러(약 2조 4,600억 원)에서 2027년 332억 2,000만 달러(약 38조 2,200억 원) 규모로 연평균 41.2%가량 성장할 것으로 전망된다. IT를 활용한 정신건강 관리에 대한 소비자 관심이 점차 커지는 데다, 사용자들은 약물을 사용하지 않는 가상현실 기반 치료를 심리적으로 편안하게 느낀다. 가상현실을 이용한 정신 치료 분야의 성장 잠재력이 클 수밖에 없다.

하지만 이런 높은 관심과 성장 잠재력에 비해 아직까지 우리나라에서는 일부 대형 병원을 제외하고 가상현실을 이용한 정신 치료가 보편화되지 않았다. 2018년 가천대길병원이 가상현실 기술을 외상 후 스트레스 장애나 공황장애 치료에 접목하는 가상현실 치료센터를 개소한 데 이어, 2021년 과학기술정보통신부가 한국연구재단과 함께 '포스트 코로나 시대 비대면 정서 장애 예방 및 관리 플랫폼 기술 개발'에 140억 원을 투자하는 등 디지털 치료제 시장에 대한 관심이 조금씩 늘어나는 정도다.

소비자들의 편견과 부담감 때문에 정신건강과 관련한 시장 자체가 아직 초기 단계에 머문 경향도 있다. 이런 상황에서 정신건강 치료가 보편화하기 위해서는 의료 서비스 제공자, 가상현실 치료 플랫폼 제작자는 물론, 보험사나 정부부처에 이르기까지 여러 이해관계자와 가상현실 의료 콘텐츠 시장 확대를 위한 기반 조성이 필요하다. 디지털 치료제의 등장이라는 세계적 변화의 물결 속에서 우리 기업들은 어떻게 대처하고 어떤 기회를 잡아야 할 것인지 고민해야 할 때다. 디지털 기술을 활용해 정신건강을 개선하는 데 초점을 맞춘 우리 기업이 계속해서 성장하여 글로벌 시장으로 진출하는 모습을 기대해본다.

이지현(실리콘밸리 무역관)

마음 케어

건강·정서 안정에 도움을 주는 누트로픽

시드니

2011년 개봉한 영화 〈리미트리스Limitless〉의 주인공 에디는 무능력한 작가다. 마감일이 다가오고 있는데도 글 한 줄 쓰지 못하고 애인에게도 버림받아 우울한 나날을 보내던 중 예상치 못한 일이 발생한다. 실패한 삶이라고 자책하며 지내던 에디에게 어느 날 신약 한 알이 주어진 것이다. 이를 삼킨 에디는 순간 뇌의 기능이 100% 가동되면서 하루아침에 천재이자 성공한 주식 투자가가 된다. 물론 영화는 영화일 뿐이지만 2016년 실리콘밸리에서 영화 속 신약처럼 두뇌 기능을 좋게 하는 약이 등장해 떠들썩한 적이 있었다. 이른바 '스마트 드러그Smart Drug'라 불리는 건강보조제가 크게 유행했는데, 두뇌 기능 향상에 효과가 있다고 소문이 났기 때문이다. 인지능력 개선에 효과가 있다는 건강보조제가 미 식품의약국 허가까지 받아 판매됐다. 그리고 그 스마트 드러그는 다시 음료 시장에 진출, '누트로픽 Nootropic'이라는 음료를 출시하게 됐다.

두뇌활동과 활력을 높여주는 새로운 음료의 등장

누트로픽은 고대 그리스어로 '정신'을 뜻하는 'nóos'와 '전환'을 뜻하는 'tropḗ'의 합성어다. 'to bend or shape the mind', 즉 '정신을 새로이 가다듬다'라는 의미를 함축하고 있다. 1972년 루마니아의 화학자이자 심리학자인 코르넬리우 기우기어 Corneliu Giurgea 박사가 용어를 만들고 학계에서 처음 사용하며 세상에 알려졌다. 현재 누트로픽은 중추신경계를 자극해 인지능력, 기억력, 주의력, 창의력 등을 향상시키는 약물 및 영양제를 가리킨다.

누트로픽 음료는 뇌의 활동 Cognitive functions, 감정 상태 Mood, 활력 Energy, 학습 Learning, 안정 Relaxation 등에 도움을 주는 음료를 뜻한다. 새로운 음료 카테고리로 이미 유럽과 북미 시장에선 온·오프라인을 통해 널리 판매된다. 서양의 각종 허브와 동양의 인삼, 오메가 3, 플라보노이드 등 특정 영양소를 함유했다며 그럴듯한 효과를 광고·홍보하고 있다. 하지만 실제 효과를 입증할 만한 과학적 실험 결과는 다소 부족한 상황이다.

그럼에도 왜 사람들은 누트로픽 음료를 마시는 걸까? 이는 건강을 염려하는 소비가 다양한 제품 영역으로 확장됐기 때문이다. 요즘 소비자들은 일상생활에서 소비하는 상품과 서비스가 조금이라도 더 건강에 도움이 된다 여겨지면 기꺼이 지갑을 열고 구매한다. 실질적인 효과보다 심리적 만족이 더 크기 때문이다. 건강음료에 포함되는 다양한 원료의 수급이 용이해진 까닭에 음료 개발도 한층 수월해졌다. 따라서 건강음료라는 영역에 다양한 신제품 출시와 함께 더 활발한 소비가 일어날 것으로 보고 있다.

호주 기능성 음료 시장에 혜성처럼 등장한 '샤인플러스'

호주는 피트니스의 나라다. 시드니 동부 해변가에는 겨울에도 수영, 달리기, 퍼스널 트레이닝, 요가를 즐기는 사람들을 흔히 볼 수 있다. 어렸을 때부터 바다 수영과 서핑을 배우고 그룹 스포츠를 즐기며 성장하기 때문에 운동은 호주 사람들에게 일상적인 건강 관리법이나 마찬가지다. 이런 상황에 맞춰 호주의 건강음료 시장도 지속적으로 성장해왔다.

글로벌 시장조사기관 IBIS에 따르면 2020년 기준 호주의 기능성 음료 제조 시장은 4억 4,560만 호주달러(약 3,842억 원) 규모로 2016년부터

5년간 2% 성장률을 보였다. 이 중 에너지 드링크가 31.7%, 스포츠 드링크가 28.6%로 전체 기능성 음료 시장의 60%가량을 차지하며, 콤부차Kombucha로 대표되는 발효음료는 27.7%, 그 외 건강음료가 12%를 차지한다. 호주의 탄산음료 소비 추세는 기능성 음료 소비와 상반되게 나타나는데, 건강을 염려한 소비 트렌드가 주류로 부상하면서 탄산음료 소비는 지속적으로 감소하고 호주의 기능성 음료 시장은 꾸준히 성장하고 있다. 단순히 시장 파이만 커진 게 아니라 출시 제품도 다양해졌다. 비타민, 미네랄, 식이섬유, 유산균 등을 함유한 건강음료·생수의 출시가 확대됐고, 발효차 음료 등장 이후 두뇌와 마음의 건강까지 고려한 누트로픽 음료가 등장했다.

호주 최초의 누트로픽 음료의 주인공은 바로 2017년 출시된 '샤인플러스Shine+'다. 출시 직후 새로운 음료 카테고리의 출현에 시장의 관심은 뜨거웠다. 샤인플러스의 CEO인 스티브 챔프먼Steve Champman은 "우리는 천연 성분의 누트로픽 원료들을 인공 첨가제 없이 적은 설탕으로도 맛있게 마실 수 있도록 개발했다"라고 인터뷰에서 말했다. 또 샤인플러스의 목적은 "사람들이 더 밝게 생각하고, 보다 생산적으로 활동할 수 있도록 돕는 것"이라고 밝혔다. 에너지음료와 비슷한 역할을 하지만 설탕이 적게 들어가고 천연원료를 사용해 더욱 건강에 신경 쓴 것이다. 스티브는 여러 인터뷰에서 샤인플러스를 주로 콤부차와 비교해 설명하곤 한다. 단순히 '건강한 에너지 드링크'로 자리매김하기보다 콤부차가 새로운 돌풍을 일으킨 것처럼 완전히 차별화된 카테고리로 인정받기 위해서다. 그래서 프로바이오틱스가 풍부한 발효음료인 콤부차가 우리 몸속을 건강하게 해주는 것이라면, 샤인플러스는 집중력을 높여주고 심신의 안정을 찾아주며 머리를 건강하게 해주는 음료라는 점을 강조해서 설명한다. 샤인플러스는 호주 대형 슈퍼마켓에 입점하고 온라인 판매를 강화했으며 2019년 호주 'NSW Telstra 비즈니스 어워드'에서 소규모 업체 부문을 수상했다.

2020년 10월에는 기존 400㎖의 제품을 330㎖로 새롭게 출시했다. 가격이 높다보니 성장에 한계가 있을 수밖에 없었다. 그래서 용량을 줄이고 가격도 5.95~6.5호주달러에서 4.95호주달러로 낮췄다. 여전히 프리미엄 카테고리에 위치하지만, 소비자 선택의 장벽을 한층 낮췄다.

출처 | KOTRA 시드니 무역관

발효차 음료와 함께 진열된 누트로픽 음료

누트로픽 음료, 한국에서 성공할 수 있을까?

한국은 건강기능식품이 풍부하다. 고령사회로 가면서 건강에 관심을 가진 소비자층이 한층 더 많아졌다. 이들을 대상으로 홈쇼핑과 교양 방송이 어우러지며 새로운 성분, 더 좋은 효과를 지닌 제품들이 끊임없이 출시되고 유행처럼 소비가 번져나가는 추세다. 집중력 향상, 두뇌활동에 도움을 준다고 홍보하는 제품도 여럿이다. 발효유부터 차 음료, 건강기능식품이 다양하다. 오랫동안 건강기능식품으로 주목받아온 홍삼도 더욱 다양한 소비자를 공략하고자 어린이, 청소년, 직장인 등 타깃을 넓혔으며 피로 회복뿐 아니라 두뇌활동 개선, 면역력 강화까지 어필한다. 게다가 제형 및 패키지도 젊은 층이 쉽게 음용할 수 있도록 개선하는 등 경쟁이 치열하다.

경쟁이 치열하다는 것은 새로운 제품 출시가 어렵지 않고 관심 있는 소비자들이 다수 존재한다는 반증이기도 하다. 따라서 새로운 성분, 특히 두뇌활동과 마음의 안정에 도움을 주는 누트로픽 음료가 출시된다면 관심을 끄는 건 시간문제가 아닐까? 코로나19로 심신이 지친 사람들이 증가한 지금이 가장 좋은 타이밍이 될 수 있을 것이다.

더욱이 아직 개발되지 않은 누트로픽 음료의 원료도 무궁무진하다. 일례로 2021년 립톤Lipton이 출시한 CBD 스파클링 워터 '비욘드 헴프Beyond Hemp'는 마음을 차분하게 해주고 뇌 기능을 부스트 업boost up 시켜주는 기능성 음료로 등장했다. 코로나19 팬데믹으로 활동에 제약을 겪는 사람들의 스트레스가 높아지고 불안과 우울감을 느끼는 사람들이 많아진 걸 겨냥한 제품이다. 국적, 성별, 연령을 불문하고 정신과 마음의 건강이 위협받는 지금 시기와 누트로픽 음료의 제품 콘셉트가 비교적 잘 맞아떨어진 결과다. 하지만 누트로픽 음료 시장의 확대를 위해서는 코로나19 이후 경제 회복도 필요하다. 샤인플러스 측은 전반적인 소비가 침체기에 접어들어 새로운 음료 상품에 대한 소비자들의 관심이 낮은 관계로, 미래 시장 변화를 신중히 대응할 것이라고 밝혔다.

그럼에도 분명한 건 전 세계 기능성 음료 시장이 확실하게 성장세를 타고 있다는 점이다. 글로벌 시장조사기관인 리서치앤드마켓Research and Markets은 '2021년 기능성 음료 글로벌 마켓 보고서'에서 기능성 음료의 글로벌 마켓 규모가 2020년 1,211억 8,000만 달러(약 141조 7,800억 원)에서 2021년 1,305억 1,000만 달러(약 152조 7,000억 원)로 7.7% 성장할 것이라고 전망했다. 사회적 거리두기, 재택근무, 영업활동 폐쇄 등 코로나19의 영향으로부터 회복하고 뉴노멀에 적응해나가는 시기에도 기능성 음료 시장은 성장 중에 있다는 것이다. 이에 따라 기능성 음료 시장이 2025년에는 1,732억 3,000만 달러(약 202조 6,800억 원) 규모에 도달할 것으로 예측했다. 이런 관점에서 본다면 누트로픽 음료 역시 성장 가능성은 충분하다. 팬데믹 이후 '건강'은 소비자들의 선택에 가장 큰 영향을 미치는 키워드이기 때문이다.

정은주(시드니 무역관)

가족의 재정의 Redefining Family

| 기술이 대신하는 가족 |

산업화를 거치면서 가족의 형태는 대가족에서 핵가족으로 분화되었다. 이제는 비대면 사회로 향하면서 사람과 사람의 직접적인 관계는 더 줄어들어 고립된 삶이 일상이 되어 간다. 그 사이 가족의 빈자리를 채워주는 새로운 존재들이 속속 등장하고 있다. 중국에서는 고독경제가 심화되면서 반려동물의 복제 서비스가 주목을 받는다. 폴란드에서는 도움이 필요한 이웃을 선한 의지만으로 연결해주는 착한 비즈니스가 나타났다. 우리는 편리함을 추구하며 개인화된 삶을 선택했으나, 관계에 대한 외로움까지 선택한 것은 아니다. 가족의 존재를 대신해주는 각국의 비즈니스 사례를 알아보자.

가족의 재정의

도움이 필요한 시니어와 이웃을 연결하는 도브리 솜시아드

바르샤바

브로츠와프Wrocław시 외곽에서 고양이를 키우며 혼자 사는 70대 요안나는 얼마 전 반가운 손님을 맞이했다. 이웃 마을에 사는 마리아가 병원 정기검진에 동행하기 위해 요안나의 집을 찾은 것이다. 집에서 다소 먼 거리에 있는 병원에 가려면 매번 불편한 다리를 이끌고 택시를 타야 했는데, 마리아가 차를 가지고 와준 덕분에 편하게 오갈 수 있게 된 것은 물론 병원 수속까지 옆에서 도와줘 검진이 평소보다 한결 수월했다. 더욱이 집으로 돌아온 후에도 함께 식사하며 이야기를 나누고, 불편하거나 아픈 곳은 없는지 딸처럼 세심하게 챙겨줘 혼자라는 쓸쓸함이 덜했다. 앞으론 정기검진 때마다 동행해준다니 고맙고 안심이 된다.

결혼 후 자호드니오포모르스키에Zachodnio-pomorskie주로 이주한 딸 유스티나도 안심이 되긴 마찬가지다. 남편 직장 문제로 어머니 곁을 떠나, 다리 관절이 안 좋고 협심증까지 있는 어머니가 홀로 지내다 건강을 해치진 않을까 걱정하던 차에, 무료로 시니어 돌봄 서비스를 제공해주는 애플리케이션을 알게 됐다. 시험 삼아 서비스에 가입했는데, 어머니 집 가까이에 사는 친절한 이웃이 검진에 동행해 작은 부분까지 꼼꼼히 챙겨주고, 그날 하루를 어떻게 보냈는지 상세한 결과 보고서까지 보내줘 믿음이 갔다. 앞으로도 필요할 때마다 서비스를 이용할 생각이다.

100세 시대가 현실화되고 있다. 고령화 속도도 급격하게 빨라지는 추세다. 이미 프랑스, 독일, 일본 등은 총인구 중 만 65세 이상 고령 인구가 14% 이상인 고령사회를 넘어 20% 이상인 초고령사회에 진입한 지 오래다.

이 같은 고령사회의 심화는 고령자 빈곤, 의료 및 돌봄 시설의 부족 등 다양한 사회문제를 야기하고 있다. 고령자의 경제적 빈곤과 질병, 사회적 역할 상실, 고독 등의 문제를 해결할 시니어 돌봄 서비스의 수요가 나날이 증가 중이다. 이에 따라 돌봄 서비스에 필요한 사회적 비용 역시 늘어날 것으로 예상된다. 최근 폴란드에 이런 비용 부담 문제를 해결하고 지역 주민 간 거리를 좁혀 이웃 관계까지 재건하는 일석이조의 시스템이 등장해 화제다. 바로 첨단 신기술을 통해 이웃 간 관계를 재정립하는 혁신적 애플리케이션 '도브리 솜시아드Dobry Sąsiad'◆다.

철저한 확인 및 검증 과정을 거친 무료 시니어 돌봄 서비스

도브리 솜시아드는 스마트폰뿐 아니라 스마트워치와 같은 다양한 기기와도 연동이 가능하다. 사용자는 애플리케이션을 다운로드한 후 먼저 적절한 검증 과정을 거치게 되는데, 도브리 솜시아드를 설계한 폴란드 환경과학재단은 사용자를 시스템에 입력하기 전 해당 사용자를 검증해줄 지역 조직이나 관련 기관을 찾아서 조사를 진행한다. 이웃을 도우려는 의도 외에 다른 의도를 갖고 있는 사용자를 피하기 위해서다. 이렇게 확인 및 검증 절차가 끝나면 애플리케이션을 통해 이웃에게 도움을 제공할 수 있다.

도움이 필요한 시니어들의 경우, 먼저 도움을 줄 수 있는 사람을 요청하고 필요한 사항을 기재한 후 적절한 사람을 선택하면 된다. 멀리 떨어져 사는 시니어의 가족들이 애플리케이션에 접속해 적합한 사람을 대신 선택할 수도 있다. 업무가 끝나면 시니어의 가족들에게 결과 보고서를 자동으로 전송하는데, 가족 수에 제한 없이 보고서 전송이 가능한 것도 장점이다.

◆ 'Good Neighbors', 좋은 이웃이라는 뜻이다.

이외에도 재단은 혼자 사는 시니어가 넘어질 경우에 대비해, 이를 감지하는 센서를 개발한 이스라엘 기업과도 업무 협약을 맺었다. 해당 센서를 활용하면 굳이 특수 밴드를 착용하지 않아도 넘어지는 순간을 감지할 수 있다. 시니어의 일반적이지 않은 움직임이나 넘어지는 순간을 감지할 스캐너 또는 레이저 한 대만 집 안에 설치하면 된다.

도브리 솜시아드는 현재 테스트 진행 단계다. 때문에 폴란드 몇몇 지역에서만 사용할 수 있다. 처음에는 600명을 대상으로 테스트를 진행했지만, 이후 자호드니오포모르스키에주와 브로츠와프시의 주민 수천여 명으로 테스트 대상을 넓혔다. 덕분에 2021년 7월에는 총 170만 명의 지역 주민들에게 도브리 솜시아드를 제공하고, 2022년 초에는 시장 도입까지 완료할 수 있을 것이란 전망이다. 서비스는 현재 모두 무료로 제공한다. 유럽위원회의 지원 덕분에 따로 개별 사용자에게 비용을 청구할 필요가 없어서다. 대신 재단은 구독료를 지불해줄 정부기관

출처 | 도브리 솜시아드

지역 사회 기반의 포괄적 돌봄 시스템, 굿 서포트

이나 기업을 찾고 있다. 가능성은 충분하다. 도브리 솜시아드가 2020년 창출한 수입이 약 100만 유로(약 14억 원)에 달하기 때문이다.

이웃 주민 간 돕는 포괄적 돌봄 시스템 '굿 서포트'

도브리 솜시아드는 폴란드 환경과학재단의 CEO인 피오트르 야슈키에비츠Piotr Jaśkiewicz가 설계했다. 재단은 인근 대학교와 함께 지역 사회에서 사람들이 직면하게 되는 문제의 해결방안과 관련한 학문적 연구를 진행해왔는데, 도브리 솜시아드도 그 결과물 중 하나다. 미래 폴란드와 유럽에 나타나게 될 고령화와 같은 인구통계학적 문제를 해결하기 위해 폴란드 자호드니오포모르스키에주가 재단에 도움을 요청한 게 도브리 솜시아드 탄생의 직접적 계기가 됐다. 실제로 시니어와 장애가 있는 사람들이 언제든 집 안에서 필요한 지원을 받을 수 있도록, 가까이에 거주하는 이웃과 지역 주민이 도움을 주는 새로운 기술 및 솔루션은 고령화 문제 극복을 위한 효과적 대안으로 손색이 없다. 이후 환경과학재단은 시니어와 그 가족, 사회적 돌봄 시스템, 이웃 주민 등을 키워드로, 도브리 솜시아드를 포함한 네 가지 솔루션을 연결하는 포괄적 돌봄 시스템 '굿 서포트Good Support'를 개발하는 데 성공했다.

굿 서포트는 굿 케어Good Care, 굿 홈Good Home, 굿 네이버스Good Neighbors, 굿 시그널Good Signal 등 네 가지 솔루션으로 구성돼 있는데, 이

good home
A module supporting the functioning of sheltered, respite and training flats. It allows you to report events and automatically reacts to crisis situations. It also enables collecting information from modern monitoring.
good neighbor
It is a mobile application that connects people who want to help in daily activities with people who need it.
good signal
SOS
1
Press the sos button in the Good Support application
2
A message with your location is sent to 6 indicated people
3
All indicated persons receive a message with the exact SOS location and driving directions
good care
A comprehensive solution for the management and coordination of field work with a mobile application for employees.

출처 | 도브리 솜시아드

굿 서포트 시스템을 구성하는 네 가지 솔루션

중 굿 케어는 돌봄 서비스 제공 회사나 공공기관이 피고용인을 잘 관리할 수 있도록 업무 부여 등의 서비스를 제공한다. 굿 홈은 시니어를 돕고 시니어의 가족들에게 긴급 상황을 알릴 수 있도록 집 안의 기기들을 시스템에 연동하는 서비스를 포함한다. 굿 네이버스(도브리 솜시아드)는 '돌봄 서비스 시장의 우버Uber'와도 같은 애플리케이션으로, 이웃 간에 도움을 주고받을 수 있는 서비스를 제공한다. 일반적으로 돌봄 서비스의 비용이 매우 비싸기 때문에, 이웃 주민 간 도움을 주고받으려는 수요가 지역 사회 내에 꾸준히 존재한다는 걸 활용한 솔루션이다. 굿 시그널은 긴급 상황이 발생했을 때 사용자가 SOS 버튼을 눌러 주변 이웃에게 빠르게 전화를 연결하고 위치를 알릴 수 있는 시스템이다.

굿 서포트의 목적은 매우 단순하다. 이웃 간에 도움을 주고받을 수 있도록 서로를 연결하는 것이다. 따라서 시니어 세대뿐 아니라 주방의 싱크대를 고치는 일처럼 이웃의 도움이 필요한 사람이라면 누구든지 활용할 수 있다. 재단의 CEO인 피오트르 야슈키에비츠는 "이 애플리케이션을 통해 가상세계에서 형성된 관계가 현실세계로 이어질 수 있도록 돕고 싶다"는 포부를 밝히기도 했다.

가장 큰 도전과제는 애플리케이션의 지속적 향상

현재 재단은 2022년 굿 서포트 시스템을 폴란드뿐 아니라 유럽 시장에도 도입할 계획이다. 벌써 몇몇 도시에서 관심을 표명하는데 그 대표적인 예가 런던이다. 굿 서포트는 전 세계의 인구통계학적 변화에 대응할 수 있을 뿐 아니라, 사용자의 스마트폰에 설치된 언어를 감지해 애플리케이션 자체의 언어를 해당 언어로 바꿀 수 있어 유럽 시장 진출이 수월할 것으로 예상된다. 현재는 영어로 대부분 사용이 가능하다. 글로벌 텔레콤 회사인 오렌지Orange와도 이미 계약을 체결했다. 개인정보 보호 측면에서도 소홀함이 없도록 모든 사항을 다각도로 고려할 예정이다. 이를 위해 브로츠와프시에서는 현재 개인정보 보호를 관리할 UBS라는 기업과 협력해 테스트를 진행 중이다.

이제 남은 과제는 굿 서포트 시스템을 지속적으로 향상해나가는 것이다. 이에 대해 피오트르 야슈키에비츠 대표는 "도브리 솜시아드는 물론 굿 서포트 시스템과 연동 가능한 새로운 기술들이 매년 도입되기 때문에, 애플리케이션을 지속적으로 향상할 필요가 있다. 첨단 신기술과 발맞춰 나가는 게 현재 재단이 직면한 가장 큰 도전과제다"라고 밝혔다. 일례로 재단은 5G GPS Global Positioning System 대신 더욱 적은 에너지를 소비하는 LoRa Long-Range를 사용할 계획이다. 이 방법은 기기를 충전하지 않고도 더 오랫동안 쓸 수 있어서다.

이외에도 재단은 안정적 사업 파트너를 발굴하는 데 집중하고 있다. 특히 공공기관과의 장기간 관계 유지를 사업 운영 체계에 도입했다. 보통 일반 기업들은 개인 사용자 중심으로 요금을 청구하지만, 지역정부나 공공기관은 지역 차원에서 애플리케이션 구독료를 지불할 수 있기 때문이다. 해당 지역의 주민들은 애플리케이션을 통해 스스로 문제를 해결할 수 있는 방안을 찾고, 지역정부는 비교적 적은 비용으로 사회적 돌봄 문제를 해결할 수 있는 윈-윈 시스템인 셈이다.

하지만 피오트르 야슈키에비츠 대표가 밝힌 것처럼, 굿 서포트 시스템은 현재 시니어 돌봄 서비스 시장의 초기 단계에 있다. 아직 유럽의 인구통계학적 변화가 크지 않기 때문이다. 시니어 돌봄 서비스 시장이 본격적으로 확대되는 건 20~38%의 인구가 시니어 세대가 되는 2030

출처 | 도브리 솜시아드

도브리 솜시아드 애플리케이션 화면

년 무렵이 될 전망이다. 그때까지 재단은 서비스 개선에 도움을 줄 다양한 파트너들과 탄탄한 협력 체계를 구축해나갈 예정이다.

초고령사회의 효과적 대안, 시니어 돌봄 서비스

코로나19 팬데믹은 고령 인구와 고령자 돌봄 서비스 제공자들에게도 큰 타격을 입혔다. 미국 글로벌 경제잡지 〈포브스Forbes〉에 따르면 2020년 코로나19 발생 이후 5개 요양기관 중 1개꼴로 심각한 인력 부족이 보고됐다. 돌봄 인력 부족이 사회적 문제로 떠오른 가운데 돌봄 인력 수요는 점차 늘어날 전망이다. 수명 연장에 따른 시니어 인구의 증가로 돌봄 서비스 및 관련 제품의 수요도 확대되고 있다. 미국을 기준으로 매일 약 1만 명의 베이비부머 세대가 65세에 접어들고, 이런 추세라면 앞으로 20년 안에 약 6,500만 명의 미국인들이 65세에 이를 것으로 예상된다.

경제협력개발기구OECD에 따르면 우리나라의 고령화 속도는 OECD 회원국 중 가장 빠른 상황이다. 2026년 초고령사회 진입이 유력하다는 분석까지 나왔다. 통계청이 발표한 '2020 고령자 통계'도 이를 뒷받침한다. 2020년 기준 65세 이상 고령 인구가 전체 인구의 15.7%에 달하는 데다, 이런 증가세라면 2025년에는 20.3%에 이를 전망이다. 한국경제연구원 역시 최근 10년간 한국의 65세 이상 고령 인구는 연평균

4.4%씩 증가했으며, 이는 OECD 평균의 1.7배로 가장 빠른 속도라는 분석을 내놨다. 문제는 고령화 속도에 비해 사회적 의료나 돌봄 시스템의 수준은 낮다는 데 있다. 보건복지부가 발표한 자료에 따르면, 2017년 기준 3개 이상의 만성질환을 가진 65세 이상 노인의 비율은 51%에 달했다. 2008년에 비해 20.3%포인트 늘어난 수치다. 만성질환을 가진 시니어 세대가 늘어난다는 건 그만큼 돌봄 서비스 수요가 증가한다는 의미다. 이런 상황에서 굿 서포트 시스템 같은 지역 차원의 시니어 돌봄 서비스가 구축된다면, 시니어 세대뿐 아니라 가족들의 부담까지 줄일 수 있다.

이제 시니어 돌봄 서비스는 더 이상 시니어 개인이나 가족만의 문제가 아니다. 지역사회, 더 나아가 우리 모두의 문제로 인식하고, 체계적이면서도 효과적인 대응 방안을 갖춰야 한다. 일례로 굿 서포트처럼 애플리케이션을 활용한 시니어 돌봄 서비스의 경우, 개인정보 보호와 관련된 보안 시스템 마련이 뒷받침돼야 한다. 또 사람과 사람을 연결하고 직접 대면하는 서비스를 제공하는 애플리케이션이라면 충분한 검증과 테스트 단계를 거쳐야 한다. 미래 혁신적 기술의 육성과 도입을 위해 보다 유연하면서 안전한 기반 마련이 필요하다.

강정민(바르샤바 무역관)

가족의 재정의

고독경제가 낳은 반려동물 복제사업

시안

2017년 5월, 미국의 유명 가수인 바브라 스트라이샌드Barbra Streisand는 14년을 함께한 강아지 사만다를 떠나보낸 후 그 슬픔을 이겨내려고 동물 복제를 선택했다. 사만다가 세상을 떠나기 전 미리 구강과 위장에서 세포를 적출해 복제를 준비한 것이다. 시도는 성공적이었다. 사만다의 복제 강아지인 바이올렛과 스칼렛이 탄생, 이들을 입양할 수 있었기 때문이다.

하지만 일각에서는 이 같은 그녀의 '동물 사랑'을 그릇된 감정이라고 지적한다. 세계적인 동물보호단체 PETAPeople for the Ethical Treatment of Animals의 잉그리드 뉴커크Ingrid Newkirk 회장은 "우리 모두 사랑하는 반려견이 영원히 살길 원하지만, 복제는 그것을 실현시켜줄 수 없다"는 입장을 밝히며, 윤리와 도덕성을 제쳐두더라도 동물 복제와 영생은 서로 다른 개념임을 강조했다.

어쩌면 스트라이샌드 본인도 복제한 반려동물이 사만다와 함께한 생전의 기억과 사랑을 대신하거나, 사만다의 습관과 성격을 그대로 이어받지는 못한다는 사실을 알고 있었을지 모른다. 다만 사랑하는 반려동물의 죽음을 눈앞에 둔 주인의 비통함은 컸을 것이고, 아마도 복제동물 사업은 이런 주인의 감정을 이해하고 조금이나마 위로하려는 데서 출발했을 것이다.

놀라운 속도로 성장하는 반려동물 시장

오늘날 중국의 반려동물 사랑은 단순한 취미 개념이 아니다. 애완동물로 생각하며 키우던 10~15년 전과 판이하게 달라졌다. 최근 인구 고령화, 결혼·출산율 하락 등 다양한 요인으로 1~2인 가구의 비중이 급격하게 늘어나면서 새로운 소비 트렌드인 '고독경제(孤独经济)'가 급부상했으며, 해당 카테고리 안에 있는 반려동물 시장의 규모 또한 빠르게 커졌다.

중국의 데이터기업 아이미디어의 통계에 따르면, 2020년 중국 반려동물 시장 규모는 전년 대비 40% 성장한 2,953억 위안(약 52조 4,200억 원)

중국 가구당 구성 인원 통계

단위: 인/가구

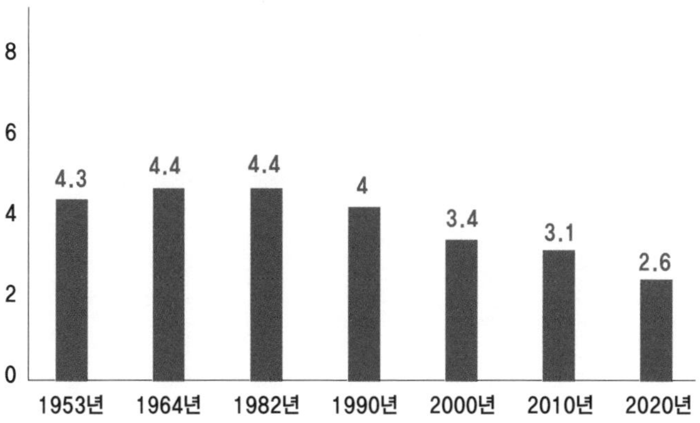

출처 | CCTV13, 중국인구조사 통계

을 달성했다. 2015년의 978억 위안(약 17조 3,600억 원)과 비교하면 5년 사이 산업 규모가 3배 이상 성장했다. 실제 반려동물 양육 인구의 증가 속도도 상당하다. 2019년 중국의 반려견, 반려묘 양육 인구는 각각 3,669만 명, 2,451만 명에 달해 전년 대비 약 8.4% 증가했다.

특히 눈여겨볼 부분은 반려동물 소비 지출 중 건강 관련 지출이 차지하는 비중이다. 2020년 중국의 반려동물 소비 지출 가운데 사료를 포함한 동물병원 관련 지출이 약 50%로 가장 많았고, 미용 분야가 42.4%로 뒤를 이었다. 이는 타 상품·서비스 대비 의료 서비스의 단가 자체가 높은 탓도 있겠지만, 중국 소비자들이 반려동물의 건강한 삶을

2018~2019년 중국 반려동물 양육 인구 변화 추이

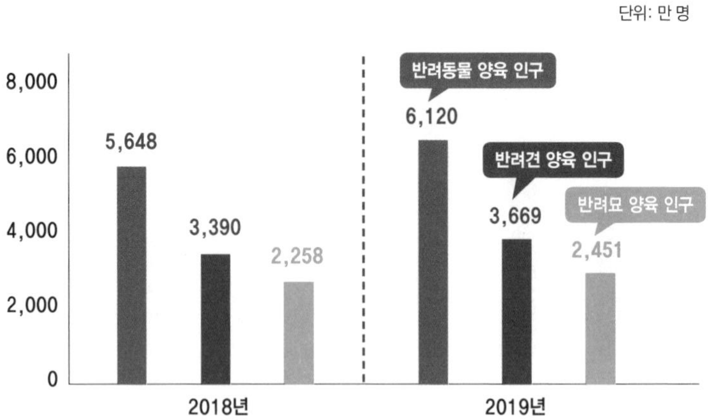

출처 | 첸잔 연구소, KOTRA 시안 무역관 재구성

중국 반려동물 시장 규모와 성장률

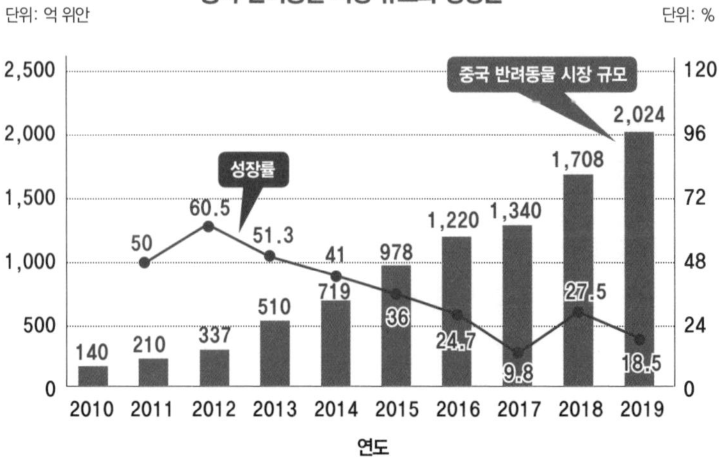

출처 | 첸잔 연구소, KOTRA 시안 무역관 재구성

위해 큰 금액을 쓸 준비가 돼 있다는 신호이기도 하다. 반려동물이 가족의 개념으로 대체됐음을 알 수 있는 대목이다.

중국 최초의 상업용 복제 고양이 다쏸

2019년 7월 21일, 중국 최초의 상업용 복제 고양이 다쏸(大蒜)의 자연분만이 성공리에 진행됐다. 고양이의 주인은 1995년생, 당시 나이 23살인 황위(黄雨)로 대학교 4학년 때부터 다쏸을 키웠다. 대학 졸업 후 인턴 과정 등 사회생활의 어려움을 함께하며 자신을 위로해주던 고양이는 2019년 요도폐색으로 생명의 기로에 서게 됐고, 황위는 사랑하는

출처 | Sinogene 공식 계정, mp.weixin.qq.com

다쏸과 주인 황위

반려묘의 죽음 앞에서 복제를 선택했다. 당시 고양이 복제를 위해 수행업체인 베이징 시노진Sinogene(希诺谷)에 지불한 금액은 25만 위안(약 4,400만 원)이었다.

이 사건에 이어진 중국인들의 반응은 폭발적이었다. 반려묘에 대한 사랑이 감동적이라는 관점부터 생명 연장이 아닌 복제에 25만 위안이나 쓰는 것은 무모하다는 관점까지 다양한 의견이 쏟아졌다. 다만 그 중 윤리적 문제에 대한 언급은 찾기 힘들었다. 반려동물 복제에 대한 중국인들의 심리적 저항감이 매우 낮음을 알 수 있다.

복제로 무비스타 역할을 이어간 강아지 궈즈

중국의 강아지 복제 역사는 고양이보다 다소 앞선다. 2010년, 반려동물조련학교 교장인 허쥔(何军)은 길에 버려진 강아지 한 마리를 거두기로 했다. 그는 반려견의 이름을 '과일주스'라는 뜻의 궈즈(果汁)로 지은 후 정성껏 돌보고 교육했다. 높은 지능을 타고난 궈즈는 배운 것을 빠르게 습득했고 영화 〈신화루팡(心花路放)〉, 〈장뤄(降落)〉 등에 출연, 탁월한 연기력으로 일약 스타덤에 올랐다.

궈즈에 대한 대중의 사랑이 깊어질수록 주인인 허쥔의 현실적인 걱정은 늘어났다. 이미 아홉 살이 된 궈즈가 영화 촬영 기간 불의의 사고로 더 이상 출연이 불가능할 경우 이윤이 목적인 상업영화에 미치는

출처 | Sinogene 공식 계정, mp.weixin.qq.com

궈즈의 영화 촬영 현장

출처 | Sinogene 공식 계정, mp.weixin.qq.com

궈즈와 작은 궈즈, 주인 허쥔의 단체 사진

타격이 막대할 뿐 아니라, 순종이 아닌 궈즈의 특성상 비슷하게 생긴 강아지를 찾는 것이 불가능에 가까웠기 때문이다. 이에 허쥔은 궈즈의 복제를 결정하고 2018년 9월, 38만 위안(약 7,100만 원)이라는 거액을 들여 작은 궈즈(小果汁)를 탄생시키기에 이른다. 현재 쌍둥이처럼 닮은 두 마리의 강아지는 모두 왕성히 영화에 출연하고 있다.

반려동물 복제의 딜레마, 완벽한 복제는 없다

앞서 소개한 두 사례 모두 비슷한 개체를 생산하는 데는 성공했으나 오랜 기간 키워온 주인이 봤을 때는 그 차이가 뚜렷한 경우가 대부분이었다. 반려동물의 전반적 복제 과정은 '난자 채취 → 난자 유전물질 제거 → 빈 난자 속에 반려동물의 체세포에서 가져온 핵을 삽입 → 전기 자극으로 활성화 → 수정란 → 대리모 자궁 착상 → 출산'으로 이뤄진다. 이 과정에서 DNA를 채취한 원 개체뿐 아니라 대리모의 착상까지 거쳐야 하므로 완벽한 쌍둥이 혹은 복제를 하는 건 불가능에 가깝다.

현재까지는 반려동물에 대한 사랑으로 이 같은 사소한 차이를 극복해왔으나, DNA를 채취한 원 개체뿐 아니라 수정란을 착상시켜 잉태하는 대리모 개체의 영향도 함께 받는 반려견과 반려묘의 특성상, 동일한 DNA라 하더라도 전혀 다른 외모의 개체가 나올 가능성은 충분하다. 문제는 복제 개체가 마음에 들지 않으면 양육권 포기나 유기 현상이 나타날 수 있다는 것이다. 이는 아직까지 언급되지 않는 혹은 크게 주목받지 않는 동물 복제의 윤리 문제를 불러일으키는 계기가 될 수 있다. 또한 관련 산업 발전에 큰 위기 요소로 작용할 수 있다.

반려동물 복제 산업의 세 가지 트렌드

이런 위기 요소를 제외하더라도 실제로 자신의 반려동물을 복제하려는 이들이 많지는 않을 것이다. 막대한 비용도 부담이지만, 정확하게 똑같은 반려동물을 복제해낼 수는 없다는 사실을 소비자들 또한 명확히 인지하기 때문이다. 이에 반려동물 복제 회사들은 다음과 같은 다양한 사업 모델을 개발, 산업 체인 육성에 힘쓴다.

세포 보존

반려동물 복제에는 적게는 22만 위안(약 4,000만 원), 많게는 30만 위안(약 5,400만 원) 상당의 비용이 소요된다. 평범한 반려동물 양육인으로서는 부담하기 어려운 액수기에 아무리 반려동물에 대한 사랑이 깊다고 해도 쉽게 결정하기 어렵다. 하지만 나중을 대비해 미리 반려동물의 세포를 보존하는 것에 대해서는 대다수의 중국인들이 긍정적인 반응이다. 가격 또한 적게는 480위안(약 8만 5,000원)에서 많게는 2,600위

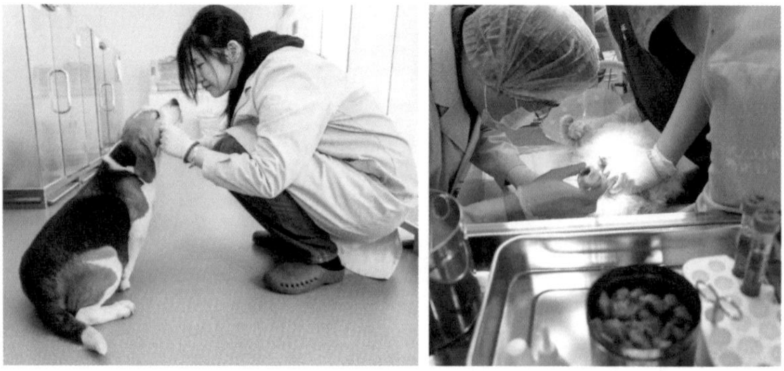

출처 | Sinogene 공식 계정, mp.weixin.qq.com

연구실 내 동물 사진

안(약 47만 원) 수준만 지불하면 되므로 다수의 반려동물 양육인들에게 매력적인 선택지로 자리매김했다. 추후 복제 과정에서 꼭 필요한 사랑하는 반려동물의 세포를 미리 보존해둘 수 있기 때문이다. 세포 보존의 경우 어린 개체의 세포일수록 복제 성공률이 높은데, 현재 기술력으로 동물 복제에 사용하는 세포 조직은 사후 12일까지가 최대라 많은 양육인들이 세포 보존에 관심을 보인다.

유전자 커팅

복제동물 배양의 일환으로 탄생한 유전자 커팅 기술은 유전적 요소인 선천적 질병을 사전에 예방하고 우수한 DNA를 전수한다는 점에서 복제를 넘어 단순한 임신, 출산 과정에도 활용된다. 특히 유전 질병이 발병하기 전 유전자 검사를 통해 관련 질병의 발생 확률을 미리 확인할 수 있어 유전자 커팅과 더불어 유전자 검사에 대한 수요도 크게 늘어나는 추세다.

정부 프로젝트

오늘날 복제동물의 배양은 단순히 양육인의 감정뿐 아니라, 해당 동물이 지닌 고유한 기능을 살리는 쪽으로도 초점을 맞춘다. 화황마(化煌马)는 중국의 스타 경찰견으로, 2013년 이래 윈난성 푸얼(普洱)시에서 수십 건의 살인 사건을 해결하는 데 혁혁한 공을 세웠다. 다른 경찰견 대비 뛰어난 성과를 낸 것에 경찰견으로서 화황마가 지닌 자질이 큰 영향을 미쳤다고 판단한 공안국은 화황마의 DNA를 기반으로 한 복제 경찰견을 생산하기로 결정했다. 2019년 탄생한 화황마의 복제견 쿤쉰(昆勳)은 쿤밍(昆明)시 경찰견 기지로 입교해 관련 과정을 수료한 후 2019년 8월 경찰견에 임명됐다. 실제로 뛰어난 경찰견을 훈련시키는 데는 4~5년의 시간이 소요되며, 40만~50만(약 7,400만~9,300만 원)에 달하는 비용이 든다. 그런 점에서 약 28만~38만 위안(약 5,200만~7,100만 원) 이 소요

출처 | Sinogene 공식 계정. mp.weixin.qq.com

쿤쉰 훈련 사진

되는 경찰견 복제는 상대적으로 적은 비용으로 높은 효율을 기대할 수 있는 프로젝트임에 분명하다.

반려동물 복제 시장, 가능성은 충분하다

한국은 동물 복제 분야에서 선진적 기술을 보유하고 있다. 미국, 중국과 마찬가지로 동물 복제에 대한 법적 허용이 이뤄지기 때문이다. 세계 최초의 복제견인 '스너피'는 2005년 한국 수암생명공학의 기술로 탄생했다. 2017년에는 충남대학교 동물자원생명과학과 김민규 교수 연구팀과 바이오테크업체 메디클론이 고(故) 이건희 회장의 반려견이었던 포메라니안 '벤지'를 복제하는 데 성공했다. 2010년 쌍둥이를 탄생시킨 데 이은 두 번째 복제다. 또한 중국과 마찬가지로 우수 인명 구조견, 폭발물 탐지견, 마약 탐지견 등 특수 목적견의 복제도 이뤄진다. 복제된 특수 목적견은 일반 특수 목적견에 비해 훈련에 드는 비용이 3분의 1 수준인 데다 합격률 또한 80% 이상이다.

다만 중국의 동물 복제는 일반적으로 반려견 22만~30만 위안(약 4,000만~5,400만 원) 상당이나, 한국에서는 2배 이상 필요하다.

하지만 시장 진입이 어렵다고 해서 우리 기업들의 시장 진출 기회가 줄어드는 것은 아니다. 반려동물 복제 산업은 비용 면에서나 양육인의 심리적 수용도 면에서나 반려동물 시장의 가장 극점에 위치한 서비스다. 즉, 반려동물 복제 산업이 주목받기 시작했다는 것은 그 아래 위치한 수많은 반려동물 관련 상품·서비스 시장이 향후 빠르게 성장할 것을 의미한다. 지금까지 값싸고 쉽게 구할 수 있는 제품 위주로 반려동물 시장이 형성됐다면, 향후에는 '품질'과 '트렌드', '희귀성'이 반려동물 시장을 대표하는 키워드로 자리매김할 수 있다.

반려동물 복제 산업의 주변 시장 역시 눈여겨볼 만하다. DNA 채취, 이식, 편집, 분만 설비뿐 아니라 복제동물의 항공 운반 시 사용될 소형 동물용 캐리어와 음수기, 운반 과정에서 심장박동을 수시로 확인하는 측정기, 건강 상태를 확인하는 건강 관리 애플리케이션 등 시장은 다방면으로 열려 있다.

쉬제(시안 무역관)

가족의 재정의

고령화 시대의 구원투수, 반려로봇 큐티

파리

'콩비비알리테 Convivialite'. 여럿이서 어울리는 화기애애한 분위기를 지칭하는 프랑스어로, 주로 식사 자리의 즐거운 분위기를 묘사할 때 쓰인다. 루이 15세 시대 이후부터 현재까지 프랑스 문화의 성격을 설명할 때 가장 많이 사용되는 단어다. 그만큼 프랑스 사람들은 여럿이 함께하는 식사 자리를 즐긴다. 하지만 2020년 어느 날, 지난 수백 년간 계속돼온 이 콩비비알리테 문화가 한순간에 사라져버렸다. 코로나19 때문이다.

2020년 3월 17일부터 5월 11일까지 시행된 이동 금지 조치는 프랑스인들을 하루아침에 각자의 공간에 고립시켰다. 전대미문의 상황에서 프랑스인이 얻은 깨달음은 두 가지다. 첫 번째는 사람과 사람 사이의 물리적 교류가 무엇보다 소중하다는 사실이다. 콩비비알리테 문화가 이를 대변한다. 두 번째는 사람 간 물리적 교류가 어떤 이들에겐 곧 생존의 조건이 된다는 사실이다. 시니어 세대가 대표적이다.

코로나19의 유행은 외부 세계와의 교류가 단절된 요양원에 특히 치명적이었다. 사망자가 속출하는 등 심각한 상황을 야기했다. 요양원의 모든 고령자가 사망했는데도 아무도 이 사실을 모르다가 며칠 후에야 간신히 발견된 사건도 있었다. 바이러스 유입 가능성을 차단하기 위해 간병인과 서비스 인력, 가족의 출입을 철저히 통제한 요양 시설에는 고령자만 남아 각자의 방에 격리된 채 방치됐다. 스마트폰은커녕 핸드폰도 없는 대부분의 요양병원 환자들에게 연락할 수 있는 유일한 방법은 요양원 대표 전화뿐이었다. 더욱이 이마저도 받는 사람이 없어 부모의 생사조차 확인할 수 없는 가족들이 상당수였다. 그 결과 2021년 6월 29일까지 코로나19로 프랑스 요양병원에서 사망한 사람은 총 2만 6,473명에 달했다.

코로나19 이후 쇼핑부터 병원 진료, 취업 활동에 이르기까지 모든 것이 온라인으로 가능한 이른바 비대면 시대가 열렸다. 하지만 빠른 변화를 따라가기 힘든 고령자에게는 그저 남의 일일 뿐이다. 거동이 힘들고 보호가 필요한 고령자를 돌보는 일, 더 이상 사람이 할 수 없게 된 일을 누군가 대체하고 거들어야 했다. 그 어느 때보다 높은 수요 속에서 반려로봇이 고령화 시대의 구원투수로 등장했다.

사회적·정서적 관계 회복으로 고립감을 해소하다

2021년 프랑스 북부 요양병원 20여 곳에 반려로봇 큐티Cutii가 등장했다. 코로나19로 병원에 고립된 고령 환자들과 과도한 업무에 시달리는 요양병원 종사자들을 위해 큐티의 제조사인 케어클레버CareClever가 무료로 보급한 것이다.

큐티는 홀로 사는 고령자를 위해 고안된 로봇 형태의 원격 플랫폼이다. 큐티의 기능은 크게 네 가지로 구분된다.

첫째, 사회적 관계 회복을 돕는 기능이다. 홀로 사는 고령자의 외로움과 무료함을 최대한 줄이는 게 큐티의 가장 큰 목적이다. 특히 큐티는 얼굴 부분이 태블릿으로 돼 있어 화상으로 가족과 지인들의 얼굴을 보고 대화할 수 있다. 가족과 지인들은 큐티 로봇 애플리케이션을 통해 로봇과 연결된다. 로봇 내부에는 '페이스 트래킹Face tracking'이라는 알고리즘을 장착해 화상으로 연결된 대화 상대의 얼굴을 자동 인식할 수 있다. 또한 태블릿으로 기억력 증진을 위한 게임과 음악 감상 등 다양한 활동을 즐길 수 있다.

출처 | 케어클레버

큐티

두 번째는 고령자의 어시스턴트 역할이다. 큐티는 고령자가 쉽게 사용하도록 최대한 단순하고 창의적으로 설계됐다. 특히 음성 명령이 가능해 위급한 상황에서도 빠르게 응급 서비스나 앰뷸런스, 원격 의료 서비스에 연결할 수 있다. 또한 스카이프Skype를 통해 가족들에게 전화하거나 한 번에 여러 명에게 문자 메시지를 보낼 수도 있다. 큐티 제작사 케어클레버는 인간의 뼈 이미지를 인식해 고령자의 상태(누워 있거나, 넘어졌거나, 서 있는 등)를 분석하는 기술을 개발 중이라고 밝혔다. 문제가 감지되면 큐티가 고령자에게 현 상태에 대한 안부를 묻고, 대답이 없으면 바로 지인들에게 연락하는 기능을 추가하기 위해서다.

세 번째는 원격 의료 기능이다. 고령자는 큐티를 통해 요양병원 내 어시스턴트와 의사, 의료 서비스 제공자들과 언제든 연락이 가능할 뿐 아니라 원격으로 대화하며 진료를 받을 수도 있다. 10분 이내에 바로 출동할 수 있는 의사를 연결해주는 기능도 있다.

네 번째는 정서적 기능이다. 큐티는 일종의 반려로봇으로, 온종일 대화할 일이 없는 고령자들에게 말을 걸어 기억력과 대화 능력을 높여준다. 예를 들면, 매일 아침 날씨에 대한 대화를 나누거나, 약 먹을 시간을 떠올리게 하거나, 누군가와 통화해야 하는 계획 등을 환기시킨다. 또한 고령자들이 적절한 리듬으로 움직이며 운동할 수 있도록 고령자를 앞서가며 산책을 이끈다. 로봇 내에는 3D 카메라가 장착돼 장애물을 피해 자유자재로 이동할 수 있다.

케어클레버는 누구나 15분 내에 이해·사용할 수 있는 로봇을 목표로 했다고 밝혔다. 또한 고령자들의 활동 중 많은 부분을 큐티가 대신

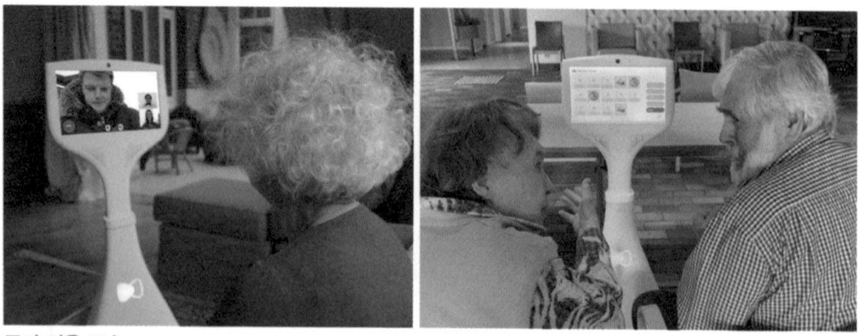
큐티 이용 모습

출처 | 케어클레버

할 수 있도록(난방 기능 조절, 실내 빛 조절 등) 원격 기능을 확장하고 있다고 강조했다. 현재 사용자들의 의견을 반영해 개발을 거듭하는 중으로, 인공지능 기술로 로봇이 반려인의 상태를 최대한 인식하도록 하는 것이 가장 시급한 과제다.

큐티에 대한 반응은 상당히 긍정적이다. 현재 미국과 프랑스의 시니어 돌봄 서비스 기업들 다수가 큐티 로봇에 호평을 쏟아내며, 테스트 요청을 계속하고 있다. 고령자를 돌보는 데 드는 비싼 인건비를 로봇으로 크게 절감할 수 있고, 무엇보다 혼자 사는 고령자의 고립감과 공허함을 채워줄 수 있기 때문이다.

시니어를 위한 맞춤형 반려로봇의 탄생

케어클레버는 앙투안 바타유Antoine Bataille가 설립한 스타트업으로,

그의 형제인 뱅상 바타유Vincent Bataille와 함께 설립한 컴클레버ComClever 그룹에 속해 있다. 2015년 5월 실리콘밸리를 여행하며 다양한 스타트업 관계자를 만난 앙투안 바타유는 우연히 원격 어시스턴트 로봇을 보고 강렬한 인상을 받았다. 로봇에게서 마치 사람과 같은 존재감을 느낀 것이다. 로봇을 이용해 할 수 있는 일이 많겠다는 영감을 얻은 그는 즉시 로봇의 프로토타입을 구입해 프랑스로 돌아왔다.

얼마 후 유로상테Eurosante◆의 프로젝트 공개 입찰 공고가 떴는데 프로젝트의 주제는 '고립된 고령자를 돕기 위한 디지털 기술'이었다. 이 공고를 본 순간 미국에서 온 로봇이 프로젝트에 큰 역할을 할 수 있겠다고 생각했다. 이후 그는 15명의 고령자와 15명의 레크리에이션 전문가, 다양한 전문 분야 의료진과 함께 로봇 프로그램을 개발했다. 사회적 관계가 끊긴 고립된 사람이 요리, 산책, 미술 감상, 가벼운 운동 등 다양한 활동을 즐길 수 있도록 돕는 기술을 개발하려는 목적에서였다.

레크리에이션 전문가들과 협업해 고령자를 위한 활동을 프로그램으로 만들어 제공하자, 고령자들은 매우 긍정적인 반응을 보였다. '잠을 잘 자게 됐다', '시간 가는 줄 몰랐다', '너무 즐겁다'와 같은 피드백이 돌아왔다. 이에 로봇 개발에 대한 확신을 얻고 개발 과정을 영상으로 만들어 유로상테 측에 보냈다. 결국 프로젝트 낙찰로 20만 유로(약 2억

◆ 연구원 3,000명이 소속된 프랑스 북부 지역의 헬스테크 클러스터로, 지역의 여러 병원들과 파트너십을 맺고 있다.

7,000만 원)의 상금을 손에 쥐었다.

상금으로 받은 20만 유로는 본격적인 로봇 개발의 시드머니seed money가 됐다. 그 돈으로 엔지니어를 고용해 큐티의 프로토타입을 만들었다. 미국에서 사온 로봇은 리모컨을 사용한 원격 조종은 가능했지만, 사용자와의 커뮤니케이션은 전혀 되지 않았다. 하지만 그는 지속적인 연구로 마침내 현재 큐티 소프트웨어의 모델이 된 프로그램을 개발해냈다. 지금까지 없었던 기술, 고령자의 안전을 위해 엄청난 양의 데이터를 사용해야 하는 기술이었다.

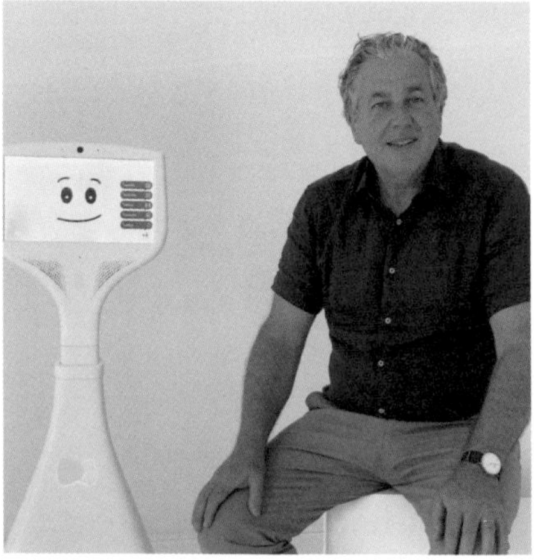
출처 | 케어클레버

케어클레버의 설립자인 앙투안 바타유

프랑스뿐 아니라 전 세계적으로 통용될 만한 기술이라고 생각해, 2017년 라스베이거스에서 열린 세계가전전시회에서 큐티를 공개했다. 결과는 대성공이었다. 폭발적인 반응과 함께 혁신 부문 수상의 영예까지 안은 것이다. 투자를 자신하게 된 그는 적극적으로 사람들을 고용하며 연구 부문의 투자 유치를 위해 전력투구했다. 초반에는 기술적 문제로 음성 인식 등이 원활하게 이뤄지지 않았지만, 팀 전원이 함께 배우면서 기술을 발전시킨 결과 총 4년에 걸쳐 500만 유로의 투자를 유치할 수 있었다.

현재 케어클레버는 프랑스 북부 총 20개의 요양병원에서 30개의 큐티를 테스트한다. 10명의 고령자가 각각 세 달간 사용하며 피드백을 준다. 지금까지 총 90명의 테스트를 거친 큐티는 이제 미국 진출까지 눈앞에 뒀다. 미국 현지 액셀러레이터에 소속돼 미국 대기업의 투자를 유치해냈다.

고령화 시대, 주목해야 할 실버 이코노미

전 세계가 실버 이코노미, 즉 고령화 시대 경제에 주목하고 있다. 프랑스 보건부는 2019년 4월, 고령층을 위한 디지털 서비스를 앞당기기 위해 '실버 이코노미 로드맵 2019-2022'를 발표했다. 원격 의료, 원격 돌봄을 비롯한 다양한 기술적 혁신이 프로그램에 포함됐고, 공공 요양병원에 향후 10년간 30억 유로(약 4조 원), 돌봄 서비스에 5억 5,000만 유로(약 7,600억 원)의 예산을 투입할 계획도 밝혔다. 프랑스 정부는 또한 공공병원의 디지털화에 약 3,000만 유로(약 414억 원)의 예산을 할당했다. 퇴직연금과 노인 복지 정도에 머물던 고령화 인구정책이 디지털을 중심으로 고령자의 '자립성'을 키우는 혁신적인 변화로 이어졌다.

평균수명◆이 길어지면서 프랑스 사회도 빠르게 고령화되고 있다.

◆ 프랑스 여성의 평균수명은 85.4세, 남성은 79.5세다.

프랑스 통계청INSEE에 따르면, 2017년 인구(6,700만 명)의 25%였던 60세 이상 인구는 2050년(7,400만 명) 32%에 이를 것으로 예측된다. 연령대별 평균수입의 경우, 60~69세의 월 평균수입은 약 2,253유로(약 311만 원), 70세 이상은 1,961유로(약 270만 원)로 조사됐다. 프랑스 인구의 평균수입이 1,965유로임을 감안할 때, 평균보다 약간 웃돌거나 비슷한 수준이다. 고령자의 인터넷 사용률도 계속 높아지고 있다. 60~69세 프랑스 인구의 78%, 70세 이상의 52%가 컴퓨터를 사용하며, 60~69세 중 83%, 70세 이상의 57%가 스마트폰을 사용한다고 답했다. 실버 이코노미의 중심에 디지털 전환이 자연스럽게 자리 잡을 것이라 전망하는 이유다.

실버 산업은 고령자의 삶의 질을 높이고, 사회적 관계와 평균수명 확장을 목표로 하며, 크게 세 가지 방향으로 나눌 수 있다. 우선 재택 고령자를 위한 돌봄과 거주지 정비(노인용 욕실, 계단 등), 안전, 이동, 커뮤니케이션 산업이다. 두 번째는 고령자를 위한 의료·건강 산업, 세 번째는 취미와 레크리에이션 산업이다. 결국 대부분의 산업이 여기에 속해 있다. 프랑스 통계청에 따르면, 60세 이상 인구와 관련된 모든 산업을 지칭하는 프랑스 실버 이코노미의 규모는 2013년 920억 유로(약 127조 원)였고, 2020년에는 1,300억 유로(약 180조 원)를 넘어선 것으로 집계됐다. 구매력 높고 디지털 친화적인 '젊은' 시니어들이 늘어나는 이상, 프랑스 정부의 적극적인 주도 아래 시장 규모는 더욱 비약적으로 성장할 것으로 전망된다.

말벗은 물론 생활 관리까지 해주는 다양한 반려로봇의 등장

국내에서도 실버 산업에 대한 투자는 필요를 넘어 필수적인 것으로 보인다. OECD 회원국 중 고령화 속도가 가장 빠른 상황이기 때문이다. 1인 가구 증가로 인한 고령자 고독사의 급증 같은 사회 문제를 해결할 제도적 장치 마련이 시급해졌다.

이런 상황을 고려할 때 반려로봇은 전 세계 어디에서든 유용하게 쓰일 효과적 대안임에 분명하다. 국내에서도 다양한 종류의 반려로봇이 등장했다. 2021년 7월 KT가 65세 이상 독거노인 100명에게 말벗 기능을 갖춘 AI 반려로봇을 보급한 데 이어, 서울 시립 중랑노인종합복지관에서는 코로나 블루 취약 고령자를 대상으로 언택트 케어 체계가 구축된 반려로봇 '복돌이'를 지원한다고 밝혔다.

IT의 발달은 이처럼 고령 인구는 물론, 사람들의 시선이 미치지 않는 곳에 존재하는 소외된 이들의 삶에도 많은 영향을 끼친다. 최첨단 IT 기술에 기반한 실버 산업과 반려로봇이 고령화 시대에 접어든 전 세계인의 삶을 보다 즐겁고 행복하게 만들어주기를 기대해본다.

곽미성(파리 무역관)

2

PART

새로운 놀이

하이퍼 엔터테인먼트 Hyper Entertainment

| 온택트 시대의 새로운 자극 |

영화를 보러 극장에 가는 일이, 거친 숨결을 공유하는 스포츠 경기장이나 마음을 울리는 음악 콘서트장에 가는 일이 예전처럼 선뜻 내키질 않는다. 밀폐된 공간에 사람들이 모이는 것에 대한 부담도 크지만, 근본적으로는 특정 장소로 제시간에 이동해야 한다는 데 더 큰 부담을 느끼게 된 것은 아닐까. 만약 비대면 상황 속에서도 현장감을 느끼고 오감을 자극하는 게 가능하다면? 이러한 갈증을 해소하고자 사람들은 온택트 시대에 걸맞은 새로운 즐길 거리를 찾고 있다. 온몸으로 사운드를 느끼고 VR을 통해 현장에 있는 듯한 느낌을 실감하는 일이 지구촌 어디에선가 현실로 이뤄지고 있다. 미래의 엔터테인먼트에 대한 아이디어를 찾아보자.

하이퍼 엔터테인먼트

소리의 촉감까지 전달하는 웨어러블 오디오, 우저 엣지

텔아비브

텔아비브대학교에 다니는 20대 청년 요세프는 친구들 사이에서 게임 마니아 겸 얼리어답터early adopter◆로 통한다. 특히 게임의 몰입감을 좌우하는 사운드에 유독 민감한 편이라 게임용 컴퓨터에 연결하는 스피커와 헤드폰을 구매할 땐 성능부터 디자인까지 하나하나 꼼꼼히 따져보고 까다롭게 골랐을 정도다. 그런데 최근 4D 영화관에서나 체험할 수 있었던, 소리를 몸으로 느낄 수 있는 조끼 형태의 웨어러블 디바이스가 나왔다는 얘길 듣고 가슴이 뛰었다.

◆ 새로운 제품 정보를 가장 먼저 접하고 남보다 빨리 구매하는 소비자를 의미한다.

빠르게 이 '우저 엣지Woojer Edge'라는 이름의 웨어러블 장비를 구매한 그는, 이후 게임하는 재미에 푹 빠져들었다. 게임의 사운드가 몸에 진동 형태로 자극을 줘 몰입감을 높이고 현실감을 더했기 때문이다. 게다가 음악을 듣거나 영화를 볼 때도 강력한 사운드를 온몸으로 느낄 수 있어 감동이 더 크게 다가오는 듯했다. 덕분에 요셉프는 코로나19로 집에만 머물던 시기에도 게임과 음악 감상, 영화 감상을 즐기며 지루하지 않은 나날을 보낼 수 있었다.

촉각, 사용자 경험 향상을 위한 새로운 대안

코로나19 팬데믹은 문화 콘텐츠 시장과 엔터테인먼트 산업에도 많은 변화를 가져왔다. 사회적 거리두기의 확산으로 공공장소보다 개인 공간에서 보내는 시간이 늘어났고, 이에 발맞춰 여가 활동이나 문화 콘텐츠 소비도 개별 공간에서 이뤄지는 추세다. 실제로 많은 이들이 영화관을 방문하기보다는 넷플릭스 같은 영상 구독 서비스를 통해 영화를 감상하고, 뮤지컬이나 콘서트 역시 온라인 스트리밍 형태의 관람을 선호하게 됐다.

이렇게 온라인을 통한 문화 콘텐츠 소비가 확산되자, 온라인에서도 오프라인의 감동을 경험할 수 있는 다중감각적 사용자 인터페이스에 대한 관심이 늘어났다. 특히 물리적 접촉이 부족한 비대면 시대에 촉각은 사용자 경험 향상을 위한 새로운 대안으로 주목받고 있다. 촉각은 사용자의 경험을 즉각적으로 변화시킨다. TV와 같은 시청각 매체를 통해 '보고 듣던' 영화 속 장면이 '피부로 느껴지는' 순간 관찰자적 입장은 참가자적 경험으로 전환된다. 이스라엘의 스타트업 우저Woojer가 촉각을 통해 사용자 경험을 '다른 차원'으로 끌어올리는 웨어러블 기기를 출시한 이유다.

집 안을 콘서트장으로 뒤바꾸는 우저의 청각적 촉감

소리는 문화 콘텐츠에서 빠질 수 없는 요소다. 소리는 귀로 들을 수 있는 영역과 몸으로 느낄 수 있는 영역이 있는데, 음역대가 낮은 소리일수록 귀로 들을 수 있는 소리보다 몸으로 느껴지는 진동이 강해진다. 이 같은 '청각적 촉감'은 사용자에게 시청각적 정보와는 다른 감성과 에너지를 전달한다. 액션 영화 속 폭발 장면에서 압도적인 느낌을 주거나 콘서트장에서 심장을 두근거리게 하는 베이스의 울림, 에밀레종의 여운 등은 모두 저주파수 음역대 소리가 만들어낸 효과다.

우저는 이러한 저음역대 소리가 갖는 촉감, 즉 진동을 모방해 사용자에게 전달하는 웨어러블 기기다. 오디오 신호 속 저주파수 소리를 선별하고 최적화해 주파수에 따른 진동을 사용자에게 전달하는데, 우저를 착용하기만 하면 마치 우퍼 스피커 앞에 서 있는 것처럼 소리의 에너지를 느낄 수 있다.

우저의 공동설립자이자 최고경영자인 크피르 바르-레바브 Kfir Bar-Levav는 우저의 음향-촉각 변환 기술로 만들어진 진동은 실제로 사람이 소리에 노출됐을 때 느끼는 청각적 촉감과 매우 흡사하다고 설명한다. 기술의 핵심은 진동발생소자에 있다. 우저의 진동발생소자는 1Hz에서 200Hz 사이 영역의 저주파수 음이 갖는 진동을 구현할 수 있다. 즉 진동의 세기를 200단계로 세밀하게 조절해 부드럽게 이어지는 듯한 진동 흐름을 만들어내는 것이다. 그뿐만이 아니다. 여러 음을 동시에 울려 화음을 쌓는 기타나 피아노처럼 실제 연주하는 것 같은 진동을 생성할 수 있다. 크피르는 이 기술 덕분에 우저의 진동발생소자가 소리의 여운, 무게감 등 소리가 담아내는 정서까지 표현할 수 있다고 강조한다.

우저는 착용 형태에 따라 조끼형과 스트랩형으로 나뉜다. 조끼형 우저는 특성상 착용 부피가 크기 때문에 실내 사용에 적합하다. 몸 전체에 강력한 진동을 전달할 수 있어 특히 게임 애호가들 사이에서 큰 인기를 끌고 있다. 이에 반해 가볍고 활동성이 좋은 스트랩형은 실내외 모바일 게임, 음악 감상용으로 조끼형 못지않은 인기를 누리고 있다.

사용 방법은 간단하다. 컴퓨터, 휴대폰 등 오디오 파일을 재생하는 기기와 우저를 블루투스로 연동(페어링)한 후, 우저를 착용하고 페어링한 기기의 오디오를 재생하기만 하면 된다. 오디오 파일 재생은 물론 블루투스로 연결할 수 있는 모든 기기와 연동이 가능해 게임, 음악 감

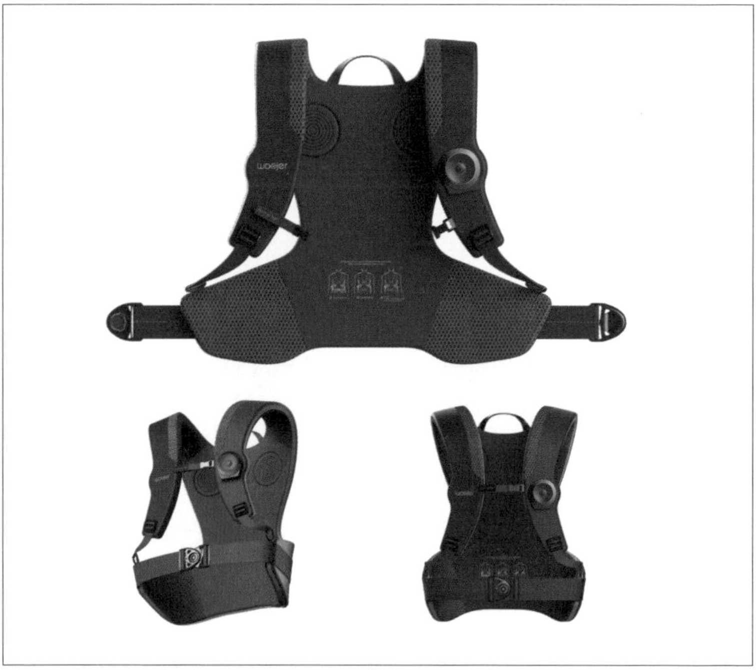

우저의 최상위 버전인 우저 엣지 조끼

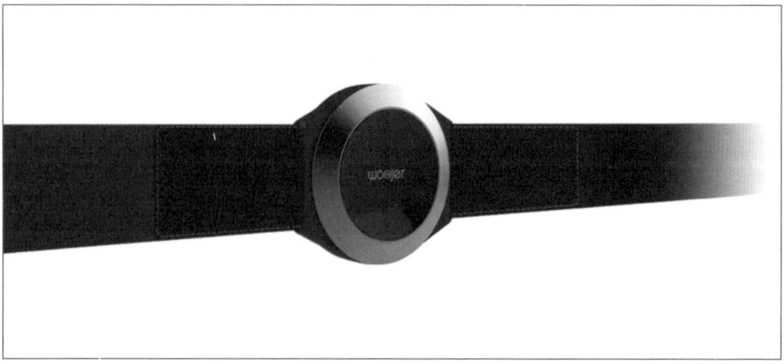

가볍고 활동성이 좋은 우저 엣지 스트랩

상, 영화 감상, 전문 음향 작업 등 다양한 목적으로 사용된다.

더욱이 우저는 시각적, 청각적 정보에 촉각적 감각을 더해 현실감과 몰입감을 높여준다. 몸에 착용하는 형태라 바닥이나 벽으로 진동이 전달되지 않으므로 이웃에 소음 피해를 줄 걱정도 없다. 또한 오디오 볼륨을 높이지 않고도 충분히 자극적 효과를 경험할 수 있어 과도하게 높은 볼륨 때문에 청각을 손실할 우려도 없다.

우저의 최신 버전인 '우저 엣지'는 오프라인 매장 하나 없이 이스라엘을 포함한 92개국에서 10만 개 이상 판매됐다. 백신 보급으로 코로나 사태가 진정세를 보이는 지금도 우저의 매출은 여전히 고공행진을 거듭하고 있다. 코로나19의 수혜를 톡톡히 보는 셈이다. 2020년 매출은 이미 2019년 매출의 20배가 넘었고, 2021년 상반기 매출 역시 2020년 연매출을 훌쩍 넘어섰다.

흉부 진동 조끼로 물리치료도 신나고 재미있게

우저의 음향-촉각 변환 기술은 의료산업에도 활용된다. 낭포성 섬유증Cystic Fibrosis 환자들을 위한 물리치료용 흉부 진동 조끼인 '식 비츠Sick Beats'를 출시한 것이다. 낭포성 섬유증은 유전적 원인 때문에 체액이 지나치게 많이 분비되는 질환으로, 호흡기 감염에 의한 조기 사망률이 높은 편이다. 특히 호흡기 내 분비물이 쌓일 경우 세균 증식에 유리한 환경이 조성돼 감염에 취약해지므로 하루 1~2회 분비물 배출을 돕는 흉부 진동 물리치료가 필수다.

우저는 흉부 진동 물리치료에 특정 대역40Hz의 저주파를 사용한다는 점에 주목했다. 실제로 식 비츠 조끼의 겉모양은 우저 엣지 조끼와 비슷해 보이지만 내장된 진동발생소자의 개수가 더 많고, 내장 위치도 물리치료에 적합한 형태다. 휴대폰과 블루투스로 연결된 식 비츠 조끼를 착용하고, 치료용으로 선정된 음악을 재생하면 신나는 리듬의 음악과 함께 물리치료가 시작된다. 식 비츠의 음원 목록에서 개인 취향에 맞는 재생 목록을 설정하는 것도 가능하다. 음악이라는 광대한 콘텐츠를 취향에 맞게 활용할 수 있는 것이다. 당연히 콘텐츠 다양성에 대한 사용자 만족도도 높을 수밖에 없다. 아직 임상 시험 단계임에도 전 세계의 이목이 집중됐다.

세계 3대 광고제 중 하나인 '칸 라이언즈 국제광고제The Cannes Lions International Festival of Creativity'에서는 화이자와 모더나를 제치고 2021년 제약 부문Pharma Lions 최고상인 그랑프리를 수상하기도 했다. 이후 낭포성 섬유증 환아 자녀를 둔 부모들의 문의가 전 세계에서 쏟아지고 있다. 게다가 낭포성 섬유증 외 다양한 호흡기 질환에도 흉부 진동법을 적용할 수 있어, 식 비츠의 활용 범위와 실수요는 더욱 늘어날 전망이다.

촉감을 통해 생동감·몰입감을 높이는 햅틱 기술

우저의 음향-촉각 변환 기술처럼 기계 장비로 촉각을 모방해 전달하는 것을 햅틱 기술haptic technology이라고 한다. 햅틱 기술을 통해 사람들은 공간을 공유하지 않고도 촉감을 활용해 물리적·심리적 거리를 좁힐 수 있게 됐다. 햅틱 기술이 온택트 시대의 핵심 기술로 떠오른 이유다.

원거리에서 물체의 촉감을 확인하는 것도 가능해졌다. 2021년 4월 한국전자통신연구원Electronics and Telecommunications Research Institute, ETRI 연구진은 15m 거리에서도 원격으로 촉감을 전달하는 차세대 텔레햅틱tele-haptic 기술을 개발하는 데 성공했다. 이는 VR과 AR Augmented Reality(증강현실)의 몰입감을 극대화하는 것은 물론, 향후 장애인 재활, 메타버스◆ 등에도 활용될 수 있을 전망이다. 에릭슨이 2019년 '인터넷 오브 센스Internet of Sense' 보고서에서 밝힌 것처럼, 2030년에는 스마트폰 화면에 보이는 물건의 재질을 확인하는 것도 충분히 가능할 것으로 예측된다.

햅틱 기술을 적용한 제품 시장도 꾸준한 성장세를 기록하고 있다. 시장분석업체 '글로벌마켓인사이트Global Market Insight'에 의하면, 글로벌 햅틱 제품의 시장 규모는 2019년 약 7조 원에서 2026년 약 10조 원으

◆ 가상 공간인 '메타(Meta)'와 현실 세계인 '유니버스(Universe)'의 합성어로, 현실 세계와 같은 사회·경제·문화 활동이 이뤄지는 3차원의 가상 세계를 의미한다.

로 매년 7% 이상씩 성장할 것으로 예측했다.

우저의 남다른 점은 시각을 촉각으로 바꾸는 것이 아니라, 청각을 촉각으로 바꾸는 데 햅틱 기술을 활용한다는 점이다. 일반적인 직류 전류를 사용해 진동을 발생시키는 장치인 버저buzzer로 진동을 전달하는 대신 자체 개발한 기술을 사용, 오디오 신호 속 저주파수 소리를 선별하고 최적화해 주파수에 따른 진동을 전달한다는 점 역시 독특하다. 이는 보다 생생한 햅틱을 경험하고 싶은 사용자들에게 어필할 수 있는 요소이기도 하다.

엔터테인먼트 산업에서 햅틱 기술은 아직 시작 단계에 불과하다는 게 일반적인 분석이다. 최근 미국 V사에서 출시한 VR 게임이 극사실적 VR로 큰 이슈가 됐는데, 햅틱 기술은 이러한 VR과 결합해 게임 경험을 한 단계 발전시키고 게임 산업을 성장시키는 데 기여할 전망이다. 음악 산업, 공연 산업에서의 적용 가능성도 무궁무진하다. 전통적인 산업과 결합해 시너지 효과를 창출하는 것도 기대해볼 만하다. 예를 들어 인테리어, 가구, 모빌리티 등에 적용할 경우 신체와 접촉하는 모든 제품에 기술을 접목할 수 있기 때문에, 단순히 '재미'있는 체험을 하는 것을 넘어 기존 제품을 더 '안전'하게 만들거나, 보다 효율적으로 '정보'를 제공하는 등의 부가가치도 만들어낼 수 있다.

우저의 햅틱 기술은 시청각 장애인의 문화 접근성을 향상시킨다는 면에서도 주목받는다. 우저의 초기 투자자이자 샌디스크SanDisk의 공동창업자인 엘리 하라리Eli Harari는 오랫동안 청각 장애인을 위한 우저의 제품 개발을 지원해왔다. 우저가 온라인 공간에서 문화 콘텐츠를 매개로 시청각 장애인과 세상을 연결하는 데 힘쓰는 것 역시 같은 맥락이다. 이런 노력이 앞으로도 계속된다면 언젠가 누구든지 소리를 촉감으로 느끼며 함께 즐기는 모습이 더 이상 공상 과학 소설에만 등장하는 미래가 아닐 것이다.

박경윤, 김지은(텔아비브 무역관)

하이퍼 엔터테인먼트

메타버스 속 글로벌 마켓을 선점하라, 브이켓

오사카

'미지의 세계Into the unknown'. 디즈니 애니메이션 〈겨울왕국 2Frozen 2〉에서 엘사가 새로운 세상을 향해 떠나고자 외치는 자신의 속마음이자 영화의 메인 테마곡 제목이다. 이 '미지의 세계'는 현재 우리의 귓가에도 메아리처럼 울려 퍼지고 있다. 그 주인공은 바로 '메타버스' 세상. 현재 IT 업계의 가장 큰 화두로 떠오르는 메타버스는 먼 미래의 이야기가 아니라 바로 이곳, 현실에서 진행 중인 새로운 세상으로의 초대장이다.

메타버스는 '가상', '초월'을 의미하는 영어 단어 'Meta'와 우주를 뜻하는 'Universe'의 합성어로, 현실 세계처럼 활동이 이뤄지는 3차원의 가상 세계를 가리킨다. 기존의 MMORPG Massive Multiplayer Online Role Playing Game 등 온라인 게임과의 차이점은, 게임의 테두리를 넘어 실제 경제와 사회 문화권을 형성하며 현실의 삶과 구분되지 않는 또 하나의 생활권을 구축해나간다는 점이다.

컴퓨팅 능력과 그래픽 처리 능력의 비약적인 발전으로 VR 기술이 계속 발전함에 따라 메타버스에 대한 인식도 빠르게 변화하고 있다. 특히 페이스북은 VR 산업에서 두각을 나타내며, '메타버스 산업의 선두주자'로 자리매김했다. 2014년 VR 기기 개발업체 '오큘러스 Oculus'를 20억 달러(약 2조 3,400억 원)에 인수한 데 이어, 2019년에는 오큘러스의 VR 헤드셋 전용 플랫폼 '페이스북 호라이즌Facebook Horizon'을 발표했다. 마크 저커버그 페이스북 CEO는 최근 인터뷰에서 "5년 후 페이스북은 사회관계망서비스SNS 기업이 아닌 메타버스 기업으로 간주될 것"이라고 밝히기도 했다. 더욱이 2020년 9월 발매한 '오큘러스 퀘스트 2 Oculus Quest 2'는 시장에서 큰 인기를 끌며 가상 세계에 대한 관심을 끌어올렸다. 출시 3개월 만인 2020년 12월, 누적 판매량 120만 대를 기록하면서 VR 시장의 저변을 크게 넓혔다는 평가를 받은 것이다.

시장조사기관 PwC는 조사 자료에서 AR 기술 시장의 규모는 2019년 330억 달러(약 38조 5,800억 원)에서 2030년 1조 924억 달러(약 1,277조 2,300억 원), VR 기술 시장은 2019년 125억 달러(약 14조 6,100억 원)에서 2030년 4,505억 달러(약 526조 7,200억 원)로 폭발적인 성장을 기록할 것이라 예측했다. 또 다른 시장조사업체 스타티스타Statista의 전망도 유

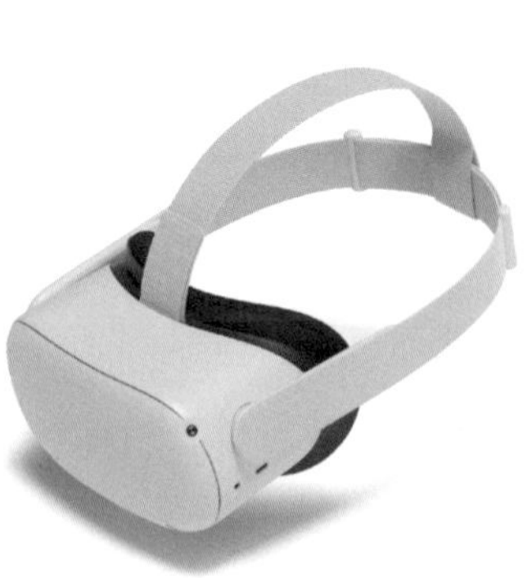

출처 | www.oculus.com

오큘러스 퀘스트 제품 사진

오큘러스 퀘스트 2 착용 모습

출처 | www.oculus.com

사하다. 스타티스타는 2024년 AR·VR 시장 규모가 2,969억 달러(약 347조 5,200억 원)에 달할 것으로 예상했다. 이는 2021년 307억 달러(약 35조 9,200억 원)보다 9배 이상 성장한 규모다.

VR에 특화된 메타버스 플랫폼, VR 챗

메타버스에는 현재 다양한 플랫폼들이 존재한다. 지금의 메타버스 기반을 마련했다고 평가받는 '마인크래프트Mine Craft'부터 미국의 대형 메타버스 플랫폼 '로블록스Roblox', 전 세계 2억 명의 유저를 확보한 네이버의 '제페토Zepeto' 등 다양한 메타버스 플랫폼들이 차세대 메타버스 세상의 패권을 차지하기 위해 경쟁하고 있다. 이런 다채로운 플랫폼들 중에서 VR을 중심으로 형성된 메타버스 플랫폼으로 많은 주목을 받는 것이 바로 'VR 챗VR Chat'이다.

VR 챗은 VR에 특화된 플랫폼으로 VR 기기가 없으면 기능 전부를 체험하기 어렵지만, VR 기기가 있을 경우 말 그대로 실제 현실과는 다른 새로운 가상현실을 경험할 수 있다. 따라서 VR 챗을 본격적으로 이용하려면 VR 기기를 활용해 접속하는 걸 권장한다. 일단 VR 챗에 접속한 사용자는 이곳에 구축된 다채로운 세계를 탐험하는 것은 물론, 다른 사용자들과 함께 게임을 즐기거나 다양한 상호작용을 통해 교류할 수 있다.

출처 | hello.vrchat.com/press

VR 챗 커버 이미지

출처 | hello.vrchat.com/press

VR 챗 인게임 이미지

VR 챗의 강점은 유저 커스터마이징 시스템이 굉장히 뛰어나다는 점이다. 사용자는 유니티 엔진을 통해 직접 자신만의 아바타를 만들거나 월드를 등록할 수 있다. 수많은 캐릭터와 세상이 탄생할 수 있는 플랫폼인 셈이다. 또한 잘 만든 아바타들을 거래하는 시장을 형성해 가상세계의 경제권을 구축하는 등 파생 효과도 매우 큰 것으로 알려졌다.

사람들은 VR 챗에서 다양한 월드에 준비된 미니 게임에 빠져들거나, 창작물을 만들면서 다른 유저와의 커뮤니케이션을 통해 새로운 세상과 만나기도 한다. 롤러코스터, 마피아 게임, 당구장, 마인크래프트, 방 탈출 게임 등 콘텐츠도 다양하다. 또한 VR 기기의 트래킹 기능을 활용한 상호작용의 수준이 매우 높아 사람들이 VR 챗 세상에 몰입하는 수준 역시 상당히 높은 편이다.

가상세계 최대의 마켓, 브이켓

VR 챗의 범용성이 높은 것을 활용해 새로운 이벤트들도 속속 등장하고 있는데, 그중 전 세계적으로 주목받은 행사가 일본 도쿄 소재의 주식회사 히키HIKKY가 주최하는 버추얼 마켓Virtual Market, 통칭 '브이켓Vket'이다. VR 챗을 기반으로 가상 공간에서 전시 부스를 마련하고 다양한 참가자들이 아바타와 아바타용 의상, 장식품 등 3D 데이터 상품을 거래하는 가상현실 마켓으로, VR 챗에서 사용하는 가상 상품들

외에 현실 세계의 상품(의류, 잡화 등)을 판매하는 매장도 설치가 가능하다. 이에 따라 가상과 현실의 경계를 넘나드는 글로벌 마켓으로 두드러진 성장세를 기록하고 있다.

브이켓은 2018년 8월 처음 개최됐다. 당시에는 동호회 80개, 기업 2개 사가 참여한 소규모 이벤트였으나, VR 기기의 보급과 행사 참가자들의 호평에 힘입어 2회 때부터는 규모를 확장해 동호회 400개, 기업 20개 사가 참여하는 행사로 대폭 성장했다. 이후 성장의 속도가 빨라지면서 가장 최근에 열린 2021년 8월 제6회 브이켓 행사에는 동호회 1,100개, 기업 73개 사, 방문객 100만 명이 참가해 가상세계 최대의 행사로 자리매김했다. 디지털 상품의 경우 데이터만 존재하면 쉽게 양산이 가능하다는 점, 그리고 원 데이터를 가공해 제2차 창작물을 쉽게 만들 수 있다는 점을

브이켓 홍보 영상

출처 | vket6.v-market.work/en

브이켓 개최 포스터

활용해 가상세계에서의 시장 경제를 구축한 것이다. 또한 유저들이 생산한 2차 창작물의 판매를 지원하면서 개개인이 수익을 창출해나갈 수 있는 구조도 마련했다. 점차 독립된 하나의 경제권으로 성장해가는 셈이다.

또 하나 주목할 점은 실제 상품과 VR 시장의 연동성이 높다는 점이다. 브이켓 VR 부스에서는 현실 세계의 상품을 3D 모델링으로 데이터화해서 전시하기 때문에 유저는 매장에 가지 않아도 상품의 실물이 어떤 모습인지 생생하게 경험할 수 있다. 또한 QR코드를 인식하면 해당 상품의 온라인 구매 홈페이지로 이동, 실제 구매까지 할 수 있어 가상 시장에서 현실 쇼핑이 가능하다. 유명 브랜드들도 이를 활용해 브이켓에 참가해서 부스를 열고 적극적으로 마케팅하는 경우가 늘어나고 있다.

브이켓 행사장 투어 영상

출처 | virtual-market.prowly.com

브이켓 몰 이미지

제6회 브이켓에서는 새로운 형태의 '브이켓 몰Vket Mall'도 론칭됐다. 브이켓 몰은 상시 운영되는 VR 쇼핑몰인데, 각 층별로 콘셉트에 맞는 상품들을 모아 편집숍처럼 운영되는 마켓이다. 브이켓 행사가 끝나더라도 계속해서 운영이 가능한 마켓인 셈이다. 따라서 부스를 마련하기 어려웠던 개인이나 소규모 그룹도 자신의 창작품을 팔 새로운 창구로 활용할 수 있다.

MZ 세대를 겨냥한 새로운 체험 마케팅

1980년대 초반에서 2000년대 초반 출생한 밀레니얼 세대◆와 1990년대 중반에서 2000년대 초반 출생한 Z 세대를 통칭하는 MZ 세대는 디지털 환경에 익숙하고 새로운 경험을 추구하는 세대를 의미한다. 최신 트렌드와 이색적인 경험을 중요시하는 이들에게 있어서 브이켓은 새로운 소비의 경험을 제공해주는 매력적인 공간이다.

사실 MZ 세대에게 가상 공간에서의 만남은 이미 일상이나 마찬가지다. 기존 세대도 온라인 게임 등을 통해 가상 공간에서의 만남을 많

◆ 1981년 이후에 태어나 2000년대에 성인이 되거나 사회인이 된 세대로 20대 전반~30대 후반에 해당하는 사람들이다. 10대 무렵부터 정보통신이나 급속히 보급된 디지털 기기의 혜택을 받아 원하는 정보를 순식간에 얻을 수 있고, 온라인 쇼핑이 주축이 되는 환경 속에서 자라왔다는 특징이 있다. 또한 SNS를 통한 공감 중심의 커뮤니케이션에 익숙하며, 물건보다는 경험과 체험, 타인의 공감과 평가를 중시하는 의식이 강하다.

이 경험했지만 MZ 세대와는 질적인 차이가 있다. 기존 세대들에게 가상 공간에서의 만남은 현실 공간에서의 만남보다 낮은 단계의 정서적 공감을 형성하는 것일 뿐, 더 높은 공감을 위해선 오프라인 모임 등을 통해 현실 공간에서의 만남으로 발전시키는 것이 일반적이었다. 그러나 MZ 세대에게는 가상 공간과 현실 공간의 경계가 따로 없다. 공간의 구분 자체가 존재하지 않는다. 즉, 그들에게 가상 공간과 현실 공간은 모두 자신들의 현실이며, 가상 공간에서의 정서적 교류 수준은 현실 공간 못지않게 높다.

이러한 차이점은 메타버스 내에서의 체험이 현실 세계의 체험과 비교해도 결코 부족하지 않음을 시사한다. 대기업들은 메타버스에 주목하고 이를 활용한 새로운 체험 마케팅을 적극적으로 선보이고 있다. 브이켓에도 많은 브랜드가 참여해 전 세계 사람들에게 새로운 경험을 선사한다. 브랜드 특성에 맞는 다양한 공간과 전시물을 구현해 관람객들이 다양한 체험을 하면서 브랜드에 대한 호감도가 높아지게끔 이끈다.

대표적인 사례로는 '월트 디즈니 재팬'을 꼽을 수 있다. 월트 디즈니 재팬은 다양한 라이프스타일 잡화 등을 3D 모델링을 통해 디지털 상품으로 제작, VR 공간에서 해당 상품을 직접 들고 같이 촬영도 할 수 있도록 구성했다. 마치 디즈니랜드에 직접 방문한 것 같은 경험을 하게 만드는 것이다. 또한 해당 상품들은 QR코드로 공식 온라인 스토어와 연결, 가상 매장에서도 바로 상품 구매가 가능하도록 했다.

'아우디 재팬'도 자동차 업계 최초로 브이켓에 참여했다. 아우디는

출처 | vket6.v-market.work/en

브이켓 월트 디즈니 재팬 이미지

출처 | vket6.v-market.work/en

브이켓 아우디 재팬 이미지

VR 매장에서 전기 자동차 'e-tron'을 전시하는 한편, VR 공간에서 직접 자동차를 시승해보는 체험을 준비했다. 가상 환경에서 다양한 배경과 맵을 이동하며 자동 운전을 경험하는 부스를 마련한 것이다. 또한 3D 모델링을 통해 자동차의 자세한 사양을 확인할 수 있게 하고, '시승'이라는 체험으로 소비자의 흥미를 효과적으로 불러일으켰다.

브이켓 포맷을 활용한 다양한 엔터테인먼트 행사도 열렸다. 오프라인 만화 콘텐츠 행사인 '코믹콘'을 가상 환경에서 진행한 '코믹 브이켓Comic Vket', 가수들의 뮤직 페스티벌인 '뮤직 브이켓Music Vket' 등 콘텐츠와 VR을 결합한 엔터테인먼트 행사를 진행해 화제를 모았다. 특히 VR 기기의 특성상 몰입도가 높고 현장감이 탁월해 참가자들의 반응이 매우 뜨거웠다.

가상현실 속 새로운 경제 활동으로

인류는 항상 새로운 세상을 꿈꾼다. 전에 없던, 미지의 세상을 탐험하고자 하는 욕망은 인간의 본성과도 같다. 하지만 이제 지구에 새로운 곳은 거의 찾아볼 수 없다. 게다가 일반인들이 그런 것을 탐험하기엔 어려운 환경이 되고 있다. 따라서 향후 VR 기술이 가져올 새로운 세상에 대한 충격은 인간의 본질적인 욕망을 자극해 매우 큰 영향을 끼칠 것으로 예상된다. 이런 상황에서 VR 챗은 새로운 세상으로 나아가는 시험대인 동시에, 미래가 매우 빠르게 변화할 것이라는 긍정적인 해답을 전한다. 더불어 브이켓은 그 세상에서 발 빠르게 기회를 선점, 새로운 경제권 형성을 통해 부의 원천을 발굴해나갈 계획이다. 현재 브이켓의 경제적 위상은 단순히 메타버스 내에서 진행되는 행사로 치부하기엔 매우 높은 수준이다. 따라서 브이켓은 메타버스 내에서 현실적인 경제 시장을 구축해낼 수 있을지에 대한 실험실의 의미도 내포하고 있다.

VR 기기의 보급은 점점 빨라지고, 기술의 발전은 점차 한계를 뛰어넘어 현실과 가상의 경계 또한 모호해지는 시대가 오고 있다. 시간의 흐름 속에서 VR 챗이나 브이켓은 언젠가 사라질 수도 있다. 하지만 가상현실 속 새로운 경제 시장의 형성은 시대적 필연이라 해도 과언이 아니다. 이 시장은 국경이라는 경계가 없는 만큼 다양한 기회를 줄 수도 있고, 자본주의적 색채를 띠며 부의 편중을 가속화할 수도 있다. 미래 새로운 시장을 맞이하는 우리들 역시 어떻게 시장을 형성하고 또 우위를 차지할 수 있을지에 대한 전략적인 고민이 필요한 시점이다.

안재현(오사카 무역관)

하이퍼 엔터테인먼트

공연산업의 새로운 미래, VR 콘서트

디트로이트

화려한 전광판이 가득한 고속도로가 펼쳐지고 그 위를 빠르게 달리는 버스의 진동이 느껴진다. 번쩍이는 전광판 속의 광고를 보며 달리다보면 어느덧 공연장 입구에 도착한다. 공연장에 들어서면 그래미상을 3번이나 수상한 미국의 톱 아티스트 메건 디 스탤리온Megan Thee Stallion이 불과 1m도 떨어지지 않은 무대에 서 있다. 손에 잡힐 듯 가까운 거리에서 아티스트가 춤추고 노래하는 동안 화려한 조명과 신나는 리듬이 눈과 귀, 온몸을 통해 전달된다. 프리미엄 VR 콘텐츠 제작 기업인 어메이즈VRAmazeVR이 2022년에 공개할 가상현실 'VR 콘서트'의 한 장면이다.

어메이즈VR은 2015년 미국 캘리포니아에 설립된 스타트업으로, 2017년부터 가상현실 기기를 통해 즐길 수 있는 게임, 영화 등 프리미엄 콘텐츠를 제작해왔다. 어메이즈VR의 콘텐츠는 출시 5개월 만에 삼성 기어 VR 스토어 무료 애플리케이션 부문에서 1위를 기록하기도 했다. 현재는 유명 아티스트의 공연을 가상현실 기술로 구현, 관객이 실제 콘서트장에 온 것처럼 몰입하며 즐길 수 있는 VR 콘서트를 주력 사업으로 한다. 어메이즈VR은 창업 6년 만에 2,500만 달러(약 290억 5,000만 원) 이상의 누적 투자를 이끌어내며 〈포브스〉, 테크크런치TechCrunch, 빌보드Billboard 등 미국 언론의 주목을 받기도 했다. 놀랍게도 이 회사의 창업자는 한국인이다. 창업자인 이승준 대표가 카카오에서 재직하던 당시 겪었던 해외 사업의 어려움이 오히려 세계 기술 무대의 중심인 미국에서 성공하고자 하는 높은 목표를 세우는 계기가 됐다. 이승준 대표를 포함해 카카오에서 함께 근무했던 4명이 캘리포니아 작은 집에서 시작한 어메이즈VR은 레퍼런스를 만들기 위해 영화제를 돌아다니며 콘텐츠를 알리는 등의 노력에 힘입어 지금의 위치까지 왔다.

공간을 경험하는 진짜 '방구석 콘서트'

코로나19로 공연장에 관객이 모일 수 없게 되자, '방구석 콘서트'라는 새로운 개념이 등장했다. 공연자들만 무대에서 퍼포먼스를 펼치고 관객들은 집에서 인터넷과 TV로 공연을 보며 사회적 거리두기의 답답함과 아쉬움을 달래는 이른바 '랜선 공연'이다. 하지만 실제 공연장에서처럼 내가 좋아하는 아티스트가 손에 잡힐 듯 생생한 느낌, 화려한 음향과 조명이 가져다주는 희열, 휘황찬란한 무대 효과가 가득한 콘서트장의 뜨거운 열기를 느끼기에는 역부족이다. 때문에 코로나만 끝나면 다시 공연장을 찾고 싶어 하는 사람들이 많다. 그러나 지금 세계는 코로나의 종식이 아닌 '위드With 코로나'를 말하고 있다. 위드 코로나 시대, 사람이 많이 모이는 곳을 피하면서도 '평면 스크린2D을 통해 송출되는 영상 콘텐츠' 이상의 공연을 경험할 방법은 없을까?

2020년 가을, 미국의 인기 힙합 듀오 세라디Ceraadi와 어메이즈VR이 진행한 첫 번째 VR 콘서트 프로젝트는 위드 코로나 시대의 대안적 공연 경험을 제시한다. 아티스트 세라디는 CG 처리를 할 수 있도록 특수 제작된 크로마키Chroma Key 스크린 무대 위에서 열정적인 공연을 펼치고, 어메이즈VR은 무대 공간을 360도로 담아내는 특수 카메라와 CG 장비를 활용해 현장의 감동이 느껴지는 콘텐츠를 제작한다. "VR 콘텐츠는 프레임이 아니라 공간 전체를 담아내기 때문에 기존의 영상 제작과는 완전히 다르게 접근해야 합니다." 어메이즈VR의 이승준 공동대표는 VR에 최적화된 무대를 꾸미기 위해 할리우드의 콘텐츠 제작자들을 투입했다고 설명한다.

이렇게 완성된 공연은 미국 어디에서든 감상할 수 있다. 가상현실 헤드 마운트 디스플레이HMD 장비를 착용하고 VR 콘서트에 참석한 관

출처 | 어메이즈VR

VR 콘서트를 촬영 중인 미국 힙합 듀오 세라디

출처 | 어메이즈VR

VR 콘서트 제작 과정

가상현실 기술로 구현한 VR 콘서트 현장

출처 | 어메이즈VR

객들은 모두 가상현실 속의 VIP석에서 내가 좋아하는 아티스트가 공연하는 모습을 입체적·역동적으로 즐길 수 있다. 단순한 시청을 넘어 직접 공연이 펼쳐지는 공간에 간 기분을 느낄 수 있는 '진짜 방구석 콘서트'가 실현되는 것이다.

모션 체어로 오감 만족을 더하다

사실 공연장의 분위기는 시각과 청각만으로 느끼는 게 아니다. 스피커를 울리는 묵직한 진동을 몸으로 느끼는 것도 콘서트에 열광하는 이유 중 하나다. 하지만 VR 헤드셋만으로는 실제 공연장에 있는 것 같은 몰입감을 느끼기가 쉽지 않다. 그래서 어메이즈VR은 지역 영화관, 자체 제작한 가상 콘서트 투어 버스를 통한 솔루션을 제시한다. 3D·4D 영화 제작이 흔해지면서 대부분의 영화관에 진동과 움직임을 느낄 수 있는 모션 체어Motion Chair를 설치했는데, 이를 이용해 VR 콘서트의 몰입감을 더욱 배가시킨다는 계획이다. 어메이즈VR은 캐나다의 대표 모션 체어 기업인 'D-박스D-Box'와 파트너십을 맺고 전 세계 760개의 D-박스 모션 체어 설치 상영관을 VR 콘서트에 활용할 예정이다. 얼마 전에는 전 세계에 약 770개의 4DX 영화관을 운영하는 CJ 4D 플렉스와도 VR 콘서트 유통을 위한 파트너십을 맺었다.

영화관이 아닌 투어 버스에서 특별한 가상 콘서트를 즐기는 경험도

출처 | 어메이즈VR

VR 투어 버스 팝업스토어 조감도

출처 | 어메이즈VR

세라디 VR 투어 버스

가능하다. 모션 체어와 헤드 마운트 디스플레이 기기를 장착한 특별 제작 투어 버스가 미국 전역을 누비며 팝업스토어 형식으로 누구나 쉽게 가상 콘서트를 접할 수 있도록 할 계획이다. 버스 외관을 화려한 그래픽으로 꾸민 채 아티스트를 싣고 달리는 콘서트 투어 버스는 미국에서 친숙하게 볼 수 있는데, 이 투어 버스를 '달리는 공연장'으로 재구성해 가상현실 콘서트의 접근성을 확대한다는 점이 특이하다. 팬들은 수백 달러를 들여 어렵게 티켓을 사고 먼 거리의 공연장까지 가는 대신, 약 30~50달러(약 3만 5,000~5만 8,000원) 정도에 티켓을 구입하고 동네에서 오감을 만족시키는 콘서트 경험을 즐길 수 있다.

왜 지금, 다시 가상현실인가

가상현실 기술을 접목시킨 콘텐츠는 완전히 새로운 영역은 아니다. 한국에서도 2016~2017년 가상현실 산업 열풍이 불면서 가상현실 체험관이나 테마파크가 다수 생겨났다. 한국콘텐츠진흥원의 2020년 조사에 따르면 국내 가상·증강현실 관련 콘텐츠, 플랫폼, 디바이스를 제작 또는 유통하는 사업체 530여 개 중 41.3%가 2016년에서 2017년 사이에 창업한 것으로 나타났다. 이처럼 가상현실 산업은 과거 한 차례 열풍을 일으켰으나, 당시에는 높은 가격의 VR 기기, 현실감이 부족한 콘텐츠, 만족스럽지 못한 사용 경험 등의 한계에 부딪혀 기대만큼 성장하지 못했다.

그러나 어메이즈VR의 이승준 공동대표는 "가상현실 산업은 이제 시작하는 단계"라고 자신한다. 5G 시대가 열리고 탁월한 성능과 합리적인 가격을 갖춘 VR 기기가 빠르게 보급되면, 가상현실 산업이 폭발적으로 성장하는 시기가 온다는 것이다. 실제로 글로벌 시장조사기관 마켓스앤드마켓스의 보고서에 따르면 2025년까지 글로벌 가상현실 산업 시장은 연평균 27.9% 성장할 것으로 전망된다. 특히 현재 글로벌 시장에서 가상현실 산업을 선도하는 미국 내 시장 규모는 2020년 18억 2,300만 달러(약 2조 1,200억 원)에서 2025년에는 63억 6,600만 달러(약

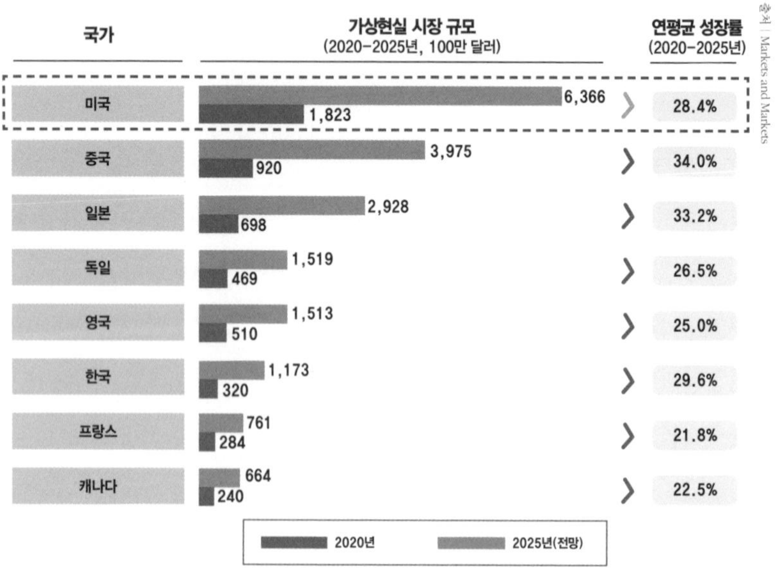

글로벌 가상현실 시장 전망

7조 4,000억 원)까지 약 3.5배 성장할 것으로 예측된다. 포천비즈니스인사이트Fortune Business Insight도 하드웨어 장비 기술의 발전, 5G 통신으로 인한 빠른 연결 속도 실현, 코로나 팬데믹의 영향으로 비대면화의 확대와 집에 머무는 시간이 늘어나는 환경 등 복합적 요인들이 합쳐져서 가상현실 산업이 제2의 전성기를 맞을 것으로 내다봤다.

디지털 키즈 '알파 세대'가 시장 키울까?

소비자도 변하고 있다. IT 산업계는 밀레니얼 세대의 자녀인 '알파 세대Generation Alpha'를 주목한다. 이들은 2011~2015년에 태어난 세대로, 1995~2010년에 태어난 Z 세대의 뒤를 잇는다. 알파 세대는 태어날 때부터 스마트폰 등 디지털 기기와 함께 성장해온 최초의 세대다. 기술과 트렌드 변화에 민감하고 디지털 기기로 개인화된 체험을 즐기는 것에 익숙하다. 호주의 사회학자 마크 맥크린들Mark McCrindle은 알파 세대는 과시적 소비 성향을 지닌 밀레니얼 세대의 자녀로 태어나 부모에게 유복한 경제적 지원을 받으며 어린 나이부터 강력한 소비력을 지니게 될 것이라고 분석한다. 디지털 기술을 스펀지처럼 흡수하고 이전에 없었던 새로운 라이프스타일을 받아들이는 데 익숙한 알파 세대가 주요 소비자층으로 떠오르면 가상현실을 스스럼없이 받아들이는 소비자도 늘어날 것이라고 예상할 수 있다.

디바이스 혁신도 계속되고 있다. 글로벌 가상현실 헤드셋 시장은 페이스북의 자회사인 오큘러스가 약 53.5%를 점유하는데, 2020년 말에 출시된 오큘러스 퀘스트 2 모델은 2분기 만에 전 세계에서 100만 대 이상 팔리며 기대를 훨씬 뛰어넘는 판매량을 보였다. 그동안 스마트폰이나 별도의 PC에 연결해서 사용해야 했던 기존 가상현실 헤드셋과는 달리, 오큘러스 퀘스트는 가상현실 헤드셋만으로도 고성능 VR 콘텐츠 구현이 가능한 데다 가격도 저렴해 VR 기기의 대중화에 기여했다는 평가다. 애플도 3년 내 고성능 VR 헤드셋을 출시할 것이라는 전망이 지배적이며, 삼성전자도 최근 VR 기기와 관련된 특허와 상표를 등록하는 움직임이 포착되고 있다.

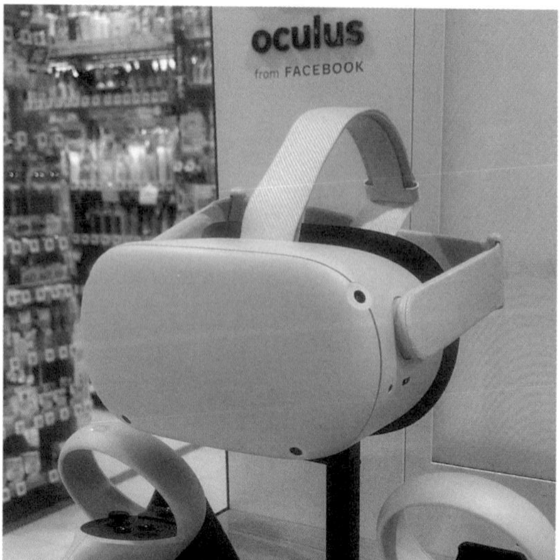

출처 | Wikicommons

페이스북의 '오큘러스 퀘스트 2' VR 헤드셋

포스트 코로나 시대, 공연 산업의 미래는?

코로나19 때문에 2020년 한 해 동안 전 세계 라이브 음악 산업이 입은 손실은 약 20조 원에 달한다. 또 코로나가 끝나도 사람들은 500명 이상 밀집되는 곳에 가기를 꺼릴 것이다. 포스트 코로나 시대가 되면 공연 산업의 패러다임이 완전히 바뀔 것이라는 예측에도 무게가 실린다. 어메이즈VR의 이승준 공동대표는 "VR 콘서트를 통해 생기는 아티스트의 새로운 수입은 포스트 코로나 시대 공연 산업에 중요한 대안이 될 수 있다"고 설명했다. 어메이즈VR은 가상현실 콘서트가 장기적으로 새로운 방식의 공연 형태로 자리 잡을 것이라 내다보고, 글로벌 톱 아티스트로 구성된 아티스트 파이프라인을 조성 중이다.

한국은 초고속 통신망, 뛰어난 시각 디자인 기술과 우수한 콘텐츠 제작 인력을 갖춰 VR 산업 발달에 최적의 요건을 구비했다. 또한 방탄소년단BTS, 블랙핑크 등 전 세계적 팬덤을 갖춘 최고의 아티스트들을 보유한 국가이기도 하다. 포스트 코로나 시대 가상현실 기술을 활용한 VR 콘서트가 공연 산업의 미래가 된다면 한국이 그 주축이 될 수 있지 않을까.

얼마 전 파리 유네스코 본부에서 열린 '한국: 입체적 상상Korea: Cubically Imagined' 전은 이를 가늠해볼 좋은 기회라 할 만하다. 봉준호 감독의 영화 〈기생충〉과 방탄소년단의 콘서트 등 한류 대표 콘텐츠를 융·복합 실감 콘텐츠로 즐길 수 있어서다. 실제로 방탄소년단의 '맵

오브 더 소울 원MAP OF THE SOUL ON:E' 공연 무대를 3면이 LED로 된 정육면체(큐브) 공간 속에서 실감 콘텐츠로, 혹은 가상현실 기기를 통해 360도 실감 영상으로 만날 수 있는 기회는 흔치 않다. 영화 〈기생충〉 역시 마찬가지다. 박 사장 저택의 거실과 지하 공간, 기택의 반지하 집 등 영화 속 주요 배경으로 직접 들어간 것 같은 체험을 할 수 있어 많은 이들의 찬사가 이어졌다.

엔터테인먼트 업계에도 이미 변화의 바람이 분다. 온라인 유료 콘서트가 열리고 가상현실 애플리케이션에서 가상 팬사인회를 개최하는 등 변화는 계속되고 있다. 남은 건 어떤 VR 콘텐츠로 전 세계 소비자의 마음을 사로잡을 것인가에 대한 깊은 고민이다.

권선연(디트로이트 무역관)

하이퍼 엔터테인먼트

또 다른 현실로 안내하는 증강현실, 스마트 글라스

베이징

특수 증강현실 안경을 착용한 지질학자가 암석을 관찰한다. 그때마다 암석에 관한 각종 정보가 홀로그램으로 나타난다. 지질학자의 아버지는 드론이 배달해주는 택배를 수령한다. 드론엔 안면 인식 기술이 내장돼 배달 사고가 일어나지 않는다. 지질학자의 어머니는 한창 요리를 하고 있다. 재료를 접시에 놓자 홀로그램으로 재료의 성분, 칼로리 같은 정보가 뜬다. 지질학자의 형은 의사인데 자율주행 자동차 안에서 홀로그램을 띄운 채 회의를 하고 진찰도 한다. 형의 아내는 베이징에 거주하는 교사로 매일 윈난성의 한 학교에서 아이들을 가르친다. 5G와 증강현실, 홀로그램 기술 덕분에 베이징에 있는 교사와 윈난성에

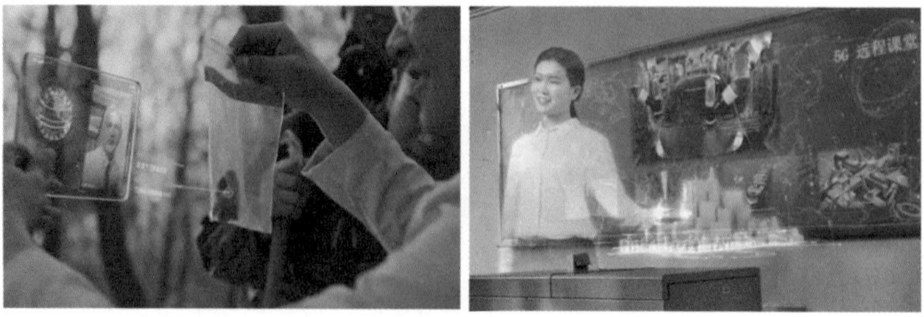

중국의 정보통신 산업 주무 부서인 공업정보화부의 홍보 영상 스틸컷

출처 | www.wimiar.com

있는 아이들이 한 교실에 모인 것처럼 생생하게 느껴진다. 형 부부는 부모님의 생신을 축하하기 위해 모처럼 집을 방문했고, 해외에 있는 지질학자 아들은 부모님께 영상통화를 걸었다. 그러자 마치 옆에 있는 듯 생동감 넘치는 화면이 나타난다.

5G가 상용화되고 AR·VR이 자유자재로 구현되는 미래 생활을 담은 중국 공업정보화부(공신부)의 홍보 영상이다. 먼 미래의 일처럼 보이지만 이미 이런 기술은 우리 생활 곳곳에 스며든 지 오래다. 특히 게임, 음악, 광고, 공연 등 엔터테인먼트 산업과는 떼려야 뗄 수 없는 관계를 형성하고 있다.

증강현실로 현실의 나를 또 다른 현실에 소환하다

2020년 7월, 중국 상하이에서 개최된 '세계인공지능회의World Artificial

Intelligence Conference, WAIC'에 알리바바Alibaba 전 CEO 마윈(현 CEO 장융)이 등장해 화제를 모았다. 실물이 아닌 홀로그램으로 개막식 연설을 진행해 전 세계의 이목을 집중시켰다. 이 행사의 홀로그램을 담당한 기업은 중국 AR 선도 기업인 와이마이 홀로그램 클라우드WiMi Hologram Cloud Inc.(이하 와이마이)다. 와이마이는 AR 애플리케이션 플랫폼을 보유한 중국의 스타트업으로 홀로그램 AR 광고 서비스와 홀로그램 AR 엔터테인먼트 제품 생산에 주력한다. 핵심 기술은 특정 이미지를 정확히 캡처하는 홀로그램 촬영 기술, 캡처한 이미지를 인식하고 측정·계산할 수 있는 홀로그램 컴퓨터 비주얼 기술, 인공지능을 활용해 영상의 파라미터parameter를 조정하는 자동 이미지 처리 기술, 이미지 합성 기술 등이다.

이 밖에도 와이마이는 자동차의 차량 주행 정보와 전방 도로 정보를 실시간으로 매칭해 전면 유리창에 투영하는 차세대 안전 편의 장치 AR 허드Head Up Display, HUD, 자율주행차의 눈과 같은 역할을 하는 펄스 라이다LiDAR◆, 홀로그래픽 기술이 내장된 자동차 내비게이션 솔루션 등을 개발·공급한다.

와이마이는 수년간의 연구 개발로 비교적 완벽한 홀로그램 구현에 성공했고 홀로그램 콘텐츠 제작, 저장 시스템 상용화를 구축했다. 현재 홀로그램 관련 특허만 195건, 소프트웨어 저작권은 325건을 보유

◆ 'Light Detection And Ranging'의 줄임말로 레이저 레이더(laser radar)와 유사하다.

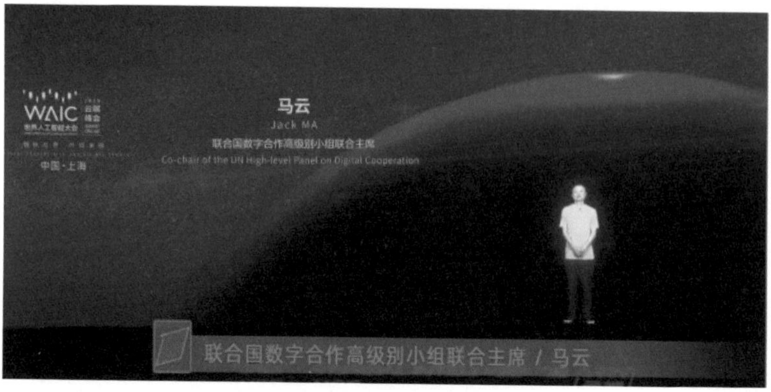

출처 | news.xmwb.xinmin.cn

세계인공지능회의 개막식에 홀로그램으로 등장한 알리바바 전 CEO 마윈

했다. 이런 실적으로 제18회 중국 과학자포럼 과학 기술 혁신 부문 수상 기업으로 선정되기도 했다. 와이마이가 발표한 2020년 상반기 기준 영업수입은 전년 동기 대비 7.8% 늘어난 1억 7,080만 위안(약 308억 원)이며, 그중 AR 광고 관련 영업수입은 전년 동기 대비 18.4% 늘어난 1억 5,580만 위안(약 281억 원)이다. 순이윤은 전년 동기 대비 71% 줄어든 2,290만 위안(약 41억 원)으로 집계됐다.

최근엔 M&A 방식으로 관련 기업 투자를 확대하고 있는데, 주로 홀로그램 AR 분야의 광학모듈, 영상 개발, 하드웨어·소프트웨어 개발과 플랫폼 구축에 관련된 업종이다. 현재는 광고와 엔터테인먼트 관련 제품에 주력하지만 앞으로는 관련 업종·기업과의 협업, 투자 등 합종연횡을 통해 교육, 영화 업계로까지 영역을 확대해나갈 계획이다.

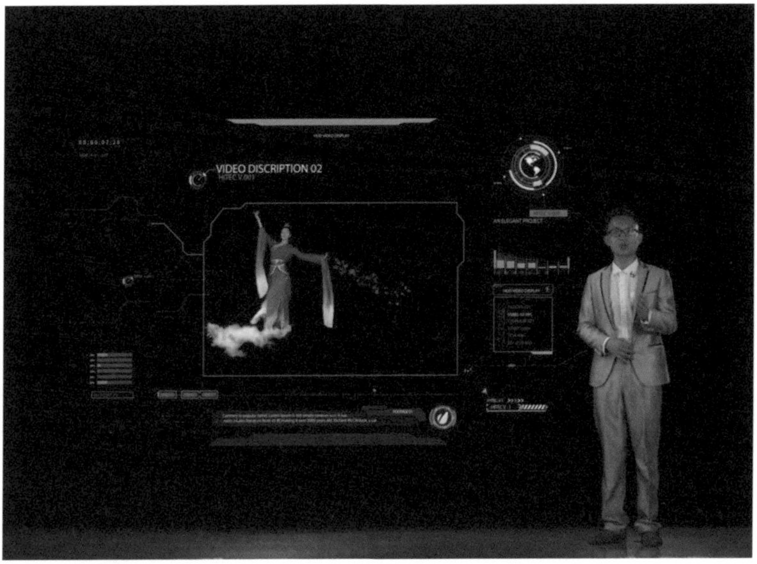

출처 | www.winiar.com

와이마이 홍보 동영상 스틸컷

출처 | www.winiar.com

와이마이 온라인 AR 홀로그램 광고

야외 스포츠·생산 효율 향상에 특화된 AR 스마트 안경

차세대 모바일 디스플레이 기술 역시 전 세계 첨단 기업들이 앞다퉈 개발에 참여하는 분야다. 중국 베이징에 있는 샤오롱과기(枭龙科技)는 '지우링허우'◆ 공대생이 설립한 AR 스마트 안경·소프트웨어 제조 스타트업으로 공업, 보안, 매체의 디지털화를 실현하고 있다.

설립한 지 5년도 되지 않은 소규모 회사지만 베이징이공대학, 칭화대학, 일본 도쿄대학 등 국내외 100여 명의 명문 대학생으로 구성된 연구개발팀을 보유했으며 기술력만큼은 남다르다. 마이크로소프트 외에 회절격자diffraction grating◆◆ 도파관waveguide◆◆◆ 광학 칩의 핵심 원리를 보유한 전 세계에서 몇 안 되는 회사로, AR 스마트 안경 착용 시 자연스러운 디스플레이 재현이 가능하다. 이런 이유로 중국에서는 지금까지 해외 기업이 독점했던 기술을 중국의 스타트업이 실현했다고 자평한다.

특히 2017년 출시한 스포츠용 AR 스마트 안경 엑슬룽XLOONG X100은 라이딩, 트레킹, 등산, 암벽 등반 등 다양한 야외 스포츠에서 활용할 수 있다. 이 AR 스마트 안경을 끼고 자전거 라이딩을 하면 내비게이션

◆ 1990년 이후에 태어난 소황제(小皇帝) 2기 세대다. 1기인 '바링허우(1980년대생)'가 10~20대에 풍족함을 경험했다면 이들은 유아기 때부터 이미 풍족함을 누렸다는 게 다른 점이다.

◆◆ 빛의 회절 현상을 이용해 스펙트럼을 얻는 장치.

◆◆◆ 속이 빈 금속판으로 만든 마이크로파 전송로를 의미한다.

출처 | www.xloong.com

엑슬룽 제품 홍보 영상 스틸컷

그래픽이 자연스럽게 눈앞에 펼쳐진다. 조깅 시에는 그날의 날씨 정보, 심박수, 달린 거리와 같은 다양한 정보를 알려준다. 전화 통화 기능도 내장돼 핸드폰을 꺼내지 않고도 전화를 받을 수 있다.

또 다른 AR 스마트 안경 시리즈인 엑슬룽 X200은 공업 기업을 위해 연구 개발된 제품으로, 공업 생산 효율을 높이고 유지·보수 비용을 줄여주는 '효자 아이템'이다. 엔지니어는 이 안경을 착용하고 본사로부터 원격 기술 지원이나 현장 트레이닝을 받을 수 있다. 이 밖에 안면 인식, 차량 번호판 인식 보안 분야에서도 AR 광학 기술을 접목해 새로운 시장을 창출한다. 샤오롱과기는 최초 팀원 5명으로 시작해 현재 60여 명을 보유한 기업으로 성장했으며, CEO 스샤오강(史晓刚)은 중국청년창업상, 베이징우수청년인재상, 베이징노동모범상 등을 수상하면서 중국 AR 산업의 선두 기업으로 성장하기 위해 노력하고 있다.

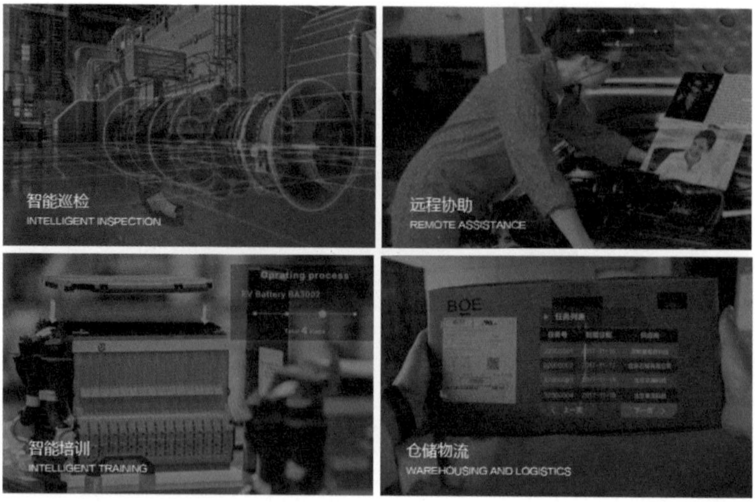

출처 | www.xloong.com

엑슬룽 제품 홍보 사진

놀라운 속도로 성장하는 전 세계 AR·VR 시장

글로벌 시장조사기관인 IDC는 2020년 글로벌 AR·VR 시장의 소비 규모를 코로나19가 발생하기 전인 2019년도에 비해 43.8% 늘어난 120억 달러(약 14조 원)로 추산했다. 또한 2024년 728억 달러(약 84조 원)로 시장 규모가 6배가량 확대될 것이라는 전망과 함께 향후 5년간 연평균 성장률CAGR 54%를 기록할 것이라는 예측도 내놨다. 또 다른 시장조사업체인 스트래티지 애널리틱스Strategy Analytics 역시 오는 2025년 글로벌 AR·VR 시장 규모를 2,800억 달러(약 319조 원) 이상으로 전망했다.

코로나19가 글로벌 AR·VR 시장의 새로운 기회로 작용한 셈이다. 특히 온라인 강의, 홈엔터테인먼트, 원격 의료, 원격 근무 같은 분야에 AR·VR 기술이 실제로 적용되면서 관련 수요가 더욱 커지고 있다.

2020년 중국 AR·VR 관련 소비가 전 세계 관련 소비의 50% 이상을 차지하는 것도 주목할 만하다. 중국의 시장 규모는 2019년 대비 72.1%가 늘어난 66억 달러(약 7조 5,500억 원)를 기록할 것으로 전망된다. 2019년 5G가 상용화됨에 따라 각 산업 분야의 AR·VR 활용이 더욱 확대된 것이다. 2020년부터 향후 5년간 연평균 성장률 역시 약 47.1%에 달할 것으로 예상된다.

이처럼 무서운 속도로 성장하는 중국의 AR·VR 시장 뒤에는 중국 정부의 든든한 지원 정책이 자리 잡고 있다. 중국 공업정보화부는 2025년까지 중국 AR·VR 산업 경쟁력을 세계적 수준으로 강화하겠다고 발표했다. 이를 위해 핵심 기술 개발, 제품 다각화, 산업 현장에서의 응용, 공공서비스 플랫폼 구축, 산업 표준 정립, 안전성 강화 등 여섯 가지 세부 과제를 제시했다.

각 지방정부도 중앙정부의 보폭에 발맞춰 다양한 관련 산업 육성책을 내놨다.

이미 2019년 말 5G를 상용화하면서 6G 기술 개발에 돌입한 중국은 2021년 하반기 6G 통신 실험을 위한 인공위성 발사를 계획하고 있다. 중국 AR·VR 산업에 이동통신 기술의 발전이 지대한 영향을 미치는 셈이다.

한국 역시 최근 정부 지원하에 AR·VR 산업 발전과 기술 고도화를 추진하고 있다. 2020년 8월 '가상·증강현실 분야 선제적 규제 혁신 로드맵'을 제시한 데 이어, 12월 '가상융합경제 발전 전략'을 발표하며 오는 2025년까지 XR eXtended Reality(확장현실)◆ 경제효과 30조 원 달성, 글로벌 5대 XR 선도국 진입을 주요 목표로 설정한 게 대표적인 예다. 이에 따라 450억 원에 달하는 금액을 XR 확산 프로젝트에 투입, 관련 기술과 융합 콘텐츠 개발에 적극적으로 나설 예정이다.

영국의 시장조사기관 오범 Ovum이 2020년 7조 2,000억 원이었던 한중일 등 3국의 AR 시장 규모를 2025년 19조 원으로 예측하며, 향후 AR 시장을 주도하는 건 북미, 유럽이 아니라 이들 동북아 3국이 되리라 전망한 것도 이런 이유에서다.

AR·VR은 메타버스의 핵심, 관건은 기술력과 규제

가상 공간과 현실 세계의 결합인 메타버스는 이제 세계적인 흐름으로 자리 잡았다. 이에 따라 과거의 메신저 위주 플랫폼에서 현재의 SNS·동영상 플랫폼을 잇는 차세대 플랫폼으로 메타버스가 급부상할 전망이다. 현실과 메타버스를 이어줄 매개체는 AR·VR 기기가 될 것

◆ AR과 VR을 결합한 개념이다.

이 분명하다. 이 경우 기존 디스플레이의 한계를 넘어 실제보다 더욱 현실감 있게 표현하는 기술력이 관건이 될 것이다.

전 세계 특허를 휩쓰는 중국의 특허 보유량은, 이미 AR·VR 분야에서도 대폭 늘어나고 있다. 칭화대학 등 중국 내 유명 공대 출신의 젊은 과학자들은 밤낮없이 이런 기술 개발에 매진하며 스타트업을 설립해 투자 유치에 나선다. 자국의 거대한 내수 시장을 놀이터 삼아 신기술을 테스트하며 혁신에 혁신을 이어나가는 것이다. 현재 중국의 신산업이나 신규 비즈니스에 대한 규제는 그리 엄격하지 않다. 보통 네거티브 방식으로 신산업을 육성하는데, 2020년 12월 기준 중국의 유니콘 기업의 수는 미국을 추월해 264개 사로 세계 최대 유니콘 보유국이 됐다. 이들이 성장하며 달릴 수 있는 비즈니스 토양 역시 우리와는 사뭇 다르다.

제4차 산업혁명의 속도가 거세지면서 기존과는 차원이 다른 기술과 서비스를 내세운 신규 비즈니스가 속속 등장하고 있다. AR·VR 산업에서 한국이 주도권을 잡으려면 콘텐츠 육성, 네트워크 투자, 규제 혁신이 선도적으로 이뤄져야 할 것이다.

윤보라(베이징 무역관)

퓨처 푸드&리큐어 Future Foods & Liquo

| 기술을 먹고 마시다 |

대체육에 이어 대체 해산물까지, 음식에 기술을 접목한 푸드테크는 비약적인 성장을 거듭하고 있다. 식품산업통계정보에 의하면 전 세계 푸드테크 시장 규모는 2021년 기준 약 2,720억 달러(약 322조 8,600억 원)에서 2025년엔 3,600억 달러(약 427조 3,200억 원) 규모로 확대될 전망이다. 미래 공상과학 소설처럼 알약 하나만으로 다양한 맛은 물론 포만감까지 느끼게 되는 날이 머지않았는지도 모른다. 유럽에서는 우주로 쏘아 올려 숙성시킨 와인이 등장했는가 하면, 알코올이 없는 술이 인기를 끌고 있다. 중동에서는 오메가 3와 단백질이 풍부한 해조류를 활용한 식품이, 뉴질랜드에서는 합성 카페인이 아닌 천연 카페인을 함유한 에너지 드링크 음료가 등장했다. 이쯤 되면 앞으로 우리는 기술을 먹는다고 해도 과언이 아닐 것이다. 더욱 다양한 소재와 기술이 활약하게 될 세계의 식탁 위 모습을 만나보자.

우주에서 와인 숙성을, 스페이스카고 언리미티드

브뤼셀

북유럽인들이 즐겨 마시는 술 중에 아쿠아비트Akvavit라는 술이 있다. 곡물이나 감자로 만든 증류주로 북유럽인들은 각자 자국산 아쿠아비트를 최고라고 주장하지만, 그중에서도 가장 유명한 브랜드는 단연 노르웨이의 '리니아 아쿠아비트Linie Aquavit'다. 바이킹의 후예답게 이들은 술이 담긴 오크통을 배에 싣고 노르웨이에서 출발해 호주를 거쳐 돌아오는 숙성 과정을 거친다. 리니아 아쿠아비트 병 안쪽 라벨에는 술의 항해 경로가 표시돼 있는데, 항해 중 적도(리니아Linie는 '선line'이라는 뜻이다)를 2번 통과한 리니아 아쿠아비트는 배의 움직임, 바다 위 높은 온도와 습도 덕분에 더욱 깊은 풍미를 갖게 된다.

그렇다면 바다가 아닌 우주에서 숙성된 술은 어떤 맛이 날까? 여기, 프랑스산 와인을 무려 우주로 쏘아 올린 룩셈부르크 스타트업이 있다. 국제우주정거장International Space Station, ISS에서 미세중력microgravity이 생물에 미치는 영향을 연구하는 스페이스 카고 언리미티드Space Cargo Unlimited는 2021년 3월 프랑스 보르도 시청에서 보르도 시장과 언론 관계자들이 참석한 가운데 대대적인 와인 시음회를 열었다. 지구에서 450km 떨어진 국제우주정거장에서 14개월간 숙성을 마치고 2021년 1월 지구로 귀환한 12병의 '우주 와인'을 기념하는 행사였다. 1년여간 우주정거장의 무중력 상태와 우주 방사선에 노출된 와인이 숙성 과정에서 어떤 맛의 변화를 일으켰는지 확인함으로써 미래 식량 문제를 해결할 단초를 찾고자 한 것이다. 이는 스페이스 카고 언리미티드의 공동창립자이자 CEO인 니콜라스 곰Nicolas Gaume이 밝혔듯, 우주 공간이 미래 농업의 확실한 대안이 될 거라는 기대와 믿음에서 출발했다.

뉴 스페이스 시대, 중력과의 전쟁

바야흐로 뉴 스페이스New Space 시대다. 과거 정부·기관 위주의 우주 개발 산업이 이뤄졌다면, 이제는 민간 기업으로 그 주도권이 넘어오는 추세다. 수억 원을 호가하는 민간 우주여행 항공권이 실제로 판매되는 등 공상 과학 영화에서만 가능할 것 같던 우주여행이 현실화되고 있다. 지난 2021년 7월 11일에는 리처드 브랜슨Richard Branson 버진그룹 회장이, 그보다 열흘 후인 7월 20일에는 제프 베이조스Jeff Bezos 아마존 창업자가 연이어 준궤도 우주비행에 성공했다. 오랫동안 미지의 영역으로 남아 있던 우주가 우리 곁으로 성큼 다가온 것이다.

우주가 지구와 가장 크게 다른 점은 공기가 없다는 점이다. 우주에서 우주복을 입고 지내야 하는 것도 공기가 없어서다. 지구와 달리 우주에 없는 것이 또 하나 있다. 바로 중력이다. 중력이 없다면 우리는 땅 위를 걸을 수도, 건물을 지을 수도 없다. 우리의 생명과 직결된 공기도 지구 밖으로 날아가버려 숨을 쉴 수 없게 된다. 그렇기 때문에 지구상의 모든 존재는 누구나 예외 없이 중력의 영향을 받는다. 실제로 중력은 온도, 빛, 압력, 습도와 달리 지구가 형성된 이후 급격한 변화가 거의 없는 유일한 환경 매개변수 중 하나로 모든 살아 있는 유기체는 중력에 대응하기 위해 세포막 강도, 유체 흐름을 조절하며 구조적으로 진화해왔다.

그러나 엄밀한 의미에서 우주에 중력이 전혀 없는 것은 아니다. 거의 제로zero(0)에 가까운 수준이라 '미세중력'이라고 부르는데, 세포가 중력이 거의 없는 환경에 노출되면 세포조직의 변형이나 순환 마비 등 생물물리학적으로 다양한 반응 및 기능의 변화가 일어날 수 있다. 국제우주정거장에서는 현재 이 미세중력이 세포 발달에 미치는 영향에 대한 연구가 다양하게 진행되고 있다. 미 항공우주국이 2014년 적상추를 시작으로 양배추와 케일, 무 등 15종의 식물을 우주정거장에서 재배한 것이 대표적인 예다. 한마디로 우주 개발 산업은 이 중력의 미스터리에 대한 답을 찾아가는 과정인 셈이다.

미세중력에서 무한한 가능성을 찾다

스페이스 카고 언리미티드의 공동창립자인 니콜라스 곰은 열아홉 살에 친구들과 비디오 게임 개발업체를 설립하는 등 다수의 기업을 성공적으로 운영하면서 남다른 면모를 보여왔다. 그는 당시 마이크로소프트, 애플 등과의 협업이 기업가로서의 자질이나 감각을 익히는 데 훌륭한 경험이 됐다고 회상했다.

스스로를 첨단기술 광팬tech geek이라고 소개한 니콜라스 곰 대표는 어린 시절부터 과학기술, 특히 항공우주 분야에 관심이 많아 미 항공우주국이나 유럽우주기구European Space Agency, ESA의 기술 개발 동향과 연구 결과를 주의 깊게 살피곤 했다. 그중에서도 미세중력에 관한 몇 가지 연구들이 그의 관심을 끌었다. 미세중력이 생물에 미치는 영향을 연구하면 이를 식품 및 농업, 의학 등 다양한 분야에 적용해볼 수 있겠다고 생각한 그는, 2014년 에마뉘엘 에체파르Emmanuel Etcheparre와 함께 스페이스 카고 언리미티드를 설립했다. 앞으로 미세중력에 관한 연구가 무궁무진한 분야에서 활용될 수 있을 것이라는 기대를 담아 기업 이름에도 '무한의unlimited'라는 단어를 새겨 넣었다.

창립 이후 스페이스 카고 언리미티드는 미 항공우주국, 스페이스X SpaceX, 에어버스 Airbus, 유럽우주기구 등 전 세계 우주 산업을 이끄는 선도 기업·연구기관과 파트너십을 체결하고 미세중력이 생물 및 식품에 미치는 영향에 대한 공동연구 사업을 진행하고 있다. 특히 민간자본으로 국제우주정거장에서 진행된 연구인 미션 바이즈 Mission WISE는 라틴어 Vitis Vinum In Spatium Experimentia'의 첫 자를 조합해 만든 명칭으로 '우주에서의 포도주(와인) 실험'이라는 뜻이다.

출처 | Space Cargo Unlimited

스페이스 카고 언리미티드의 공동창립자인 니콜라스 곰 대표

이 프로젝트를 성사시키기 위해 니콜라스 곰 대표는 항공우주 기업이나 연구기관과의 파트너십 체결에 상당한 공을 들였다. 수년간의 미팅을 통해 연구 프로젝트를 소개하는 등 꾸준히 상대를 설득하고 오랜 시간 신뢰를 쌓은 끝에 파트너십 체결과 공동연구 사업 진행이라는 성과를 이뤄낼 수 있었다.

혹독한 환경에서도 생존 가능한 식물의 개발

공동연구 사업의 첫 번째 대상을 포도로 선택한 것은 환경 변화에 유독 민감하게 반응하는 식물이라는 이유에서였다. 탄광에 산소가 부족하면 가장 먼저 이상을 감지하고 울기 시작하는 카나리아 새처럼 포도나무는 지구온난화 위험을 알리는 지표와 같다. 실제로 프랑스 대표 와인 생산지인 보르도에서는 1970년대까지만 해도 와인을 섭씨 11~12도에서 생산했지만 요즘은 지구온난화의 영향으로 14도 정도에서 생산한다. 앞으로 지구에서 일어날 환경 변화를 감안하면 더 혹독한 조건에서도 적응해 잘 자랄 수 있도록 포도나무의 품종 개량이 필요하다. 첫 프로젝트인 미션 바이즈의 목표는 기후 조건에 상관없이 생육 가능한 식물의 개발이다. 우주로 보낸 식물은 무중력 상태, 태양 표면의 폭발로 발생한 방사선과 같은 우주 광선에 노출되는 등 새로운 환경에 적응하면서 유전자 변이와 성장 패턴의 변화를 보이게 된다.

출처 | Space Cargo Unlimited

우주로 보낸 와인병 사진

이런 생물 반응으로 기후

변화를 견딜 수 있는 강인한 품종을 연구 개발하기 위해 스페이스 카고 언리미티드는 포도 묘목 320그루와 보르도에서 생산된 와인 12병을 국제우주정거장으로 보냈다. 중력을 제외한 다른 환경적 변수들을 지상과 똑같이 적용한 새로운 우주 공간을 만들어 실험을 진행했다. 그리고 14개월이 지난 후 묘목과 와인을 지구로 다시 가져와 생태 변화를 분석하기로 했다.

포도를 실험 대상으로 선정한 데는 경제적 요인도 작용했다. 와인은 다른 식품류에 비해 시장 규모가 크고 고급 식료품으로 여겨져 연구 프로젝트 홍보와 자금 유치에 유리할 것이라는 계산이 깔려 있었다. 하지만 당시 와인을 비롯한 주류를 국제우주정거장에 보내는 것은 금지돼 있어, 미 항공우주국의 동의를 얻어야만 했다. 결국 6년이라는 시간을 들여 설득을 거듭한 끝에 비로소 허가를 받아 프로젝트에 착수할 수 있었다.

우주 공간에서 숙성시킨 아주 특별한 와인

이렇게 힘든 과정을 거쳐 국제우주정거장에 당도한 샤토 페트뤼스 2000Chateau Petrus 2000 와인은 우주 공간에서도 손상을 입지 않고 정상적으로 숙성했다. 샤토 페트뤼스 2000이 언론에 공개되기 전인 2021년 3월 1일 보르도와인협회 회관에서 와인 전문가만을 초대해 1차 시음회를 가졌는데, 이 자리에 참석한 12명의 전문가들은 와인의 맛을 '캠프파이어 오브 로즈 페탈스Campfire of rose petals'라고 묘사했다. 마치 장미 꽃잎들이 입속에서 캠프파이어를 하는 것처럼 꽃향기가 강하고 탄닌 맛이 일반 와인에 비해 부드러운 느낌이라는 평이다.

벽돌과 유사한 색감도 지구에서 숙성된 와인과 다른 점이었다. 우주에서 숙성된 와인 12병 중 1병은 같은 곳에서 생산하고 지구에서 숙성된 같은 상표의 와인 1병과 함께 세트로 구성해 크리스티 경매에서 판매할 예정이다. 예상 감정가는 100만 유로(약 13억 5,000만 원) 정도며 경매 수익은 추후 우주 연구 비용으로 사용될 계획이다.

우주에서 돌아온 포도 묘목들도 프랑스 북부 브리타니Brittany에 식

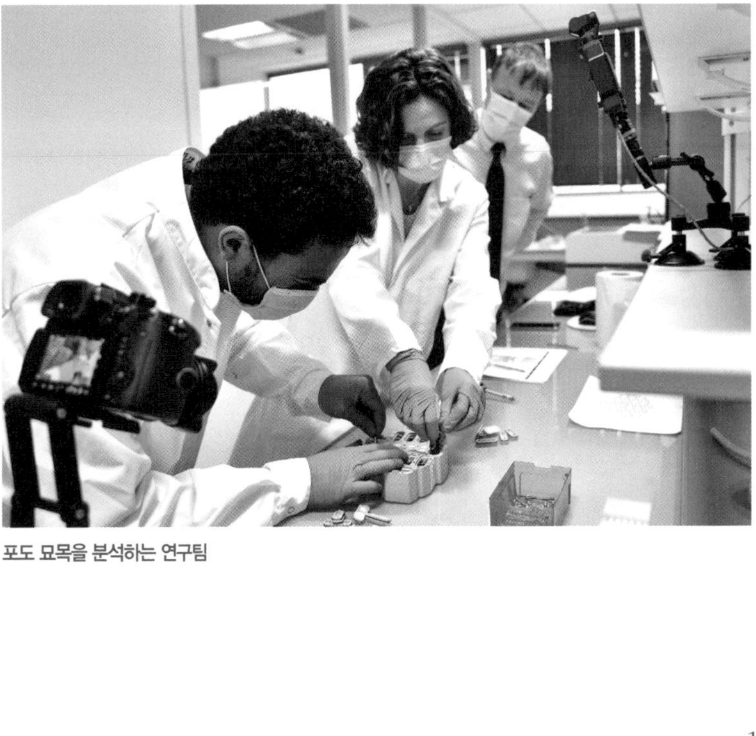

출처 | Space Cargo Unlimited

포도 묘목을 분석하는 연구팀

재돼 관찰·연구 중이다. 생물 반응은 우주에 있는 동안에만 일어나는 것이 아니라 지구로 돌아와 적응하는 과정에서도 계속 일어나기 때문에 향후 1년 이상 지속 관찰하며 변화를 연구해야 한다. 지금까지 발견된 사실은 우주 공간에서 묘목이 훨씬 빨리 성장한다는 것이다. 진행 중인 프로젝트를 통해 포도 묘목 신품종 개량에 성공하면 와인 농가에 판매하는 것도 가능해질 전망이다. 이를 위해 스페이스 카고 언리미티드는 프랑스 포도 묘목 재배·공급 기업인 메르시에Mercier와 2021년 3월 전략적 파트너십을 체결했다.

점점 확대되는 우주 산업과 미래 식량 연구

스페이스 카고 언리미티드처럼 우주 산업에 진출하는 기업은 점점 늘어나는 추세다. 글로벌 우주 분야 투자회사인 미국 스페이스 앤젤스Space Angels가 2019년 6월 발표한 보고서에 의하면, 민간 투자금이 투입된 우주 개발업체는 2000년 24개에서 2019년 375개로 늘어났다. 10년간 투자된 금액 역시 190억 달러(약 22조 원)로 집계됐다. 우주 산업의 규모도 점점 확대되는 추세다. 지난 2010년부터 2019년까지 유럽 내 우주 산업 분야의 10년간 매출은 130억 유로(약 17조 6,000억 원) 이상인 것으로 추산된다. 미국 투자은행 모건스탠리 역시 민간 주도의 우주 산업 시장이 2017년 3,240억 달러(약 378조 원)에서 2040년 1조 1,000억 달러(약 1,271조 원) 규모로 성장할 것으로 전망했다. 특히 스페이스 카고 언리미티드가 설립된 룩셈부르크는 정부가 세금 혜택, 업계 네트워크 강화 프로그램 등 적극적 지원에 나서고 있어 현재 약 50개 우주 관련 기업이 성황 중이다. 또한 공적자금으로 운영되는 우주과학연구소도 두 곳이나 된다.

한국 역시 민간 우주 산업에 대한 투자가 늘어나는 추세다. 정부 차원의 위성 산업 육성 및 민간 우주 개발 활성화를 위한 노력도 가시화되고 있다. 순수 우리 기술로 개발된 소형 위성용 로켓 '누리호'가 2021년 10월 발사될 예정이고, 이보다 앞서 발사된 '차세대 중형 위성 1호'도 지구 곳곳에서 고해상도 관측 영상을 보내오는 상황이다. 아직까진 발사체와 인공위성 개발 중심으로 민간 우주 산업이 전개되지만, 최근 들어 다수의 스타트업들이 여러 분야에서 두각을 나타내고 있다.

물론 스페이스 카고 언리미티드처럼 우주 공간에서 미래 농업과 미래 식량에 관한 연구를 진행하는 국내 기업은 거의 없다. 하지만 가능성은 충분하다. 미 항공우주국의 달 탐사 프로젝트인 '아르테미스'에 중요한 파트너로 참여할 만큼 한국 우주 산업의 위상이 올라갔기 때문이다.

다른 산업도 마찬가지지만 특히 우주 산업은 전 세계 여러 기업과의 협업이 필수다. 스페이스 카고 언리미티드의 니콜라스 곰 대표 역시 아직 구체화되진 않았지만 다음 프로젝트를 위한 준비로 우주 화물선 개발에 필요한 광섬유나 렌즈 등을 생산할 수 있는 한국 기업과의 협업 의지를 밝혔다. 우리 기업들도 미래 자원과 식량 등 다양한 분야에서 해외 우주 산업 기업과의 협업을 적극적으로 모색할 필요가 있다.

심은정(브뤼셀 무역관)

퓨처 푸드&리큐어

건강까지 챙기는 음주문화, 무알코올 주류 전성시대

뮌헨

뮌헨에 사는 30대 직장인 토마스는 요즘 무알코올 와인의 매력에 흠뻑 빠졌다. 그동안 와인을 좋아하면서도 몸이 힘들어 마음껏 마시지 못했는데, 무알코올 와인 덕분에 와인의 맛과 향에 더 깊이 빠질 수 있게 된 것이다. 더욱이 코로나19로 재택근무 기간이 길어지면서 업무가 끝난 후 와인 한 잔을 마시며 일과를 마감하는 게 행복한 습관으로 자리 잡았다. 재택근무로 출퇴근 시간 활용이 여유로워진 건 좋았지만 상대적으로 업무 집중도가 떨어지는 듯해 마음의 부담이 컸다. 그런데 집에서 재택근무로 업무 시간을 철저히 지키면서 일했더니 효율이 좋았다. 업무를 마친 후엔 와인 한 잔으로 피로를 푸는 일상을 반복한 결과 업무 집중도도 올라가고 스트레스도 점차 사라졌다.

코로나19 시대, 무알코올&저알코올 주류의 약진

코로나19 팬데믹이 2년 넘게 지속되면서 식당과 주점들이 문을 닫아 판매량이 감소하고 시장 상황이 어려워질 것으로 예상했던 식음료 업계가 우려와는 달리, 꾸준한 성장세를 보이고 있다. 록다운Lockdown으로 재택근무가 늘고 식당 출입 제한이 강화되면서 가정에서 술과 음료를 즐기는 이들이 늘어나서다.

세계적인 증류주 제조사 바카디Bacardi에서 작성한 '칵테일 트렌드 보고서 2021'에 의하면, 서유럽의 무알코올·저알코올 주류 판매는 2024년까지 5배 증가할 것으로 전망됐다. 서유럽만이 아니다. 일본, 호주, 미국 등 선진국 음주 성향 조사에 따르면, 이들 나라의 2020년 기준 무알코올·저알코올 음료가 전체 음료 시장에서 차지하는 비중은 평균 10%대에 달한다. 시장조사업체인 IWSR의 예측도 다르지 않다. 글로벌 시장에서 저알코올 주류 판매량이 2024년까지 31% 증가할 것으로 예상한 것이다. 또 다른 시장조사업체 글로벌마켓인사이트 역시 무알코올 와인과 맥주 시장은 2018년 200억 달러(약 23조 9,000억 원)에서 2025년 300억 달러(약 35조 9,000억 원)로, 연평균 7% 성장할 것으로 내다봤다.

무알코올 주류의 선구자, 무알코올 맥주

이는 코로나19가 장기화되면서 건강에 대한 관심이 커진 것이 가장 큰 원인이라 할 수 있다. 독일인들 역시 예전에는 고된 하루를 마치는 중요한 의식처럼 맥주 또는 와인 등 알코올이 포함된 주류를 마셨으나, 요즘은 건강 문제나 중독 등 알코올의 부정적인 효과 때문에 주류 소비가 차츰 줄어드는 추세다. 이런 흐름을 타고 무알코올·저알코올 주류가 대거 등장해 관심이 집중된다. 이제는 퇴근 후 마시는 맥주, 저녁 식사에 곁들이는 와인과 칵테일 등 거의 모든 주류를 취하지 않고 즐기게 된 것이다.

무알코올 주류의 선구자는 무알코올 맥주라 할 수 있다. 독일의 모든 슈퍼마켓이나 음료 매장에서 다양한 종류의 무알코올 맥주를 구매

출처 | KOTRA 뮌헨 무역관

독일 대형 슈퍼마켓 체인 레베(Rewe)의 맥주 판매 매대 속 무알코올 맥주들

할 수 있다.

알다시피 독일은 맥주의 본고장이다. 독일맥주양조협회Deutscher Brauer-Bund의 통계자료에 따르면 2020년 독일의 1인당 맥주 소비량은 94.6ℓ로 그 소비량이 어마어마한 수준이다. 하지만 이는 1980년 1인당 맥주 소비량인 145.9ℓ에 비하면 크게 줄어든 수치다. 이렇듯 맥주 소비량은 줄어들고 있으나 무알코올 맥주 소비량은 지난 10년간 지속적으로 성장했다. 2020년 무알코올 맥주의 총생산량은 6억 7,000만ℓ로, 2009년의 2억 1,000만ℓ에 비해 약 3배 이상 증가했다. 이는 독일 식품 유통에서 거의 7%의 시장점유율에 해당한다. 협회는 현재 독일에 약 7,000개의 맥주 브랜드가 있으며, 700개 이상의 다양한 무알코올 맥주와 혼합 맥주 음료가 유통된다고 밝혔다.

와인 시장에서도 무알코올 제품 수요는 증가 추세

독일와인연구소Deutsches Wein Institute에 의하면 무알코올 스파클링 와인의 시장점유율은 약 5%이며, 무알코올 와인은 약 1%다. 아직까지는 시장 규모가 크지 않으나 수요는 계속 증가하는 추세다. 독일 무알코올 와인의 대표 와이너리는 독일 라인가우Rheingau의 뤼데스하임Ruedesheim에 위치한 칼 융Carl Jung 와이너리로, 매년 1,000만 병 이상의 무알코올 와인을 생산해 30개국 이상에 수출한다.

출처 | www.carl-jung.de/en, www.leitz-wein.shop, kolonnenull.com

독일에서 판매되는 무알코올 와인
(왼쪽부터 칼 융, 라이츠, 콜로네 눌)

출처 | www.heimat-gin.de

독일에서 생산되는 무알코올 증류주

출처 | www.siegfriedgin.com

독일에서 생산되는 무알코올 증류주

이외에도 고미유Gault-Millau 와인 가이드에서 최고의 독일 와이너리로 선정된 라이츠Leitz 와이너리 역시 무알코올 와인을 생산한다. 또한 콜로네 눌Kolonne Null 같은 신생 기업도 무알코올 와인 시장의 일부를 확보하기 위해 노력 중이다. 콜로네 눌이 흥미로운 점은 직접 와인을 생산하는 게 아니라, 파트너 와이너리들이 생산한 와인에 알코올 제거 기술을 적용해 무알코올 와인을 생산한다는 점이다. 무알코올 와인은 새로운 아로마 보존 기술(진공 증류법으로 알코올을 제거) 덕분에 최근 몇 년 동안 긍정적인 발전을 거듭했다.

무알코올 주류의 끝판왕, 무알코올 증류주의 등장

"알코올 없는 위스키, 럼, 진, 보드카? 이게 말이나 되는 거야?"라는 일부 사람들의 비판에도 불구하고 무알코올 증류주는 무알코올 주류 시장의 새로운 트렌드로 떠올랐다. 단 증류주의 특성을 살리기 위해 향을 재현(증류를 통해 아로마를 추출)해서 무알코올 증류주를 제조했기 때문에 스트레이트보다는 칵테일로 즐기는 편이 훨씬 맛이 좋다. 이 같은 이유로 독일의 대표적 무알코올 증류주 제조사인 라인란트 디스틸러 유한회사Rheinland Distillers GmbH는 홈페이지에 자사의 무알코올 진 '지크프리트 원더리프Siegfried Wonderleaf'를 활용한 다양한 칵테일 레시피를 소개하고 있다.

현재 독일에서 무알코올 증류주는 손쉽게 접할 수 있다. 대형 슈퍼마켓 체인의 주류 코너, 증류주 전문 판매 매장, 온라인 마켓 등에서 무알코올 진·위스키·럼·보드카 등 다양한 종류의 무알코올 증류주 구매가 가능하며, 각 매장에서 취급하는 무알코올 증류주의 종류가 빠른 속도로 증가하는 추세다. 독일 뮌헨에 위치한 진 전문 판매점 W사 대표와의 인터뷰에 따르면 독일의 디스틸러리(증류주 양조장)에서 제조하는 무알코올 증류주 외에도 스칸디나비아와 아일랜드 등에서 제조하는 무알코올 증류주를 찾는 소비자가 지속적으로 늘고 있으며, 관련 문의도 증가했다고 한다. 기존의 알코올 증류주를 즐기던 애호가들도 호기심에 구매했다가 칵테일용으로 사용하기 위해 재구매를 많이 한다고 알려줬다.

건강을 생각하는 음주문화의 확산

요즘 세대는 건강을 먼저 생각하고 술 자체보다는 술자리의 분위기를 즐기는 경향이 강하다. 게다가 코로나19의 영향으로 여럿이 어울려 함께 마시기보다는 혼자서 마시는 '혼술', 집에서 마시는 '홈술'이 대폭 늘어났다. 이 같은 음주문화의 변화는 전 세계적으로 무알코올·저알코올 주류 시장이 꾸준히 성장하는 동력이 됐다. 덕분에 술에 약한 사람, 즉 아세트알데히드를 분해하는 효소인 아세트알데히드탈수소효

출처 | www.siegfriedgin.com

무알코올 진을 이용한 칵테일

출처 | KOTRA 뮌헨 무역관

뮌헨 주류 전문점 W사에서 판매하는 무알코올 증류주

소ALDH의 양이 매우 적어 알코올이 조금이라도 몸에 들어오면 얼굴이 붉어지고 심박수가 요동을 치는 이들도 편하게 음주를 즐길 수 있게 됐다.

한국 역시 무알코올·저알코올 주류 시장이 점차 확대되는 추세다. 무알코올 주류의 대표주자라 할 수 있는 맥주의 경우 2012년 13억 원 규모였던 매출이 2020년 200억 원으로 15배 이상 성장했다. 업계에서는 무알코올 맥주가 도수는 물론 칼로리까지 낮아 살찔 부담이 없는데다, 성인 인증만 거치면 온라인 구매도 가능해 소비자들의 선호도가 대폭 상승했다는 분석을 내놨다. 향후 3~4년 내 무알코올 맥주 시장이 2,000억 원대로 급격하게 상승할 것이라는 예측도 나왔다.

그동안 다 같이 마시고 취해야만 하는 한국형 음주문화가 힘들어도 내색을 하지 못했던 이들에겐 환영할 만한 변화다. 물론 아직까지는 무알코올 주류보다 저도수 주류가 더 사랑받는 상황이긴 하지만, 한국의 주류 시장에도 트렌드에 발맞춰 다양한 무알코올 주류가 등장하기를 기대한다.

김유준(뮌헨 무역관)

퓨처 푸드&리큐어

미세조류 식품에서 미래 식량의 해답을 찾다

두바이

한겨울, 채 썬 무와 함께 새콤달콤하게 무쳐낸 파래무침은 없던 입맛도 돌아오게 만드는 겨울 별미 중 하나다. 녹조류, 즉 녹조식물Algae에 속하는 파래는 칼륨, 요오드, 칼슘, 식물성 섬유소 등 몸에 좋은 성분을 골고루 함유해 성인병과 비만 방지 식품으로도 각광받는다. 이렇듯 한국에서는 '바닷속 영양식물'로 많은 이들의 입맛을 사로잡는 파래지만, 해외에선 조금 상황이 다르다. 미끌미끌한 질감과 비릿한 냄새로 부정적인 이미지가 강한 탓에, 외국인들은 파래와 같은 녹조식물을 먹거리로 인식하지 않는 경우가 많다. 이처럼 누군가에게는 상상하는 것만으로도 거부감을 일으키는 녹조식물을 밥상에 올리려는 시도가

푸드테크 챌린지 2020에서 Top 4로 선정된 호주 스타트업 하스 앨기

출처 | www.foodtechchallenge.com

아랍에미리트공화국(이하 UAE)에서 실현을 앞두고 있어 화제다.

2020년 11월, 호주의 식품 스타트업인 하스 앨기Has Algae의 '미세조류 기반 식품' 아이디어가 UAE 정부가 개최한 식량·농업 분야 혁신 아이디어 경진대회 '푸드테크 챌린지 2020 Foodtech Challenge 2020, 2019.9~2020.11'에서 TOP 4로 선정됐다. 그 상금으로 25만 달러◆를 지원받게 된 하스 앨기는 영양성분상 단백질과 오메가 3가 풍부한 미세조류를 미래 식량자원으로 활용해 케이크나 파스타, 요거트, 디저트 등 일상 식품의 재료로 쓰는 방안을 연구 중이다.

재배 효율과 단백질 함량이 높은 만능식품

하스 앨기의 연구는 수익 창출을 위한 기업 활동을 넘어서서 빈곤·기아와 같은 사회문제 해결에 주된 목적을 둔다. 이를 위해 하스 앨기가 택한 미세조류는 기존 육류 대비 단위 중량당 단백질 함량과 재배 효율이 높아 미래 식량자원으로써 가치가 매우 높다. 특히 미세조류는 기존 육상식물 대비 태양에너지를 화학에너지로 전환하는 효율이 최대 10배나 뛰어난 데다, 생산을 위해 별도의 농토가 필요 없는 점 등 장

◆ 현금 10만 달러와 아부다비의 스타트업 지원 프로그램인 '카탈리스트(Catalyst)'를 통한 추가 시드 펀딩 15만 달러를 모두 포함한 금액이다.

출처 | 하스 앨기

미세조류를 활용한 요리

점이 많다. 일례로 동일한 양의 쌀과 비교할 때 미세조류는 1년간 생산할 수 있는 유기물이 8배 이상이며, 영양성분에 있어서도 단백질뿐 아니라 탄수화물과 지방, 비타민, 섬유질이 모두 포함된 만능식품이라 할 수 있다.

현재 하스 앨기는 미세조류를 분말 형태로 요리에 일부 첨가하는 방식과 함께 케이크나 파스타 등에 들어가는 달걀을 미세조류로 완전히 대체하기 위한 새로운 방식도 연구하고 있다.

하스 앨기의 CEO인 팀 가드너Tim Gardner는 미세조류 기반 식품이 극복해야 할 가장 큰 도전과제로 '맛'과 '인식 개선'을 꼽았다. 맛 부분을 보완하려고 기존 식품 첨가 시에도 위화감이 없도록 미세조류 분말 자체를 개량하는 한편, 캡슐화Encapsulation를 통해 건강기능식품 형태로 섭취하는 방식도 적극적으로 활용한다. 아울러 소비자들의 인식을 개선하기 위해 유명 셰프와의 협업을 추진, 미세조류 요리를 대중에게 선보이거나 미세조류 식품이 인체에 미치는 긍정적 영향을 보여줄 수 있도록 CEO가 직접 30일간 미세조류를 섭취하는 영상을 촬영하는 등 온·오프라인을 통해 다양한 캠페인을 진행한다고 강조했다.

한편 하스 앨기는 기존 호주 퀸즐랜드에 보유하고 있는 미세조류 생산 시스템을 UAE로 도입하기에 앞서 테스트 공장을 현지에 설립할

출처 | KOTRA 두바이 무역관

UAE 현지에서 판매하는 미세조류(클로렐라) 분말

예정이며, 푸드테크 챌린지의 상금을 해당 프로젝트에 활용할 계획이라 밝혔다.

다양한 식량·농업 아이디어를 발굴하는 푸드테크 챌린지

그렇다면 농업과는 거리가 멀어 보이는 사막 국가 UAE가 식량·농업 분야 아이디어 경진대회를 개최한 이유는 무엇일까? 또 먼 나라 호주의 식품 스타트업이 제시한 아이디어에 높은 점수를 부여하며 큰 관심을 보인 이유는 무엇일까? 이 두 가지 질문에 대한 답을 얻기 위해서는 UAE의 식량·농업 환경을 알아볼 필요가 있다.

UAE는 고온의 기후와 저조한 강수량, 농토 및 담수원의 부족 등과 같은 환경적 요인으로 식량 자급률이 지극히 낮다. 이 때문에 연간 소비되는 식품의 80% 이상을 수입에 의존하는 대표적 '식량 수입국'이다. 그럼에도 풍부한 정부 재원을 바탕으로 상당한 구매력을 보유해 2020년 기준 UAE의 식량안보지수◆는 비교적 높은 수준을 유지했다.

하지만 지난 2008년 국제 농수산식품 가격 상승과 최근 코로나19 사태를 겪으며 식량 자급과 식량 안보의 중요성을 자각한 UAE 정부는, 단순한 식량 수입선 다변화를 넘어 현지 생산 역량 강화에 적극적

◆ 조사 대상국 113개국 중 42위를 기록, 저조한 환경에 비해 높은 식량안보지수를 보유하고 있다.

인 투자를 시작했다. UAE 정부는 '국가 식량안보전략National Food Security Strategy'을 수립하고 주요 식품 분야 18개(농식품 12개, 축산낙농품 5개, 수산양식 1개)를 선정해 해당 품목들의 현지 생산 역량 강화에 힘쓰고 있다.

또 UAE는 식량의 생산과 유통, 소비, 폐기로 이어지는 식량 가치사슬 내 혁신적인 솔루션을 고안하기 위해 정부가 직접 나서 연구개발에 투자함은 물론 푸드테크 관련 경진대회를 개최해 유망한 아이디어를 보유한 기업을 발굴, 적극적으로 협업해나가고 있다. UAE 정부는 푸드테크 챌린지의 우승 상금 중 절반 이상을 아부다비의 스타트업 육성 프로그램 카탈리스트 입주 지원을 통해 간접 지급하기로 결정하는 등 유망 아이디어 및 기업의 발굴에 그치지 않고 이를 자국으로 유치하려는 강한 의지를 내비친다.

하스 앨기가 제시한 미세조류 기반 식품은 식량원 다변화와 현지

출처 | KOTRA 두바이 무역관

온라인으로 개최된 푸드테크 챌린지 2020 시상식

생산 분야의 핵심 아이디어로 무엇보다 농토가 부족한 UAE에 매우 적합해 높은 평가를 받은 것으로 분석된다. 또한 식량 안보와는 별개로 UAE 정부는 이전부터 미세조류를 활용한 바이오 연료 생산에 큰 관심을 가지고 있었다. 이와 관련, 아부다비 정부 산하 투자진흥국Abu Dhabi Investment Office, ADIO은 아부다비 내 선진 농업 분야 기업 활동을 지원하기 위해 농업기술Ag-tech 분야 특별 정책자금을 운용하며, ①미세조류 기반 바이오 연료Algae-based biofuels와 ②실내 농업기술Indoor farming technology, ③ 정밀농업 및 농업로봇기술 Precision agriculture and Ag-robotics을 3대 중점 지원 분야로 지정했다. 또한 선발된 협약 기업들을 대상으로 총 10억 디르함(약 3,128억 원) 한도 내 금융·비금융 인센티브를 제공한다. 해당 정책금융은 아부다비에 소재하고 있다면 외국 기업도 수혜가 가능한 게 특징이다.

아부다비 투자진흥국 농업기술 지원 프로그램

구분	지원 내용	비고
농업기술 개발 : R&D 자금 및 비현금 인센티브 지원	– 2019년부터 3년간 총 10억 디르함의 개발 인센티브를 협약 기업에 분배 • 급여, 장비 비용 등을 포함한 총 R&D 금액의 75%까지 환급 • 건별 상황에 따라 성공을 보장하기 위한 비금전적 추가 인센티브도 제공	– 3대 중점 지원 농업 분야 • 미세조류 기반 바이오 연료 • 실내 농업기술 • 정밀농업 및 농업로봇 기술

출처 | 아부다비 투자진흥국

미래 식량안보와 대체 식량자원 개발

국제연합United Nations, UN에 따르면 전 세계 인구는 오는 2050년까지 98억 명에 도달할 것으로 전망되며 식량 수요는 기존 대비 70%, 그중 단백질 수요는 현재보다 50% 증가할 것으로 예상된다. 1961년 이후 단백질 수요 증가에 부응하기 위해 전 세계 가축 생산량은 4배 이상 늘었으며 세계 농경지(1,400만㎢)의 45%가 이미 가축용 사료 생산에 사용되는 것으로 알려져 있다. 그럼에도 불구하고 여전히 적지 않은 인구가 충분한 수준의 단백질을 공급받지 못하는 실정이며 단백질 이외 식량 전반에 있어서도 상황은 다르지 않다. 2020년 11월 발표된 UN 식량농업기구UN Food and Agriculture Organization, UNFAO 측 보고서에 따르면, 현재도 전 세계 인구의 10%가량이 기아 문제를 겪는 것으로 추정되며, 최근 코로나19 사태로 빈곤층의 소득이 더욱 감소해 식량난에 시달리는 이들의 수가 수십 년 만에 최대 증가폭을 보였다.

이러한 가운데, 미래 식량 위기는 비단 UAE와 같은 사막 국가나 기아 문제가 심각한 아프리카 국가들만의 일은 아니다. 최근 농림축산식품부가 발표한 바에 따르면 우리나라의 곡물 자급률은 2019년 기준 21%에 불과하며 이는 OECD 회원국 중 가장 낮은 수치다. 곡물 이외 육류와 채소·과실류 자급률도 과거 2010년 대비 많게는 6% 이상 떨어진 상황이다. 이는 국제 농수산물 가격이 국내 시장에 미치는 영향이 더욱 커지고 있고, 최악의 경우에는 식량 수급 불안이 발생할 수 있음을 의미한다.

이와 관련, 한국도 대체 식량원 개발 등 푸드테크기술 개발과 유망 기업 육성·유치를 통해 닥쳐올 식량 안보 위기를 사전에 대비할 필요가 있다. UAE 정부의 식량·농업 아이디어 경진대회 개최와 이를 통한 미세조류 기반 식품 아이디어 발굴은, 방식과 콘텐츠 양쪽 모두에서 참고할 만한 좋은 사례가 될 것이다. 더욱이 미세조류 기반 제품의 글로벌 시장 규모는 계속 확대되는 추세로, 전 세계가 미세조류를 미래 먹거리로서 주목하고 있다는 방증이기도 하다. 미국의 시장조사기관 트랜스패런시마켓리서치Transparency Market Research의 보고서도 이를 뒷받침한다. 보고서에 따르면 2018년 17억 달러(약 2조 원) 규모를 형성한 미세조류 기반 제품 글로벌 시장은 연평균 5%의 성장을 기록, 2027년에는 27억 달러(약 3조 1,600억 원) 규모에 도달할 것으로 전망한다.

무엇보다 한국은 기존에도 해조류 소비가 익숙하기에, 향후 미세조류 기반 식품이 도입되더라도 타 문화권에 비교해 거부감이 덜할 것으로 보인다. 실제로 2000년대 중반, 한국에서도 웰빙 열풍이 불며 미세조류인 클로렐라가 첨가된 요구르트와 면류 등 가공식품이 다수 출시되기도 했다. 다만 당시에는 꾸준한 연구 개발을 통해 미래 식량자원으로서의 가치를 인정받았다기보다는 건강기능식품의 한 종류로 잠깐 인기를 끄는 수준에 머물렀다.

하지만 최근 정부와 지자체, 국가 연구기관 주도로 미세조류 관련 세미나 개최나 미세조류에서 추출한 건강기능식품 원료 개발 등 미세조류의 제품화와 산업화를 위한 움직임이 활발해지고 있다. 이를 기반으로 향후에는 식재료로 한정된 활용 범위와 특유의 맛으로 인한 거부감 등 미세조류가 가진 한계를 극복, 우리나라의 식량 안보에 기여할 수 있는 제품과 기술이 등장하길 기대한다.

황준혁(두바이 무역관)

퓨처 푸드&리큐어

천연원료를 사용한 에너지 드링크, 포릭

오클랜드

할리우드 스타 스칼릿 조핸슨Scarlett Johansson이 주인공 제스 역할로 출연해 인기를 끌었던 영화 〈러프 나이트Rough Night〉의 한 장면을 보면, 극 중 남자친구 피터가 제스를 만나 오해를 풀기 위해 밤새 운전을 해야 하는 상황이 연출된다. 피터는 운전 중 밀려오는 졸음을 참기 위해 계속해서 뭔가를 마시는데, 그게 바로 에너지 드링크다. 다행인지 졸음은 오지 않지만, 그의 얼굴은 점차 창백해진 채 눈동자의 동공은 풀리고 왠지 정신이 반쯤 나간 듯 우스꽝스러운 모습으로 변한다.

영화를 보는 관객들의 웃음을 자아내기 위해 연출된 상황이지만, 피로 회복을 위해 에너지 드링크를 많이 마셔본 사람이라면 이런 두근

출처 | KOTRA 오클랜드 무역관

뉴질랜드 슈퍼마켓의 에너지 드링크

거림, 불면증, 어지러움 같은 현상을 한 번쯤 경험해봤을 것이다. 많은 이들이 에너지 드링크가 주의력과 집중력을 극대화해주는 효과가 있을 거라 기대하지만, 그보다는 여러 가지 부작용을 일으킬 우려가 크다는 목소리가 높은 것도 이 때문이다.

기존 에너지 드링크에 대한 인식을 뒤엎은 신제품의 출현

뉴질랜드에서도 에너지 드링크는 많은 이들이 찾는 기능성 음료로 인기가 높다. 심지어 대형 슈퍼마켓의 계산대 앞 가장 좋은 위치에 진열될 만큼 찾는 이들도 많다. 이를 찾는 소비자들은 화물트럭을 장시간 운전해야 하는 운전기사나 현장 근로자도 있지만, 학생들도 그 수요가 적지 않다. 대학교 도서관만 가도 에너지 드링크를 마시는 학생들을 자주 볼 수 있고, 길거리 쓰레기통 속에서 에너지 드링크 캔을 찾는 것 역시 어려운 일은 아니다. 특히 뉴질랜드 현지인들은 아침이나 점심을 간단하게 해결하는 장소로 카페를 많이 찾는데, 이 카페에서도 에너지 드링크는 꽤나 잘 팔리는 인기 상품이다.

그런데 최근 기존 에너지 드링크에 대한 인식을 확 바꿔놓은 제품이 출시돼 관심을 집중시킨다. 바로 홀리 수티치Holly Sutich와 브래들리 헤이건Bradley Hagan의 아이디어로 만들어진 천연 에너지 드링크 '포릭Phoric'이다.

아마존 과유사 잎 추출물을 함유한 천연 에너지 드링크

홍차 버섯을 사용한 콤부차 음료 열풍에서도 짐작할 수 있듯이, 시중에서 인기를 끄는 음료들 중 천연원료를 사용한 음료는 한두 개가 아니다. 하지만 전혀 어울리지 않을 것 같은 에너지 드링크와 천연원료의 조합은 상당히 획기적이었다.

천연 에너지 드링크 포릭을 만든 홀리와 브래들리는 뉴질랜드 식음료업계 전문지인 〈FMCG 비즈니스FMCG Business〉와의 인터뷰에서 오래전부터 합성 카페인과 설탕이 함유된 에너지 드링크를 대체할 새로운 드링크를 개발하고 싶었다고 밝혔다. 창업자 홀리와 브래들리는 학창

시절 많은 학생들이 엄청난 에너지 드링크를 소비하면서 전공 수업을 준비하고 또 시험 공부를 하는 모습을 보며, 젊은이들에게 보다 건강한 에너지 드링크가 필요하다는 걸 느꼈다고 한다. 그리고 새로운 대안을 찾기 위해 아이디어를 모았다.

두 사람이 합성 카페인을 대체할 원료로 선택한 건 에콰도르의 열대우림이 원산지인 과유사Guayusa 잎이었다. 과유사 잎은 천연 카페인과 테오브로민을 함유해 집중력을 높여주는 역할을 하고 폴리페놀과 같은 항산화 성분도 가지고 있어 천연 에너지 드링크를 만들기에 안성맞춤인 원료다. 이 아이디어로 현지 대학인 AUT Auckland University of Technology의 신사업 아이디어 공모대회 엑스챌린지X Challenge에서 최고상Supreme Winner과 사회적기업Social Enterprise 부문 수상자로 선정돼 3만 5,000뉴질랜드달러(약 2,900만 원)의 투자금을 받았다. 이후 홀리와 브래들리는 치열한 연구 개발 과정을 거쳐 현재의 천연 에너지 드링크 포릭을 출시할 수 있었다.

1병당 5센트씩 자동 기부되는 가치소비 브랜드

포릭은 '새로운 세대에 의한, 새로운 세대를 위한 천연 에너지 드링크'라는 캐치프레이즈를 내걸고 천연원료를 사용한 건강한 음료라는 제품 이미지로 소비자들에게 다가갔다. 여기에 스타트업인데도 불구

Energy never felt so good.
5¢ from every bottle sold goes to Mental Health in NZ.
Phoric
Proudly partnered with
Yellow Brick Road
Supporting families towards mental wellbeing

사회적기업 포릭의 에너지 드링크. 왼쪽부터 엘더플라워·라임, 사과·레몬, 생강·강황 맛

하고 사회적기업으로서 나눔의 문화를 활성화하겠다는 젊은 경영진의 의지가 많은 사람들의 주목을 받았다.

실제로 포릭 에너지 드링크는 1병이 팔릴 때마다 5센트씩 정신건강에 문제가 있는 사람들을 지원하는 옐로브릭로드Yellow Brick Road라는 자선단체에 기부한다. 건강하고 안전한 먹거리라는 이미지, 소비자의 가치소비를 충족시킬 수 있는 사회적기업으로서의 활동은, 현지 메인스트림 유통망과의 관계 형성에도 매우 긍정적인 영향을 미쳤다. 뉴질랜드 대형 슈퍼마켓 유통체인인 푸드스터프Foodstuff의 북섬North Island 지역 CEO는 천연 에너지 드링크인 포릭을 언급하며 천연원료라는 트렌드를 잘 반영한 좋은 아이디어라고 평가했다. 푸드스터프가 포릭과 파트너십을 체결하고 천연 에너지 드링크 제품을 자사 유통망을 통해 공급하는 것도 이런 이유에서다.

출처 | KOTRA 오클랜드 무역관

푸드스터프의 뉴월드 슈퍼마켓에서 판매되는 포릭 에너지 드링크

포릭의 영업담당 이사 데이비드 수티치David Sutich는 포릭의 뜻을 묻는 질문에, '아주 큰 기쁨'을 뜻하는 영어인 유포릭Euphoric에서 아이디어를 얻었다고 밝혔다. 아주 큰 기쁨이라는 브랜드의 뜻이 소비자들에게 잘 전달된 탓인지 요즘 포릭에 대한 반응은 매우 뜨겁다. 최근 들어선 싱가포르, 태국 등 아시아 시장에서도 문의가 점차 늘어나는 추세다. 이런 상황에 맞춰 해외 수출을 적극 검토해봤지만 물류비 부담이 너무 커 현실적으로 어렵다는 결론을 내렸다. 더욱이 요즘은 코로나19로 수출용 컨테이너를 확보하기 힘들어 소비자들에게 합리적인 가격을 제안하는 게 쉽지 않았다. 따라서 당분간 포릭은 뉴질랜드 로컬마켓을 견고히 다지는 데 집중할 계획이다.

포릭은 차별화된 가치와 브랜드 이미지를 정착시키기 위해 프리미엄 마케팅에 전념하고 있다. 아무래도 천연원료를 사용하며 캔이 아닌 병을 사용해 유통하기 때문에 기존 에너지 드링크에 비해 가격은 다소 비싼 편이다. 하지만 적극적인 디지털 마케팅으로 프리미엄 제품으로서의 인지도가 점차 높아지고 있다. 2021년 8월분 시장 유통을 위해 약 1만 7,000병의 생산계획을 수립했을 정도다. 페이스북을 통해서도 제품을 적극적으로 알린다. 요즘 소비자들에게 메신저를 통한 소통은 필수이기 때문이다. 덕분에 전체적인 판매량도 전년 대비 2배가량 높아졌다.

코로나19 상황에서도 성장을 기록한 에너지 드링크 시장

코로나19 팬데믹으로 뉴질랜드는 국경을 막고 여러 차례 지역 봉쇄Lockdown 조치를 시행했다. 봉쇄 조치 당시에는 공공기관, 대형 슈퍼마켓, 주유소 같은 필수 비즈니스를 제외하고는 영업 자체가 불가능했다. 시장조사기관인 유로모니터Euromonitor의 '2020년 뉴질랜드 에너지 드링크 시장 보고서'에 따르면 지역 봉쇄 조치와 거리두기 제한이 시행됐던 2020년에는 호텔, 카페, 식당, 클럽 등과 같은 온트레이드On-trade 유통 경로에서의 판매는 전년 대비 33%나 감소해 5,700만 뉴질랜드달러(약 474억 4,000만 원)를 기록했다. 지역 봉쇄 조치로 영업을 할 수 있는 기간이 줄었고 재택근무, 온라인 수업이 장기화되면서 온트레이드를 통한 에너지 드링크 판매가 급격히 감소한 것이다.

하지만 온트레이드 유통 경로에서 줄어든 소비는 슈퍼마켓과 같은 오프트레이드Off-trade 매장으로 이동한 것으로 보인다. 보고서는 동 기간 오프트레이드에서의 에너지 드링크 매출은 전년 대비 4% 증가해 1억 7,100만 뉴질랜드달러(약 1,423억 2,000만 원)가 판매됐다고 밝혔다. 식음료업장의 영업 중단으로 줄어든 온트레이드 소비가 대형 슈퍼마켓과 같은 오프트레이드 유통 경로를 통해 지속 유지된 것으로 분석된다. 결국 불확실성이 컸던 2020년에도 뉴질랜드 에너지 드링크 판매량은 5.2%의 플러스 성장을 기록했다. 이는 글로벌 시장에서도 마찬가지였다. 유로모니터에 의하면 2010년 241억 4,800만 달러(약 28조

2,500억 원) 규모였던 에너지 드링크 시장은 2020년 507억 8,600만 달러(약 59조 4,200억 원)로 2배 이상 성장했다.

에너지 드링크는 이제 스포츠 드링크와 함께 기능성 음료 시장에서 빼놓을 수 없는 제품이 됐다. 그러나 이런 에너지 드링크의 성장세를 계속 장담할 수만은 없다. 코로나19 이후 식음료 시장의 소비 패턴이 변하고 있기 때문이다. 건강하고 안전한 먹거리에 대한 소비자들의 관심이 그 어느 때보다 높은 상황에서 에너지 드링크는 아직까지 몸에 좋지 않은 음료라는 인식을 벗지 못했다. 실제로 합성 카페인과 액상과당, 식품첨가물이 함유된 에너지 드링크는 많이 섭취할 경우 불안감Anxiety이 높아져 정신건강에 좋지 않고, 비만에도 영향을 주는 것으로 알려졌다. 지금 뉴질랜드 식음료업계는 '건강'과 '내추럴'을 추구하는 큰 변화의 한가운데 있다. 심지어 에너지 드링크 시장에서도 '슬로 드링킹'이라는 키워드가 나올 정도다.

한국형 천연 에너지 드링크의 미래

한국에서도 에너지 드링크는 낯선 음료가 아니다. 잠시 피로를 잊게 하고 에너지를 충전해주는 일종의 부스터 역할을 하며 특히 젊은 층에게 인기를 끌고 있다. 유로모니터에 따르면 국내 에너지 드링크 시장은 지난 2015년 이후 연평균 6% 수준으로 꾸준히 성장해왔다.

2010년 98억 원 규모였던 시장이 2020년에는 1,030억 원 규모로 확대된 것이다. 10년 만에 10배 이상의 성장을 기록했다.

하지만 코로나19와 더불어 한국의 식음료 소비 트렌드 역시 변화하는 추세다. 사회적 거리두기와 비대면 환경의 증가로 위생·안전성에 대한 소비자들의 인식도 높아졌다. '건강'을 최우선순위에 두는 소비 트렌드는 에너지 드링크 시장도 예외일 수 없다. 건강과 내추럴을 추구하는 소비자들이 늘면서, 앞으로는 합성 카페인과 정제설탕 등 인공 재료가 들어간 에너지 드링크와는 차별화된 천연 에너지 드링크 수요가 늘어날 것으로 보인다.

이미 높은 시장점유율을 가진 에너지 드링크 제조사들조차도 설탕 함량을 줄이거나 과일과 비타민 등을 첨가한 새로운 제품을 출시하고 있다. 또한 뉴질랜드의 포릭 브랜드처럼 식물의 잎에서 추출한 천연 카페인 성분을 함유한 에너지 드링크도 속속 출시된다. 우리나라에서도 과유사나 과라나Guarana 잎에 견줄 만한 우수한 천연원료를 쉽게 찾을 수 있다. 인삼과 홍삼이 좋은 예인데, 인삼은 에너지 증진과 두뇌 기능 강화에 효과적인 것으로 알려져 있다. 또 인삼과 홍삼에는 카페인이 포함되지 않아 중독 같은 부작용도 없다. 특히 홍삼의 진세노사이드 성분은 면역력 증진과 혈액 흐름 개선, 피로 회복 등에 효과적이다. 꼭 인삼이나 홍삼이 아니더라도 다양한 연구를 통해 새로운 천연원료를 찾는다면 바쁜 일상으로 지치고 무기력해진 현대인들의 마음을 사로잡을 건강한 에너지 드링크를 만들 수 있을 것으로 보인다.

예전 소비자들이 기능성 음료를 선택할 때 맛, 효과, 가격을 중요하게 생각했다면 앞으로는 건강한 음료인지가 중요한 선택 기준이 될 것이다. 더욱이 요즘 소비자들은 시장에서 기업을 평가할 때 재무적인 성과 말고도 사회적 책임을 다하는 기업인지를 중요하게 여긴다. 최근 많은 기업들이 앞다퉈 ESG 경영을 전면에 내세우고 환경보호, 사회공헌, 윤리경영을 실천하는 것도 이런 이유에서일 것이다. 조만간 우리나라에서도 건강한 음료 그리고 건강한 기업을 선택하려는 소비자들의 가치소비 트렌드에 부응하는 새로운 천연 에너지 드링크가 탄생하기를 기대한다.

박성진(오클랜드 무역관)

3

PART

미래의 일상

모듈러 라이프 Modular Life

| 점점 더 가볍게, 신개념 공간 비즈 |

비대면 시대로 접어들면서 집은 주거 공간인 동시에 학교와 일터 등 다양한 역할을 하게 되었다. 앞으로 더 많은 것들이 디지털화되면서 집에서 처리할 수 있는 일의 범위도 늘어날 전망이다. 한편 부동산 가격은 빠르게 상승해 젊은 세대가 주거 공간을 마련하는 일은 점점 더 어려워지고 있다. 이는 비단 우리만의 문제는 아니다. 전 세계 곳곳에서 주택 가격 상승 흐름이 이어지며 새롭게 주거 공간을 마련해야 하는 사람들을 위한 현명한 비즈니스 솔루션이 필요해졌다. 공간에 대한 새로운 정의와 아이디어로 접근한 각국의 비즈니스 사례를 참고해 우리만의 솔루션을 찾아보는 것은 어떨까. 한 곳에 얽매이지 않고, 모듈화를 통해 스마트한 경험을 강조한 새로운 공간 비즈니스를 소개한다.

모듈러 라이프

인공지능이 탑재된 스마트 조립식 주택, 드벨르

실리콘밸리

수조 원의 재산을 보유한 테슬라Tesla의 CEO 일론 머스크Elon Musk가 조립식 주택에 산다? 사실이다. 최근 미국 미디어 비즈니스 인사이더Business Insider 등이 밝힌 바에 따르면, 머스크는 5만 달러(약 5,800만 원)짜리 조립식 주택 '카시타Casita'에 살고 있다. 부엌, 침실, 욕실이 딸린 34㎡ 크기의 집에 세계 최고 부호 중 한 사람이 살고 있는 셈이다. 머스크의 경우 집을 소유하지 않겠다는 선언을 실천하기 위한 의도로 카시타를 선택했다지만, 최근 조립식 주택에 대한 인기가 심상치 않은 것만은 분명하다. 대기자가 10만여 명에 달할 만큼 카시타가 북미지역에서 선풍적인 인기를 끌고 있기 때문이다.

출처 | 드벨르

드벨르의 스마트 조립식 주택 모델들

사실 조립식 주택은 새로운 개념이 아니다. 하지만 여기에 스마트홈Smart Home 개념을 더하면 기존과는 다른 조립식 주택이 탄생할 수밖에 없다. 샌디에이고San Diego에 기반을 둔 건축업체 드벨르Dvele가 생산하는 스마트 조립식 주택이 그 대표적인 예다. 드벨르의 조립식 주택은 건물 상태와 에너지 효율성을 모니터링 및 제어할 수 있도록 설계됐을 뿐 아니라, 시간이 지남에 따라 주택 거주자의 생활양식을 학습하고 스스로 진화하는 드벨르아이큐DveleIQ 소프트웨어 플랫폼을 갖췄다. 드벨르는 16만 5,000달러(약 1억 9,200만 원)부터 시작하는 430ft²(약 12평)의 소형 주택부터 67만 달러(약 7억 8,100만 원)부터 시작하는 침실 4개, 욕실 3개의 3,500ft²(약 98평) 규모 중대형 주택에 이르기까지 13종의 다양한 맞춤형 조립식 주택을 제공, 밀레니얼 세대를 비롯한 다양한 계층의 미국 소비자를 매료시키고 있다. 드벨르의 스마트 조립식 주택을 구매한 소비자는 캘리포니아 샌버너디노San Bernardino 인근 공장에서 제작한 주택을 '배송'받게 된다.

스스로 학습해 진화하는 맞춤형 스마트홈

스마트홈이란 무엇일까? 일반적으로 떠오르는 것은 현관문으로 사람이 들어올 때 센서가 자동으로 켜진다든지, 알렉사Alexa 또는 구글 어시스턴트Google Assistant를 이용해 음성으로 조명이나 커튼을 여닫는 정도일 것이다. 하지만 드벨르는 드벨르아이큐라는 인공지능에 기반한 플랫폼을 사용해 보다 미래지향적이고 지능적인 스마트홈을 제안한다. 주택 스스로 더 효율적으로 작동하는 방법을 배워 건강한 환경의 집을 조성한다.

드벨르의 조립식 주택에 적용되는 소프트웨어 드벨르아이큐는 해당 집의 거주자와 건축물 자체는 물론이고 더 나아가 지구의 건강까지 최적화하기 위해 스스로 학습하는 일종의 자가 학습 시스템이다. 사실 진정한 '스마트홈'을 구현하기 위해서는 두 가지가 필요하다. 첫 번째는 주택의 현재 상태와 앞으로의 변화가 주택 전체에 미치는 영향을 이해하기 위한 별도의 센서이고, 두 번째는 최적의 상태를 유지하기 위해 거주자가 입력하는 다양한 설정값을 통합하고 스스로 학습해 거주자의 행동 및 외부 환경에 적응하는 시스템이다. 즉, 오늘보다 내일 더 나은 집으로 업그레이드하는 시스템인 것이다.

드벨르의 조립식 주택은 이를 완벽하게 실현한 스마트홈이다. 드벨르가 제공하는 집에는 실내공기의 질, 에너지 소비 및 가정 건강과 관련한 모든 실시간 정보를 인공지능 소프트웨어인 드벨르아이큐로 통합해 전달하는 300개 이상의 제트웨이브Z-Wave 센서가 장착됐다. 드벨르아이큐는 해당 센서들을 통해 곰팡이부터 이산화탄소까지 집의 다양한 측면을 모니터링하고 데이터를 축적, 스스로 기능을 최적화한다.

또한 드벨르아이큐는 루트론Lutron 조명, 허니웰Honeywell 온도 조절기, 누키Nuki 잠금 장치, 소노스Sonos 오디오 등 스마트홈 기기들과 연동이 쉽고, 스마트폰 또는 태블릿PC를 통해 단일 애플리케이션에서 모든 것을 제어할 수 있다. 일례로, 추운 겨울 샤워기에서 나오는 물이 따뜻해질 때까지 기다리느라 고생할 필요가 전혀 없다. 드벨르아이큐는 거주자의 일상을 추적하고 축적된 데이터를 스스로 학습하기 때문에 샤워기를 켠 후 몇 초 안에 적절한 온도의 물로 샤워할 수 있도록 물을 선제적으로 순환시켜둔다. 비단 샤워기뿐만이 아니다. 조명, 창, 실내온도, 수면 패턴 추적에 이르기까지 모든 것을 지능적으로 자동화한다. 더불어 가정에서 사용하는 전력의 패턴을 학습해 가장 효율적이고 경제적인 전력 사용 솔루션을 스스로 제시한다.

더욱이 드벨르아이큐는 기술 발전에 따라 자연스럽게 업그레이드된다. 때문에 거주자 역시 주기적으로 집을 업데이트해 사용할 수 있다. 마치 테슬라가 소프트웨어 업데이트를 통해 지속적으로 성능이 향상되는 것과 같은 이치다. 드벨르는 이렇듯 거주자와 적극적으로 상호작용하고 거주자의 생활양식에 맞춰 스스로 진화하는 진짜 스마트홈을 제안한다.

지속 가능성을 고려한 미래형 패시브 하우스

더 훌륭한 건 진정한 스마트홈을 구현하면서도 지속 가능성의 가치를 훼손하지 않았다는 점이다. 드벨르의 스마트 조립식 주택은 에너

지붕에 태양광 발전시설이 적용된 드벨르의 스마트 조립식 주택

지 손실을 최소화해 열효율을 극대화한 것은 물론, 태양열로 자가발전함으로써 탄소 배출량을 현저히 줄였다. 이는 드벨르의 스마트 조립식 주택이 에너지 손실을 최소화한 패시브 하우스를 기본으로 하기 때문이다. 즉, 주택에서 필요한 에너지를 능동적으로 얻는 것이 아니라, 이미 발생한 에너지를 보전해 별도로 에너지가 들어가는 것을 최소화한다.

수많은 부자재로 지어진 집에는 우리가 인지하지 못하는 무수히 많은 틈이 존재하며, 이런 미세한 틈 때문에 막대한 에너지 손실이 발생한다. 따라서 에너지 손실을 최소화하기 위해서는 높은 수준의 기밀 시공과 고효율 단열재가 필요하다. 드벨르의 스마트 조립식 주택은 최고 수준의 단열재를 사용하고 기밀 시공으로 마감했기 때문에 에너지 수요가 매우 낮고 전체 탄소 배출량을 크게 감축할 수 있다.

청정에너지인 태양열 발전시설과 배터리 백업 시스템을 채택한 것도 빼놓을 수 없는 강점이다. 드벨르의 스마트 조립식 주택은 2020년 1월 1일 이후 모든 모델에 태양광 발전 어레이를 적용한 데다, 주택 내에서 생성되는 잉여 에너지를 배터리 백업 시스템에 저장한다. 덕분에 지속 가능성을 확보한 것은 물론, 예측할 수 없는 상황에도 탄력적으로 대비할 수 있다. 캘리포니아주의 경우 최근 몇 년간 해마다 산불과 같은 자연재해로 전력 공급이 중단되는 일이 잦았는데, 드벨르의 주택은 미리 비축해둔 에너지를 사용해 자체적으로 전력을 공급할 수 있어 자연재해가 발생한다 해도 불편함이 덜하다.

출처 | 드벨르

드벨르 웹사이트에서 구매자가 원하는 모델로 주택을 커스터마이징하는 모습

7개월 만에 완성 가능한 모듈화 주택

드벨르 스마트 조립식 주택의 또 다른 장점은 건축 기간이 짧아 시공 기간을 획기적으로 단축할 수 있다는 것이다. 드벨르는 다양한 크기와 외관을 갖춘 13종의 주택 모델을 구비해 구매를 원하는 사람이 선택한 모델 내에서 주택의 외부 마감재, 창, 내부 인테리어 마감재, 빌트인 구성 등을 자유자재로 커스터마이징할 수 있도록 한다. 모든 과정은 드벨르 웹사이트에서 이름과 이메일 정도의 간단한 개인정보만 입력하면 손쉽게 진행된다. 커스터마이징을 통해 맞춤형 룩북이 완성되면 시공을 원하는 지역에 관해 질문하는데, 해당 질문에 답변하면 주택 시공에 필요한 총 예산도 바로 확인할 수 있다.

드벨르와 본격적인 구매 계약이 이뤄지면 그로부터 1개월 이내에 구매자와 드벨르 측이 함께 건설 현장을 검토하고 구체적인 설계 계약을 마무리한다. 이후 드벨르는 구매자가 원하는 모델의 모듈화 주택 생산을 시작하는 동시에 건설 현장의 주택 기초 시공을 함께 진행한다. 이 과정에서 약 2~5개월의 시간이 소요된다. 구매 계약 후 6개월쯤 지나면 외부 및 내부 마감, 목공, 욕실 및 주방 설비를 포함해 거의 대부분이 완성된 모듈화 조립식 주택을 트럭으로 배송한다. 각 모듈은 배송 후 24시간 이내에 크레인을 사용해 부지에 고정하고, 전기·배관 시스템은 배송 완료 후 현장 유틸리티와 연결해서 마무리한다. 이 과정이 대략 한 달가량 걸린다. 약 7개월 정도만 기다리면 내가 원하는 나만의 맞춤형 스마트 조립식 주택을 갖게 되는 것이다.

미래에는 친환경 스마트 조립식 주택이 대세

미국은 현재 코로나19의 여파로 신규 주택 공급이 줄어든 데 반해, 재택근무가 늘어나면서 도심이 아닌 교외에 더 넓은 집을 소유하려는 이들이 많아졌다. 더욱이 역대 최저 수준의 저금리가 이어지고 밀레니엄 세대의 주택 수요까지 더해지면서 집값이 무서운 기세로 상승하고 있다. 이런 현상에 비춰볼 때 수요자들의 눈높이에 맞는 스마트 기술과 디자인을 겸비한 데다, 비용과 시간 면에서도 경제적인 스마트 조립식 주택은 앞으로도 성장 가능성이 높다는 게 일반적인 평가다.

하지만 한국은 아직까지 조립식 주택에 대한 인식이 저조한 수준이다. 그동안 인구 증가와 도시 인구 집중으로 인한 주택의 절대량 부족을 단기간에 해결하고자, 저렴한 가격의 조립식 주택 도입에만 치중했기 때문이다. 경제성에만 초점을 맞췄던 탓에 조립식 주택이 안전하고 쾌적한 주거 공간으로서의 품질 확보가 가능한지, 일정 기간이 지난 후에도 그 성능이 유지될 수 있는지 우려하는 목소리가 컸다. 지금까지는 조립식 주택 대부분이 목재 구조물로, 온도 변화와 소음에 민감하고 화재에 취약하다. 또한 콘크리트 등을 사용한 일반 주택에 비해 내구성과 안정성이 떨어져 노후화가 빠르다. 일부 전문가들은 조립식 주택에 대한 수요가 적었던 이유로, 품질 문제 이외에 소비자의 다양한 요구에 유연하게 대응하기 어려운 점을 꼽기도 했다.

현재 업계에서는 주택 건설 산업이 노동집약적이었던 과거와 달리 기술집약적 산업으로 변화하고 있다. 집의 재산적 가치보다 주거문화를 중시하는 트렌드 변화에 힘입어 스마트 조립식 주택이 새로운 대안이 될 수 있다. 최근에는 조립식 중에서도 현장에서 조립하는 과정을 현저하게 단축한 모듈러주택이 차세대 친환경 건설 기술로 주목받고 있다. 기존 방식에 비해 20~50% 공사 기간을 단축할 수 있고, 소음·분진 등 공사 과정에서의 폐기물 발생이 적기 때문이다.

1인 가구와 노령인구 증가, 기후 변화에 따른 환경의 중요성 대두, 에너지 및 건축 소재 혁신 등은 향후 스마트 조립식 주택이 보편화될 가능성을 시사한다. 이러한 세계적 패러다임 변화에 유연하게 대응함으로써 지금의 주택 문제를 해결할 수 있는 새로운 주거문화를 기대해 본다.

이지현(실리콘밸리 무역관)

모듈러 라이프

전국 어디든 원하는 집에서 거주하는 서비스, 어드레스

오사카

IT기업 도쿄 본사에서 개발 책임자로 일하는 40대 회사원 나카야마는 코로나19 사태로 지난 1년간 집에서 일하는 날이 많아졌다. 회사에서 일하는 걸 당연하게 생각했던 터라 재택근무 초반에는 동료나 부하 직원과 회의 없이 일하는 것에 일말의 불안감을 느꼈지만, 지금은 열렬한 재택근무 지지자로 바뀌었다. 집에서도 충분히 일할 수 있는 데다 만원 통근열차에서 해방돼 왕복 2시간의 출퇴근 시간을 취미활동에 할애할 수 있게 됐기 때문이다. 더불어 '코로나가 종식된다 해도 굳이 매일 회사에 가서 일할 필요가 있을까?', '언제 어디서든 인터넷에 접속해 업무를 할 수 있다면 자연환경이 좋고 물가가 싼 지방에서 일을 하는 편이 훨씬 더 효율적이지 않을까?'라는 생각도 하게 됐다. 최근 전국 어디든 원하는 집(등록 거점)에서 자유롭게 살 수 있는 정액제 다거점 거주 서비스 '어드레스ADDress'에 관심을 갖게 된 이유다.

전국 어디든 월 4만 4,000엔이면 거주 가능

어드레스 서비스를 제공하는 '㈜어드레스'는 2018년 11월에 설립돼 2019년 4월부터 서비스를 본격화했다. 아직까진 직원이 12명에 불과한 작은 스타트업이지만, 등록 거점이라면 어디서든 자유롭게 살 수 있는 정액제의 다거점 거주 공유 서비스로 많은 주목을 받고 있다. 특히 코로나19 사태 이후 어드레스 서비스의 회원 수와 거점 수는 대폭 늘어났다. 설립 당시 전국 13개소에 불과했던 거점이 2021년 7월 기준 180개소까지 확대됐을 정도다. 이에 따라 ㈜어드레스는 2021년 내에 300개소, 2030년까지 20만 개소의 등록 거점을 설치하고, 회원 수 역시 100만 명까지 늘려나갈 계획이다.

나카야마가 현재 살고 있는 곳은 도쿄 외곽의 월세 15만 엔(약 160만 원)짜리 1LDK◆ 아파트(40㎡)다. 일본은 전세가 없어 경제적 부담이 크

◆ 일본에서 널리 통용되는 부동산 용어로, 주택의 기본 요소인 거실(living room), 식당(dining room), 부엌(kitchen)을 통합해 부르는 말이다.

출처 | ㈜어드레스

㈜어드레스의 직원들. 중앙에서 다리를 꼬고 앉아 있는 남성이 창업자 사벳토

지만, 그렇다고 아파트를 구입하기엔 전근이 잦은 편이라 심적으로 부담이 되는 상황이다. 만약 회사가 코로나19 사태 종식 이후에도 재택근무를 지속한다면 어드레스를 이용해 매력적인 지방 도시에서 머물러도 좋겠다고 생각하고 있다.

어드레스가 에어비앤비Airbnb 등 세계적인 공유 거주 서비스나 셰어하우스 등과 다른 점은 첫째로 매월 동일한 금액으로 전국 어디든 거점을 자유롭게 바꿀 수 있다는 점, 둘째로 관광지나 인구 밀집지 외에도 각지에 다수의 거점이 분포돼 있다는 점, 셋째로 '야모리(家守)'라고 불리는 관리자 제도를 채택한다는 점을 들 수 있다.

야모리는 어드레스의 등록 거점마다 1명 혹은 1팀(복수 인원)으로 구성돼 청소나 예약 접수 등의 관리 업무, 해당 지역의 정보 제공, 회원

간 교류, 회원과 지역 주민들과의 가교 역할을 맡는다. 이들은 ㈜어드레스의 직원이 아니라 사람과의 교류를 좋아하고 해당 지역에 애정을 가진 사람들로, 한 달에 2만 엔(약 21만 원)에서 5만 엔(약 53만 원)의 사례를 받는다. 돈보다는 일을 하면서 얻는 보람, 지역 활성화 등의 가치를 먼저 생각하는 사람들인 셈이다.

어드레스는 1년 계약이 기본으로 소비세나 광열비를 포함해 월 4만 4,000엔(약 46만 7,000원)의 이용료를 받는다. 1인실의 최대 숙박 가능 기간은 1주일, 한 번에 예약할 수 있는 상한 일수는 14일로 제한돼 같은 장소에 계속 머물 수는 없다. 그럼에도 불구하고 1인당 평균 이용일수가 한 달에 15일에 달할 만큼 수요가 꾸준하다.

어드레스의 특징

기본 요금	• 월 4만 4,000엔(소비세·광열비 포함) • 계약금은 불필요, 1년 계약, 기타 옵션 플랜 있음
이용 제한	• 계약자와 동반할 경우 가족(남편·처·자녀, 형제·자매, 조부모, 손자), 동거인(연인 등) 1명까지 추가 비용 없이 이용 가능. 동거인은 3개월에 한 번 변경 가능
이용 조건	• 1인실 연속 예약은 1주일까지, 한 번에 예약 가능한 상한 일수는 14일
특징	• 거점은 주로 빈집이나 빈 별장 등을 리노베이션해 활용하며, 와이파이·거실·주방·가구·가전 등이 완비돼 있음. 유휴 자산 활용으로 초기 비용을 대폭 절감 • 1인실 이외에도 공유 공간이 있어 타 업종 간 교류나 야모리를 통한 지역 주민과의 교류 가능

어드레스의 주요 이용자는 20~40대의 재택근무자·독신자

2021년 ㈜어드레스의 조사 결과에 따르면 서비스의 주요 이용자는 20~40대이며, 이용 목적은 원격 근무나 워케이션Workation◆, 인적 교류가 다수였다. 이용객 남녀 비율은 6 대 4로, 연봉에 따른 편차는 없었다. 또한 어드레스를 이용하는 사람들의 상당수는 자택을 보유한 사람들로 어드레스를 세컨드 하우스처럼 활용하는 사람들이 대부분이었고, 집 없이 자유롭게 다거점을 이동Hopping하는 회원은 전체의 20%를

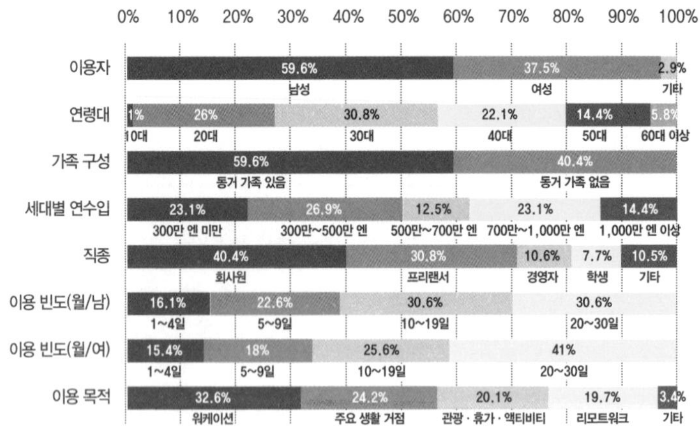

출처 | ㈜어드레스

어드레스 이용자 현황

◆ 일(Work)과 휴가(Vacation)를 조합한 합성어로, 회사원이 휴가 등으로 머무는 관광지, 귀성지 등에서 일하는 것을 의미한다. 일과 휴가를 양립하는 근무방식으로 주목받고 있다.

차지했다. 직종은 비교적 재택근무가 적극적으로 추진되는 IT업계 종사자가 많고, 40%가 미혼인 것으로 나타났다.

그렇다면 현재 이 시점에서 다거점 거주라고 하는 라이프스타일이 주목받게 된 이유는 무엇일까? 첫째, 코로나19 때문에 도쿄 도심을 중심으로 원격 근무 등의 '새롭게 일하는 방식'이 확산돼 장소에 얽매이지 않는 라이프스타일이 급부상했다. 더욱이 대학교에서도 온라인 수업이 확대되면서 학생들의 가입이 대폭 늘어나 코로나19 이후 회원 수는 기존 대비 5배나 증가했다.

둘째, 2011년 동일본 대지진 이후 물질적인 풍족함보다 사람과의 유대관계나 체험처럼 마음의 풍요로움에 중점을 두는 일본인이 늘어나는 추세다. 사람과의 유대관계, 자연 속에서의 삶, 다양한 지역 문화

출처 | ㈜어드레스

어드레스 이용자들의 교류 장면

와의 만남 등을 소중히 여기는 이들이 늘어나고, 코로나19를 계기로 이를 직접 실행에 옮기는 이들이 많아지면서 다거점 거주 서비스에 대한 수요 역시 확대되고 있다.

다거점 활성화를 통한 지역 가치 향상이 궁극적 목표

어드레스는 단순한 비즈니스에 그치지 않는다. 다거점 거주라는 새로운 라이프스타일을 제안해 이용자의 삶의 질을 높여주는 한편, 일본 각지의 유휴시설을 지방에 이주하고 싶은 사람에게 빌려줌으로써 지방의 빈집 문제를 해결하는 사회공헌에도 한몫한다.

그러나 어드레스 서비스가 일본의 빈집 문제를 완벽하게 해결할 수는 없다. 일본은 이미 고령사회◆에 접어든 지 오래고, 이로 인해 빈집이 지속적으로 발생할 수밖에 없는 구조적 문제를 떠안고 있다. 총무성의 조사에 따르면 2033년경에는 전국의 빈집 수가 2,166만 호로 늘어나 일본 전체 주거의 30%에 달할 것으로 예측된다. 자택을 소유한 고령자가 양로원이나 자녀의 집 등으로 이사하며 빈집의 증가 추세가 계속될 전망이기 때문이다. 또한 지방에서 도시로의 인구 유입이 가속화해 지방의 빈집 문제가 심각한 상황으로 이어질 가능성도 높다. 더

◆ 2020년 9월 기준 만 65세 이상 고령화율은 총인구의 28.7%, 총 3,617만 명이다.

출처 | (주)어드레스

어드레스 거점 사진

욱이 일본은 신축 주거 구입 비율이 85% 이상으로, 해당 비율이 20% 이하인 구미 지역과 비교하면 구축 주거에 대한 기피가 매우 심하다. 어드레스가 2030년까지 20만 호의 시설을 설치하더라도, 이는 일본 전체 빈집의 1%에 불과한 상황이다.

게다가 아무리 리모델링이나 리노베이션 시장이 유망하다고 해도 지방의 빈집에 사람을 데려오려면, 왕래가 쉽도록 지방과 도시를 연결하는 시스템을 구축할 필요가 있다. 이런 사회적 노력이 선행되지 않는다면 다거점 거주 서비스는 일시적인 붐으로 끝나고 말 것이다. 일본의 빈집들 역시 자연 화재나 범죄의 온상이 돼 치안 악화로 이어지는 등 지속적으로 심각한 사회문제를 야기할 가능성이 높다.

문제는 지방 정부들이 아무리 이주 촉진과 기업 유치에 힘을 쏟아부어도 현재로선 지나친 경쟁으로 서로 황폐해지기만 할 뿐이라는 데 있다. 지역 창생이나 지역 활동에 임하는 젊은이가 나타나 지역에 활기가 돈다고 해도 지방에는 독신자 전용 임대 시설조차 별로 없는 게 현실이다. 이는 ㈜어드레스가 저출산, 고령화의 인구 감소 사회에서 이주가 아닌 도심부와 지방이 인구를 공유하는 다거점 거주 서비스를 도입한 이유이기도 하다. 단기적인 관광이 아니라 관계인구의 증가와 이로 인한 소비·지역 활동을 촉진, 지역의 가치를 높이는 게 궁극적 목표다. 관계인구란 겸업이나 부업, 축제, 행사 등의 운영에 관여해 특정 지역과 지속적으로 관계를 맺는 사람들, 애정을 갖고 관계를 유지하는 사람들을 일컫는다. 관광 이상 이주 미만으로 비유되기도 한다.

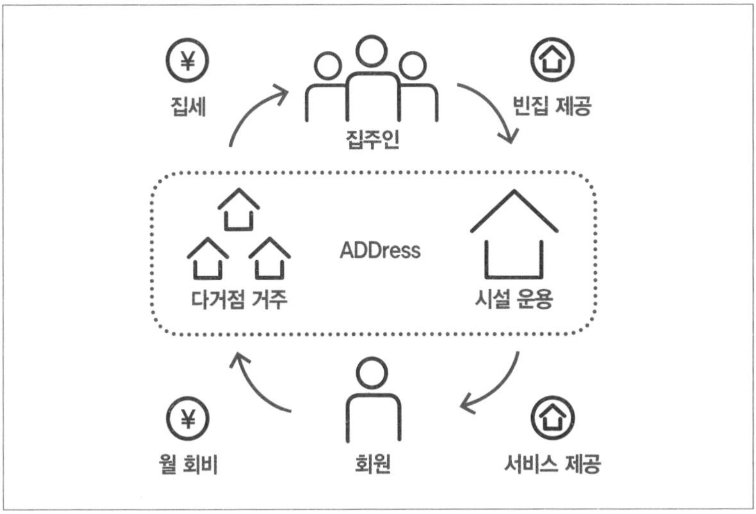

출처 | ㈜어드레스

어드레스의 비즈니스 체계

마음의 고향이라 부를 수 있는, 혹은 명예 시민처럼 새롭게 그 지역과 관계를 맺는 사람들을 늘리는 것이 지역 활성화에 도움이 된다.

'듀얼 라이프'로 도심과 시골 생활의 장점을 한꺼번에

상품을 '소유'하는 것이 아니라 일정 기간 '이용'하는 비즈니스 모델은 밀레니얼 세대를 중심으로 계속 확대될 것으로 기대된다. 특히 IT가 업무와 생활의 기본 인프라로 자리 잡은 현대사회에서는 바쁜 생활 속에서도 삶의 질을 높이고 싶은 사람, 자연에 둘러싸인 가운데 일을 하고 싶은 사람이 다수 존재한다. 도심과 시골의 2거점 생활인 '듀얼 라이프Dual Life'를 즐기는 사람이 도쿄 거주자의 상당수를 차지하는 이유다.

2018년 10월, 일본 내각부가 실시한 '도쿄 거주자의 향후 이주에 관한 의향 조사'에 따르면 도쿄 거주자의 38.4%가 지방으로의 이주를 검토하고 있거나 향후 검토하고 싶다고 답했다. 성별, 연령층별로 보면 남성 10·20대(57.6%), 남성 40대(48.5%)와 여성 10·20대(51.4%)가 높은 비율로 도쿄 이외 지역으로의 이주를 검토하고 있다. 검토 이유로는 남성 10·20대의 경우 '도쿄는 물가가 비싸기 때문'(32.5%), '도쿄 도내에서는 집을 구입하기 어렵기 때문'(38.8%)을 꼽았고, 남성 30대는 '도심을 떠나고 싶기 때문'(27.8%), 남성 60대는 '취미를 즐기고 싶기 때문'(24.1%)의 비율이 높았다. 여성 30대의 경우 '출신지이기 때문'(51.9%), 여성 40대에서는 '슬로 라이프를 실현하고 싶어서'(47.5%)라는 답변이 많았다.

이 같은 소비자의 요구를 적극 반영한 어드레스가 상당히 매력적인 서비스라는 데는 다들 이견의 여지가 없다. 하지만 현재의 다거점 생활에는 해결해야 할 과제도 분명히 존재한다. 이동에 많은 비용이 든다는 게 가장 큰 문제다. 일본은 한국보다 교통비가 비싸 경제적 부담이 크다. 선뜻 멀리 떠나는 일이 쉽지 않다. 이를 해결하기 위해 ㈜어드레스는 이동까지 포함한 정액화를 계획 중이다. 이미 철도회사나 항공사와의 협업을 통해 신칸센과 비행기는 물론 자유롭게 사용할 수 있는 차량 등을 확보, 이동 거주 합산 정액제 플랜을 활용한 실증 실험을 진행한 바 있다. 앞으로도 지자체 및 대중교통과 협업해 문제 해결에 힘쓸 계획이다.

어드레스, 지방도시 활성화에 기여하다

어드레스 회원 중에는 프로그래머, 작가, 경영자, 요리사, 의사, 세무사 등 여러 가지 재능을 보유한 이들이 다수 존재한다. 이들이 어드레스를 통해 현재 자신이 머무는 지역에 재능 기부를 하기 시작하자, 어드레스 이용자에 의해 지방도시가 활성화된 사례가 점점 늘어나고 있다. 고령화율이 40%를 넘는 인구 약 9,200명의 구마모토현 타라기마치가 대표적인 예다.

타라기마치는 마을 사람 모두가 다거점 생활자를 적극 환영한다. 타라기마치의 팬이 된 어드레스 이용자가 자신의 동영상 제작 기술을 발휘해 최신 장비와 편집 기술로 타라기마치의 매력을 뽐내는 영상을 제작하는 등 지방 소도시 부흥을 위한 자발적 활동도 늘어나는 추세다. 그동안 이주 촉진 사업이나 기업 유치에 아무리 힘을 써도 인구 증가로는 이어지지 않아 속을 끓였는데, 어드레스의 다거점 생활 거점 중 하나로 타라기마치의 '팬'을 늘려가는 것에 주력하자 지역 경제가 점차 되살아났다.

타라기마치의 사례는 대도시에 사람이 집중되고, 지방은 지역별 지방 창생 정책으로 서로 경쟁하며 인구를 빼앗는 상황이 계속되던 제로섬 게임에서 벗어나, 도시와 지방 양쪽 다 연결점이 있는 인구를 공유하는 다거점 생활이 향후 지방도시의 활성화로 이어질 수 있다는 새로운 길을 제시한다. 지금까지처럼 '일하기 위한 장소를 지방도시가 마련한다'는 정책이 아니라, '방문하는 사람이 할 일을 가지고 온다'라는 새로운 구조 만들기가 도시와 지방을 잇는 어드레스를 통해 실현되기 시작했다.

한국에서도 일상생활이 가능한 주거 공간을 두 곳으로 나눠 일은 수도권에서 하고, 주말과 휴일엔 여유롭게 삶의 질을 챙길 수 있는 지역에서 사는 다거점 생활(듀얼 라이프)에 대한 관심이 높아졌다. 한동안 한국에서 유행하던 '제주도 한 달 살기' 등 '거주'에 대한 다양한 고민이 '한 달 살기' 외 다양한 형태의 프로그램으로 진화하고 있다. 2021년 충남 공주에서 진행한 4박 5일간의 워크 앤드 스테이 프로그램 '로그인 공주'는 주목할 만한 사례다. '지방 소도시에서 여행처럼 머문다'라는 캐치프레이즈하에 20~30대 청년들에게 4일간의 숙박과 공유 오피스, 자전거를 제공하는 프로그램으로 참여자가 많아 금세 예약이 마감됐다. 참여자들은 공유 오피스에서 업무를 하며, 남는 시간에는 동네 식당에서 식사를 하고 한적한 곳에서 산책을 즐길 수 있다. 청년들 사이에서 로컬 스테이가 '힙한 문화'로 인식되고 있다.

2020년 8월 실시한 한국지방행정연구원의 '청년인구의 지방 이주 선호도, 지원정책 수요조사(수도권 거주 19~33세 미혼 1,000명 대상)' 결과도

수도권을 떠나 여유롭게 살고 싶어 하는 청년들이 많음을 보여준다. 조사 결과 비수도권으로 이주를 생각해본 적이 있는지를 묻는 질문에 과반수를 넘는 58.7%가 '생각해본 적 있다'고 답했다. 이들이 이주를 고려하는 이유는 '생활비, 주거비가 비싸서'라는 답이 27.2%로 가장 많았지만, '여유롭게 살고 싶어서'(18.2%), '깨끗한 공기 등 생활 환경이 좋아서'(16.4%), '대도시의 경쟁적 삶에 회의가 느껴져서'(15.9%) 라는 응답도 상당수였다. 이는 서울에 집중된 거주 환경에 대해 피로감을 호소하는 사람들이 늘고 있음을 알려준다.

대도시의 삶에 지친 사람들이 지방 생활을 갈망하는 수요는 분명하다. 즉 지방에 알맞은 거주 서비스가 생긴다면 새로운 삶의 형식으로 발전할 수 있을 것이다. 일본의 다거점 거주 서비스 어드레스의 사례는 새로운 삶의 형식에 대한 하나의 예시로 시사하는 바가 크다. 한국은 일본에 비해 교통비가 저렴하고 지역 간 이동시간도 짧기 때문에 다거점 생활에 기반한 다양한 비즈니스 가능성이 높다. 일본의 사례를 참고해 한국만의 새로운 거주 사업이 탄생하길 기대해본다.

하마다 유지(오사카 무역관)

모듈러 라이프

스포츠 경기장의 스마트한 혁신, ASB 루미플렉스

프랑크푸르트

독일 드레스덴의 한 경기장. 최대 4,000명의 관객을 수용할 수 있는 총 2,000㎡ 규모의 볼스포츠아레나 드레스덴BallsportARENA Dresden은 독일 배구와 핸드볼 분데스리가Bundesliga 2부 리그 경기장이다. 이 경기장이 특별한 이유는 일반 경기장과는 달리 경기장 바닥에 ASB 멀티스포츠ASB MultiSports라는 시스템이 장착됐기 때문이다.

독일 뮌헨 인근 슈타인Stein 시에 위치한 ASB 글라스플로어ASB GlassFloor(이하 ASB)는 LED 패널이 내장된 강화 안전유리 소재의 경기장 바닥재를 개발해 하나의 경기장에서 농구, 배구, 핸드볼 등 다양한 스포츠 경기를 열 수 있는 최첨단 경기장을 구현해냈다. 덕분에 볼스포

출처 | www.asbglassfloor.com

볼스포츠아레나 드레스덴과 스위스 캄(Cham) 소재 스포츠 경기장 OYM 퍼포먼스 센터(OYM Performance Center) 내에 설치된 ASB 멀티스포츠. 2017년 완공된 볼스포츠아레나 드레스덴은 최대 규모의 ASB 멀티스포츠 설치 사례며, 2020년 완공된 OYM 퍼포먼스 센터는 세계 최고 수준의 최신 트레이닝 센터다

츠아레나 드레스덴은 시카고 소재 묘기 농구단인 '할렘 글로브트로터스Harlem Globetrotters'의 쇼 무대가 되기도 하고, 대형 콘서트나 전시회 공간으로도 활용되는 등 스마트한 변신을 거듭하고 있다. 하나의 공간에서 여러 이벤트를 즐기는 일종의 스포츠 경기장의 멀티플렉스multiplex◆화를 실현한 것이다.

세계 최초 유리 바닥재로 스포츠 업계를 혁신하다

ASB는 1965년 10월 광고 전문가였던 호르스트 바빈스키Horst Babinsky가 설립한 실내건축 전문 기업이다. 바빈스키 트록켄바우 합자회사Babinsky Trockenbau KG로 출발해 시스템바우 호르스트 바빈스키 유한회사Systembau Horst Babinsky GmbH로 개칭한 데 이어, 바우시스템 ASB Bausystem ASB 등의 이름을 거쳐 현재 공식 기업명은 'ASB 시스템바우 호르스트 바빈스키 유한회사ASB Systembau Horst Babinsky GmbH'다. 대개 브랜드명인 'ASB 글라스플로어'로 통칭하며, 여기서 ASB는 알루미늄 시스템 건축Aluminium SystemBau의 약자다. 특히 스포츠 분야에서 혁신적이고 지속 가능한 디자인으로 이름을 알리고 있다.

◆ 극장, 식당, 쇼핑 시설 등을 합친 복합 건물.

바빈스키는 1976년 최초의 시스템 코트로 일컬어지는 ASB 스쿼시 코트ASB Squash Court를 개발하면서 처음 스포츠 분야에 진출했다. 이후 출시 10년 만에 ASB 스쿼시 코트가 글로벌 최고 제품으로 인정받으며 ASB는 글로벌 시장의 선두주자로 떠올랐다. '정교하고 완벽한 독일 디자인의 대명사'로 불리며, 전 세계 70여 개국에 7,442개의 ASB 스쿼시 코트가 설치됐다.

ASB는 이후 스쿼시 분야뿐 아니라 스포츠 업계 전반에 일대 혁신을 불러일으켰다. 2006년 독일 쾰른 소재 유리 전문 기업 키논 포르츠KINON Porz와 공동으로 개발한 '글라스플로어' 덕분이다. 이 LED 패널이 내장된 강화 안전유리 바닥재는 하나의 스포츠 경기장을 다양한 용

출처 | www.asbglassfloor.com

ASB 시스템 시공 전경

도로 활용할 수 있게 해준다. 버튼 하나로 농구, 배구, 배드민턴, 테니스, 핸드볼, 하키 등 원하는 경기 종목에 맞게 라인 마킹이 표시되기 때문이다. 한마디로 다기능, 다용도로 활용할 수 있는 맞춤형 디지털 스포츠 경기장이다.

더욱이 이 시스템은 방수 기능이 있어 실내외 모두 설치 가능하고, 바닥에 난방 기능도 추가할 수 있다. 영구적으로 설치할 수 있을 뿐 아니라 조립 역시 쉬워 빠른 조립과 분해를 위한 모바일 솔루션으로도 인기가 높다. 게다가 유리, 세라믹, 알루미늄 등을 사용해 기존의 나무 소재보다 탄성이 2.5배 높고, 특별 제작된 알루미늄 이중 지지 스프링 바닥 하부 구조로 표면 전체에 걸쳐 균일한 탄성과 높은 충격 흡수 효과를 볼 수 있다.

유리 표면 특유의 단점인 반사가 심하고 미끄러운 점도 해결했다. 특수 표면 처리로 반사도의 수준을 대폭 낮춰 반사 빛의 눈부심을 해소한 것이다. 이는 긁힘이나 기타 마모 흔적이 보이지 않는 강화 안전 유리, 모든 종류의 마모를 견디는 특수 세라믹 도트anti-slip ceramic dots를 적용했기 때문이다. 세라믹 도트는 미끄럼 방지에도 효과적이지만, 선수가 공을 갖고 움직이거나 점프할 때 일어날 수 있는 부상의 위험도 줄여준다. 또한 설비 시 바닥 표면의 그립grip을 자유롭게 조정할 수 있어, 탄성을 좀 더 높이거나 바닥 시스템을 보다 단단하게 만드는 것도 가능하다. 세계 최초의 유리 바닥재이자 혁신적 제품인 글라스플로어가 스포츠 업계 내 패러다임 변화를 이끌고 있다.

버튼 하나로 다양한 변신이 가능한 친환경 스마트 경기장

수십 년에 걸친 스쿼시 코트 구축 경험으로 유리 작업에 대한 노하우를 보유한 ASB는 LED가 일부 장착된 유리 소재의 ASB 멀티스포츠에 이어, 2016년 풀Full LED 바닥 시스템인 ASB 루미플렉스ASB LumiFlex로 또 한 번의 혁신을 이뤘다.

ASB 루미플렉스는 비디오 플로어floor를 설치, 바닥 전체를 거대한 화면으로 뒤바꾼 최첨단 경기장이다. 바닥 전체가 다기능 플러그 앤드 플레이plug & play 모니터 역할을 해 터치스크린을 통한 용도 변경이 가능한 게 특징이다. 즉, 경기장 하나로 여러 스포츠 종목의 경기장은 물론 콘서트, 마케팅 캠페인, 고품격 스포츠 이벤트, 전시회, 인터랙티브interactive 트레이닝, 광고, 게임 등 다양한 솔루션에 적합한 공간으로 활용할 수 있다. 기존에 비디오 모니터에서만 구현됐던 가상 게임을 실제 경기장에서 단체 스포츠 게임으로 즐길 수도 있다. 더욱이 공간적 여유가 없는 중·고등학교나 대학교 실내 스포츠 경기장의 경우 오전에 풋살 트레이닝, 오후에 핸드볼 경기, 저녁에 콘서트를 개최하는 등 다용도로 활용할 수 있다. 바닥재에 LED 기술을 접목해 스포츠 경기장의 스마트한 변신을 이룬 덕분이다.

다양한 형태와 크기로 구성할 수 있는 ASB 루미플렉스 바닥은 사용하기 쉬운 HDMIHigh Definition Multimedia Interface(고선명 멀티미디어 인터페이스) 또는 DVIDigital Visual Interface(디지털 비주얼 인터페이스)◆로 작동하기 때문에

출처 | www.asbglassfloor.com

출처 | www.asbglassfloor.com

ASB 루미플렉스 스포츠 경기장과 나이키 이벤트 전경

모든 컴퓨터에서 보조 모니터로 감지할 수 있어 사용이 쉽고 편리하다. 바닥은 기본형인 8.9mm픽셀피치Pixel Pitch◆◆와 고급형인 6.2mm픽셀피치◆◆◆ 두 가지 해상도로 제공되며, 제품 수명이 70년에 이를 만큼 내구성도 높다.

LED의 제품 수명은 최소 5만 시간으로, ASB의 목표는 건물보다 오래 견디는 바닥을 만드는 것이다. 제품 보증 기간은 일반적으로 유리는 10년, LED는 2년이며, 유지·보수 비용이 낮은 데다 청소 역시 수월하다. 특히 장애인 스포츠의 경우 모든 옵션을 충족할 수 있다. 유럽휠체어농구협회International Wheelchair Basketball Federation Europe, IWBF Europe가 이 유리 바닥 시스템을 공식 인정하고 경기까지 개최한 바 있다.

까다로운 각종 인증 조건을 만족시킨 제품이라는 것도 장점이다. ASB 루미플렉스는 스포츠 및 다목적용 홀과 공간 바닥재에 대한 EU 표준EN14904:2006을 준수하는 것은 물론, 국제농구연맹Federation Internationale de Basketball Amateur, FIBA, 국제테니스연맹International Tennis Federation, ITF, 국제핸드볼연맹International Handball Federation, IHF의 인증까지 취득했다. 게다가 내구성이 탁월하고, 제품의 95%를 재활용할 수 있으며, 포름알데히드 배출이 없는 지속 가능한 제품이라는 점에서 많은 주목을 받는다.

◆ 디지털 디스플레이 장치의 화질에 최적화된 표준 영상 인터페이스다.

◆◆ 8.9mm마다 LED 1개.

◆◆◆ 6.2mm마다 LED 1개.

또 한 번의 혁신, 세계 최초 인터랙티브 바닥 시스템

특허 출원 제품인 ASB 루미플렉스의 또 다른 강점은 고급 스포츠 이벤트나 콘서트, 제품 프레젠테이션 등 다양한 이벤트에서 참신하고 색다른 연출을 할 수 있다는 것이다. 스포츠 하이라이트나 TV 광고, 영화 예고편 등을 경기장에서 직접 재생할 수도 있다. 경기장 바닥이 고해상도 그래픽과 애니메이션을 위한 거대한 화면이나 마찬가지기 때문이다.

최근 ASB는 여기서 한발 더 나아가 ASB 루미플렉스 시스템의 또 다른 혁신을 예고했다. 캐나다에 본사를 둔 블랙트랙스BlackTrax와 손잡고 최첨단 추적 시스템life tracking system을 결합한 'ASB 트랙백ASB TracBack'을 개발한 것이다. 세계 최초 인터랙티브 바닥 시스템인 ASB 트랙백은 선수와 공에 인터랙티브한 요소를 적용, 경기 관련 프레젠테이션의 수준을 한층 끌어올렸다. 예를 들어 선수 이름을 선수 옆에 표기하거나 통계 혹은 게임 점수를 빠르게 보여주는 것은 물론 비디오 기능을 하는 바닥 표면으로 최고의 광고 효과까지 누릴 수 있다.

실제로 ASB 트랙백은 2019년 세계 최대 스포츠용품 박람회인 'ISPO 뮌헨'과 뮌헨에서 2년마다 열리는 축구 토너먼트 경기인 '아우디컵 2019Audi Cup 2019'에서 첫선을 보인 후 좋은 반응을 얻었다. 향후 관련 시장에서 창출하게 될 시너지 효과에 대한 기대감 역시 큰 상황이다. 업계의 평가도 호의적이다. 2019년 독일혁신상German Innovation Award에

출처 | www.asbglassfloor.com

2019년 독일혁신상 수상 사진

출처 | www.asbglassfloor.com

ASB가 새롭게 선보인 LED ASB 디지털 월페이퍼

서 금상을 수상한 것을 비롯해, 2019년 ISPO 어워드 팀스포츠 분야에서 금상을 받는 등 다수 수상의 영예를 안았다. ASB는 여기에 그치지 않고 LED ASB 디지털 월페이퍼LED ASB Digital Wallpaper까지 개발해 선보이는 등 다양한 제품 라인업을 구축해나가고 있다.

지속적 혁신으로 성장세를 이어가다

창업자인 바빈스키는 ASB 글라스플로어 같은 혁신적 제품에 대한 믿음을 토대로 신제품 개발을 계속해왔다고 밝혔다. '메이드 인 저머니Made in Germany'가 추구하는 엄격한 품질 보증과 까다로운 요구사항을 충족시킴으로써 제품 수준을 세계 최고 경지까지 끌어올린 것이다. 물론 변화를 싫어하는 보수적인 사람들에게 ASB의 혁신적 제품을 인식시키는 일은 쉽지 않았다. 하지만 ASB와 ASB의 제품을 신뢰하는 고객을 확보하기 위해 최선의 노력을 다했고, 고객이 만족하기 전까진 개발을 중단하지 않았다. 그 결과 독일을 넘어 전 세계 스포츠 경기장 바닥재 시장의 선두주자로 자리매김할 수 있었다.

언론과 업계의 호평도 이어졌다. 독일의 유명 경제 일간지 〈FAZ Frankfurter Allgemeine Zeitung〉는 이 유리 바닥이 '2019 독일 배구 분데스리가 슈퍼컵' 무대에서 처음 사용됐을 때 "(경기장) 바닥이 스타다"라는 헤드라인을 내걸며 대서특필한 바 있다. 배구 분데스리가의 미디어 책임자인 파비앙 쿤체Fabian Kunze도 "처음에는 선수들의 반응이 다소 회의적이었다. 하지만 첫 번째 훈련 세션을 마친 후 반응은 완전히 달라졌다. 경기 중에는 바닥이 살짝 빛나 익숙해지는 데 시간이 걸렸으나 선수들은 그걸 알아채지도 못했다. 더욱이 애니메이션 효과와 광고는 휴식 시간에만 노출됐기 때문에 경기 진행을 조금도 방해하지 않았다"라며 긍정적인 피드백을 전했다.

매출 역시 호조세다. 이미 전 세계 72개국에 6,000개 이상의 제품을 공급하고, 약 40개의 유리 바닥 시스템을 설치했으며, 2018년 200만 유로(약 27억 6,000만 원)였던 매출을 2019년 3배에 달하는 600만 유로까지 끌어올렸다. 이 같은 성장세를 기반으로 2021년 1,000만 유로, 2023년 1,500만 유로의 매출 성장을 이룰 계획이다.

ASB의 현 대표인 크리스토프 바빈스키Christof Babinsky는 "ASB 글라스 플로어를 시공할 경우 1~2%의 추가 비용이 발생하지만 장소 사용률도 20~30% 높아진다"고 밝히며, "최초 투자 비용이 높다고 해도 가동 중단 시간이 적고 비용 대비 효율이 높다"는 점을 강조했다. 또한 "앞으로 최소 25년간 해당 지역의 건축 아이콘이 될 수 있는 스포츠 시설을 만드는 데 일조해나가겠다"는 계획도 밝혔다. 업계의 통념을 깨는 혁신적 제품을 지속적으로 개발, 스포츠 시설에 대한 인식 자체를 바꾸겠다는 각오다. 이는 ASB가 세계 유일의 스포츠 시설 유리 바닥재 제조 업체이자 가장 현대적인 바닥재 시스템을 보유한 기업으로 우뚝 설 수 있었던 이유기도 하다.

온택트 시대, 스마트 경기장의 미래

이제 매 경기 바닥에 라인을 다시 그리거나, 종목에 따라 여러 유형의 라인 마킹으로 혼란을 주던 시대는 갔다. 그런 관점에서 볼 때 ASB는 현시대의 화두인 '지속 가능성, 디지털 전환'을 선도하는 업계의 리더일 뿐 아니라, 미래 스포츠 경기장 건설의 새로운 가능성을 열어준 혁신가라 할 수 있다. LED가 장착된 특수 유리 바닥은 스포츠와 건축 업계에 일대 혁신을 불러일으켰고, 사물인터넷Internet of Things, IoT과의 융합을 통해 새로운 기능을 창출하고 있기 때문이다.

최근 전 세계를 강타한 코로나19 팬데믹 때문에 스포츠 경기장은 물론, 스포츠 업계 전반에 변화가 이어지고 있다. 특히 언택트·온택트 시대에 발맞춘 체험형 온라인 서비스의 도입, 메타버스의 활성화 등이 빠르게 이뤄지는 추세다. 미국프로농구National Basketball Association, NBA가 2020년 무관중 경기 속에서도 '가상현실 관중석'을 구현하고 메타버스 공간인 'NBA Land'를 열어 팬들과의 소통을 강화한 게 대표적인 예다. 포뮬러원Fomula 1, 영국 프리미어리그England Premier League, EPL 역시 '버추얼 행사'를 개최해 팬들의 갈증을 해소하는 데 주력했다.

이처럼 언택트·온택트 시대를 겨냥한 스포츠 경기와 이벤트의 디지털화는 스마트한 공간 창출의 기회를 더욱 확대하고 있다. 무엇보다 지금은 새로운 것을 빨리 경험하고자 하고, 디지털 경험에 익숙하며, 보다 이색적인 경험을 추구하는 MZ 세대가 소비 환경을 주도하는 시대다. 새롭고 가치 있는 이벤트나 광고를 창출하고, 미래 지향적인 경험을 선사하며, 지속 가능성까지 챙길 수 있는 차세대 레저 공간에 대한 요구도 나날이 늘어간다. 최첨단 스마트 경기장의 구현이 현세대가 요구하는 다양한 레저와 다기능성에 대한 해법을 제시한다고 믿는 이유다. 새로운 자극을 주는 엔터테인먼트 공간이자 다른 차원의 이벤트를 경험할 스마트한 공간이 일상으로 자리 잡게 될 날도 머지않았다. 스포츠 경기장의 스마트한 미래가 더 이상 가상이 아닌 실제 현실로 우리 곁에 성큼 다가왔다.

박소영(프랑크푸르트 무역관)

데일리 터치 케어 Touch Healthcare

| 일상적 터치만으로 맞춤 건강관리 |

2021년 코로나19 백신 접종이 본격화되면서 백신 부작용에 대한 걱정과 불안도 함께 늘어났다. 그러던 중 흥미로운 기사 하나가 사람들의 눈길을 끌었다. 바로 웨어러블 디바이스를 착용한 덕분에 부작용 증상을 빠르게 발견할 수 있었다는 기사였다. 원격진료에 관한 관심이 커지고, 치료 못지않게 예방이 중요하다는 인식이 확대되면서 건강관리를 위한 웨어러블 디바이스 시장도 성장을 거듭하고 있다. 그러나 여전히, 새로운 기기에 대한 진입장벽은 존재한다. 하지만 일상적인 터치만으로 건강관리가 가능하다면 높은 진입장벽도 얼마든지 낮출 수 있다. 레깅스를 입고 운동하는 것만으로 관절의 움직임을 점검할 수 있고, 침대에 누워 자는 것만으로 수면 상태를 체크할 수 있다면? 크기는 작아지고 불필요한 터치는 최소화한 웨어러블 디바이스의 미래를 살펴보자.

데일리 터치 케어

웨어러블 헬스케어 디바이스도 개인 맞춤형 시대

바르샤바

코로나19 팬데믹은 웨어러블 디바이스와 헬스케어의 결합을 가속화했다. 개인 건강과 자가 진단을 향한 관심이 웨어러블 기기 시장에도 영향을 미친 것이다. 미국의 글로벌 시장조사 및 컨설팅 회사인 가트너에 따르면, 전 세계적으로 최종 사용자(엔드 유저)가 웨어러블 기기 전체에 지출하는 금액은 2020년 690억 달러(약 80조 원)에서 2021년 815억 달러(약 97조 원)에 달할 것으로 예측된다. 특히 스마트 의류, 스마트 패치의 성장세가 두드러진다. 가트너는 스마트 의류 시장이 2020년 14억 1,100만 달러(약 1조 6,300억 원)에서 2022년 21억 6,000만 달러(약 2조 5,000억 원)로 2배 가까이 성장할 것이라는 분석을 내놨다.

다양한 형태의 웨어러블 헬스케어 디바이스의 개발 및 출시도 줄을 잇는 추세다. 최근 폴란드에서 화제가 된 시니어 세대를 위한 스마트 레깅스 이노텍스틸Innotextil과 가정용 스마트 청진기 스테토미Stethome 역시 예외는 아니다. 단 이들의 경우 기존 제품에 비해 타깃은 더 명확하게, 성능은 더 정교하게 변화했다. 이제 웨어러블 헬스케어 디바이스도 맞춤형 시대에 돌입한 셈이다.

가정에서도 성공적인 재활을, 웨어러블 패키지

크라쿠프Krakow 시 외곽에 사는 70대 남성 스테판은 최근 퇴행성 관절염이 심해져 무릎 상태가 좋지 않다. 계단을 오르내리기 힘든 건 물론이고 가벼운 산책을 할 때조차 무릎에서 삐걱거리는 소리가 난다. 통증이 심할 때면 아무것도 하지 않고 누워서 쉬고 싶다는 생각이 절로 들지만, 그러다가 다리를 영영 못 쓰게 되는 건 아닐까 겁이 난다. 어쩔 수 없이 관절에 무리가 덜 간다는 수영을 하고 지속적으로 물리치료를 받는 중이다. 그러다 얼마 전 이노텍스틸이란 레깅스의 시제품 테스트에 참여하게 됐다. 물리치료사로부터 걷는 데 불편함이 있는 시니어들에게 좋은 제품이란 이야기를 들은 덕분이다. 실제 착용해보니 착용감도 좋고 무릎의 움직임을 관찰해 걸음걸이를 교정해주기 때문에 걷는 게 한결 편해졌다. 아직 시제품 단계라 구매가 불가능하지만 제품이 시장에 출시되면 주변 지인들에게도 적극적으로 추천할 생각이다.

폴란드의 한 대학교에서 개발한 이노텍스틸은 모바일 애플리케이션과 연동해 다리 재활이 필요하거나 걷는 데 불편함이 있는 사용자가 올바른 방법으로 걷고 신체를 안정적으로 움직일 수 있도록 돕는 혁신적 레깅스다. 이노텍스틸을 착용하면 굳이 병원이나 전문 재활원에 가지 않아도 가정에서 효과적으로 무릎의 움직임을 관찰하고 걸음걸이를 교정, 관리할 수 있다.

이노텍스틸 패키지는 편안한 스포츠 레깅스와 탈부착이 가능한 조

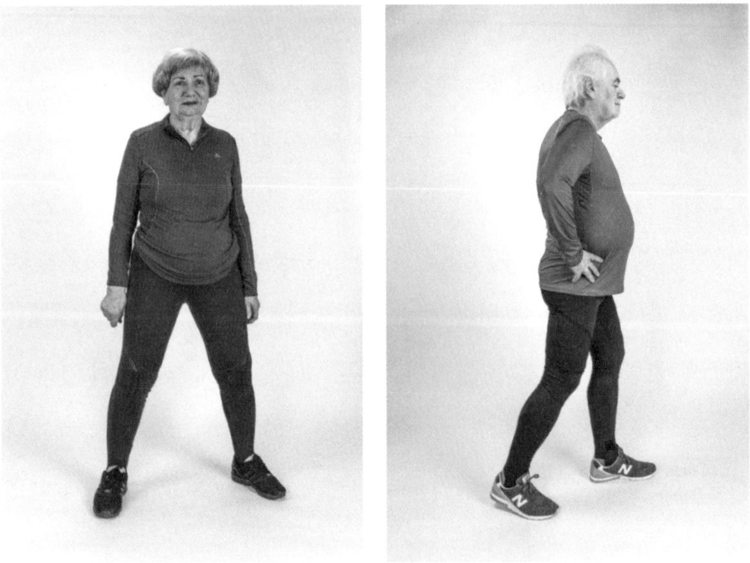

출처 | 이노텍스틸

이노텍스틸 레깅스를 착용한 시니어들

정 모듈(제어장치), 모바일 애플리케이션으로 구성된다. 애플리케이션을 다운로드한 후 조정 모듈이 부착된 레깅스를 착용하고 걸으면 레깅스에 부착된 센서가 무릎의 움직임을 세심하게 관찰한다. 애플리케이션 화면에 착용자의 잘못된 걸음걸이를 진단하고 그 정보를 그래프 형태로 제공해 손쉽게 확인할 수 있다. 뿐만 아니라 이러한 정보를 추후 재활치료사나 물리치료사가 진찰할 때도 공유해 활용한다.

개인별 움직임을 분석·진단해 교정하는 맞춤형 솔루션

이노텍스틸은 한 폴란드 대학교의 졸업 프로젝트로 처음 시작됐다. 약 10개월의 고민과 노력 끝에 현재의 콘셉트를 잡았고, 다음 8개월 동안은 프로토타입의 개발과 테스트를 진행했다. 전자 기기를 제작하고 테스트해 프로토타입을 준비하는 과정에는 크라쿠프 시의 지역 사회 정책센터로부터 받은 보조금을 활용했다. 현재는 시장에 제품을 도입하기 위해 준비 중인 상태로, 약 6개월이 소요될 것으로 예상한다.

이노텍스틸의 장점은 착용자 개개인의 움직임을 분석해 문제를 진단하고, 이를 해결할 수 있도록 돕는다는 데 있다. 프로젝트 매니저인 보제나 그로보즈 Bożena Groborz 교수는 "시제품을 테스트했을 당시 참여했던 사람 중 한 명은 무릎에 보철을 하고 있었는데, 레깅스를 착용하기 전까지는 모든 것이 괜찮은 줄로만 알았다. 하지만 레깅스를 착용하고 관찰하자 재활을 통해 치료해야 하는 문제점들을 발견했다. 또한 사람은 엉덩이 부분을 수술한 이후 막 걷기 시작한 상태였는데, 이 제품을 사용하고 나서 걸을 때 다리 한쪽을 과하게 움직인다는 사실을 발견했다. 레깅스를 착용하기 전까지 전혀 모르고 있던 부분이었다"라고 이야기했다. 이렇게 이노텍스틸을 착용하면 개개인별 움직임을 분석해 각자의 문제점을 진단하는 것은 물론, 이를 교정해나가는 것도 가능하다.

또한 재활이 필요한 경우가 아니더라도 잘못된 걸음걸이 습관이나 운동 시의 잘못된 자세, 발에 맞지 않는 신발 등 다리에 무리를 줄 수 있는 문제들을 진단하고 분석해 착용자가 이를 교정하는 데도 도움을 준다. 따라서 시니어 세대뿐 아니라 젊은 세대도 이노텍스틸을 활용하면 많은 도움을 받을 수 있을 것으로 보인다.

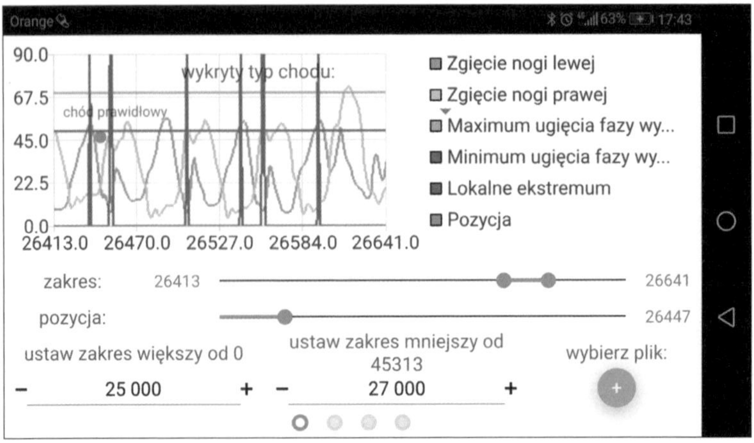

출처 | 이노텍스틸

이노텍스틸 애플리케이션 분석 화면

누구나 사용 가능한 교정·재활 전문 레깅스

학생들과 함께 이노텍스틸을 개발한 보제나 그로보즈 교수는 인터뷰에서 "코로나 팬데믹으로 제한 조치가 시행되면서 장애가 있는 사람들과 노인들은 재활을 멈춰야 했고, 이는 재활이 필요한 사람들에게 상당한 퇴보로 다가왔다. 그래서인지 팬데믹 시기 이노텍스틸 레깅스를 찾는 전화가 많이 왔는데, 그중 대부분이 장애인의 재활을 돕는 기관이었다"라고 언급했다. 특히 팬데믹 이후 개인의 건강 자가 진단 및 관리를 향한 관심이 높아진 점을 고려할 때, 앞으로 이노텍스틸의 시장 진출은 호조세일 것으로 전망한다.

이노텍스틸 레깅스는 현재 시장 진출을 준비 중인 프로토타입 단계로, 아직 시중에는 판매되지 않는다. 그로보즈 교수는 "시니어 10명을 대상으로 한 테스트를 통해 이 레깅스는 시니어가 사용해도 전혀 문제가 없음을 발견했다. 덕분에 젊은 세대를 포함해 많은 이들이 우리 제품에 관심을 보이고 있다. 이노텍스틸 레깅스는 남녀노소 누구나 사용 가능하며, 자세 교정부터 재활까지 많은 사람들에게 도움이 될 것이라고 생각한다"고 밝혔다.

그로보즈 교수에 따르면, 이노텍스틸 팀은 현재의 시제품을 발전시킬 새로운 데이터를 보유하고 있다. 지금은 엔지니어나 의료진이 이해하기 쉽도록 애플리케이션이 설계돼 있지만, 향후 새로운 데이터를 활용해 모든 사용자의 접근이 쉽고 사용하기 간편한 애플리케이션을 개발할 계획이다.

건강 증진은 물론 삶의 질까지 높여줄 스마트 의류

이노텍스틸 같은 스마트 의류를 활용해 자세 교정이나 신체 재활의 꾸준한 관찰 및 관리가 가능해진다면, 시간과 비용 측면에서도 효율성이 높아진다. 특히 가정에서 건강 상태의 진단, 재활이나 교정이 가능해지면 재활병원 치료비나 입원비 등 의료 부담을 줄일 수 있다. 더욱이 재활병원에서 퇴원한 후에도 재활 치료가 필요한 사람이나 만성 통증 환자처럼 꾸준한 관리를 해야 하는 사람들의 경우 삶의 질까지도 높일 수 있다.

한국의 패션업계도 이 같은 트렌드에 따라 스마트 의류에 대한 투자를 늘려나가고 있다. 국내 스마트 의류 관련 특허 출원 수 역시 2014년 6건에서 2017년 40건으로 7배 가까이 늘어났다. 주로 생체 데이터 감지, 데이터 전송, 정보 제공 등의 공통된 패턴을 보이는데, 스마트 센서 등을 통해 취합한 정보를 클라우드에 저장하고 이를 AI로 분석해 착용자에게 제공하는 방식이다. 정보통신기술ICT 융합 솔루션을 도입한 기능성 유치원복도 나왔다. 미아방지 NFC Near Field Communication 태그를 원복에 부착해 안전성을 높인 것이다. 더불어 등·하원 출결 확인, 바이오리듬 체크, 성장 관리, 영유아 검진 일정 관리까지 할 수 있어 아이의 건강 상태를 확인하는 데도 도움이 된다.

빠르고 효과적인 진료가 가능한 가정용 청진기

폴란드의 웨어러블 디바이스의 진화는 여기서 끝이 아니다. 시니어 세대를 위한 혁신적인 레깅스가 있다면, 어린이 환자들을 위해서는 가정용 스마트 청진기 스테토미가 있다. 천식이나 호흡기 질환을 앓는 어린이 환자를 위한 것으로 한 손에 쏙 들어갈 만큼 작고 동그란 기기와 애플리케이션으로 구성됐다.

애플리케이션을 핸드폰에 다운로드한 후 동그란 기기의 전원을 켜 아이의 가슴에 30초 정도 갖다 대기만 하면 된다. 무엇보다 스테토미는 인공지능이 의학적인 알고리즘을 통해 폐렴이나 기관지염과 같은 호흡기의 이상 징후를 자체적으로 분석한다. 또한 결과에 영향을 미칠 주변 소음을 최소화하는 기능이 있어 보다 정확한 검사가 가능하다. 검사 결과는 스테토미 클라우드에 저장되는데, 발현 증상이나 약물 투여 같은 정보를 추가해서 저장할 수도 있다. 더불어 검사 결과를 토대로 효과적인 상담이 이뤄지도록 메일이나 메신저를 통해 의사에게 링크 형태로 전송하는 것도 가능하다.

CE 인증과 임상 시험을 통해 안전성 역시 입증됐다. 각종 수상 내역도 화려하다. 제품의 기술, 디자인, 시장 성장성 덕분에 2018년 개최된

출처 | 스테토미

스테토미 기기와 애플리케이션

이노베이션 월드컵Innovation World Cup과 2020년 IF 디자인 어워드IF Design Award에서 우승을 차지했을 뿐 아니라, 필립스 이노베이션 챌린지Philips Innovation Challenge에서 챔피언 어워드를 수상하는 성과를 거뒀다.

천식·호흡기 질환 환자들의 삶의 질을 높이다

WHO에 따르면, 2019년 기준 전 세계에서 천식을 앓고 있는 사람은 2억 6,200만 명 이상이다. 특히 천식은 어린이들 사이에서 가장 흔하게 발생하는 질병이다. 증상이 심할 경우 사망에 이를 수도 있어 발작 유발 인자를 미연에 차단하는 등 가정에서의 관리가 매우 중요하다.

WHO의 조사 결과에 따르면, 2019년 천식으로 사망에 이른 사람은 46만 1,000명에 달한다. 하지만 스테토미를 활용하면 부모는 언제 어디에서든 천식을 앓는 아이의 건강 상태를 확인할 수 있고 지속적인 모니터링이 가능해 천식 발작에 즉각적으로 대응할 수 있다.

스테토미의 공동설립자이자 CEO인 보이치에흐 라돔스키 **Wojciech Radomski**는 "어린이 10명 중 1명은 천식을 앓는다고 한다. 스테토미는 특히 천식이나 호흡기 질환이 있는 아이들의 건강 상태를 진단하고 더 잘 관리하기 위한 목적으로 만든 제품이다. 스테토미가 천식 환자와 가족들의 삶이 나아지는 데 조금이나마 기여할 수 있길 바란다"고 밝혔다. 그는 또한 "어린이가 있는 부모뿐만 아니라 의사들도 스테토미

출처 | stethome.com

스테토미를 활용 중인 아이와 부모

를 반기고 있다. 환자와 가족들은 물론 그들의 주치의에게도 도움이 된다면 좋겠다"라고 덧붙였다. 현재 스테토미는 폴란드 내 약 500개 이상의 병원에서 활용되고 있다.

코로나19 상황에도 유용하게 쓰이는 스마트 청진기

스테토미의 CEO인 라돔스키는 또한 "코로나19 환자를 진찰하려면 의료진이 보호장비를 입어야 하는데, 그러면 청진기 소리를 듣기가 힘들다. 스테토미를 활용하면 블루투스 헤드폰을 통해서 소리를 들을 수 있기 때문에 보호장비를 착용하고도 청진기 진찰 소리를 원활하게 들을 수 있다"라고 강조했다. 실제로 스테토미는 폴란드 포즈난Poznan시 소재 병원들에서 코로나19 환자를 진찰하는 데 쓰인다.

스테토미가 이 같은 성과를 거둘 수 있었던 건 5명의 공동설립자에 힘입은 바 크다. 3명은 IT 분야에서 10년 이상 경력을 쌓은 IT 전문가이고, 2명은 생물물리학 분야 박사학위 및 연구 경력이 있다. 스테토미의 미래를 묻는 질문에 라돔스키는 "혁신에는 많은 시간이 걸린다. 전 세계가 혁신을 수용하기까지, 그리고 새로운 기술과 제품들이 상용화되기까지 상당한 시간이 소요될 것이다. 우리도 그때까지 계속해서 도전해나갈 것이다"라고 밝혔다.

웨어러블 디바이스로 예방 의료의 꽃을 피우다

코로나19를 기점으로 전 세계는 비대면 헬스케어 서비스를 적극 도입하고 있다. 건강에 대한 사람들의 인식도 질병 치료 중심에서 예방 의료 중심으로 변화하고 있다. 실제로 미국 정부는 코로나19 확산 이후 전자 체온계, 심전도계, 전자 청진기 등을 이용해 환자의 주요 활력 징후를 원격 모니터링할 수 있도록 한시적으로 규제를 완화했다. 미국 국민의 비대면 진료 이용률 역시 2019년 11%에서 2020년 76%로 7배 가까이 늘어났다.

원격 의료를 금기시하던 한국 의료계에도 변화가 나타나고 있다. 정부가 디지털 치료 기기에 대한 임상 시험 허가심사 가이드라인을 발표했고, 주요 대형 병원을 중심으로 가상현실 등을 활용한 디지털 치료제 개발이 확대되는 추세다. 스테토미 같은 스마트 청진기도 등장했다. 고감도 마이크 센서를 탑재해 심장, 폐, 혈관음 등 환자의 생체신호를 고음질로 전달해주는 무선 청진기가 개발된 것이다. 가정용은 아니지만, 블루투스 이어셋이나 헤드셋에 연결해 간편하게 사용할 수 있고, 환자가 스스로 부착하는 비접촉식 방식이라 밀접 접촉을 기피하는 환자를 대응할 때나 신속한 진단 서비스가 필요한 의료 취약 지역, 응급의료 현장에서도 유용하다.

앞으로 가정에서 질병 및 이상 징후의 진단과 예방이 일상이 될 날은 분명 머지않았다. 특히 천식처럼 지속적인 치료와 관리가 필요한 만성 질환의 경우 가정에서 기본적인 진단과 관리가 가능해지면 매번 발생하는 질병 치료비 부담뿐 아니라 시간 및 공간적인 제약이 대폭 줄어들 것으로 예상된다. 더 이상 질병 치료와 관리가 환자와 환자 가족 모두에게 크나큰 부담이 되지 않도록 웨어러블 디바이스들의 활약을 기대해본다.

강정민(바르샤바 무역관)

데일리 터치 케어

손목에 붙이는 나의 건강지킴이, 웨어옵티모

멜버른

멜버른에 사는 50대 여성 크리스틴은 남편 데이빗의 건강 문제로 걱정이 많다. 최근 들어 가슴이 조이고 뻐근한 증상이 반복되는 것 같다는 남편의 호소에 병원을 방문했더니 협심증이란 진단을 받았다. 다행히 심각한 상황은 아니라는 말에 약 처방을 받고 돌아왔지만, 그 뒤론 남편이 스트레스에 시달리다 심근경색증으로 병세가 악화하거나 갑자기 심장발작을 일으키는 건 아닐까 노심초사하게 됐다. 미리 이상 징후를 발견할 수 있다면 좋을 텐데, 자칫 발견이 늦어 치료시기를 놓칠까봐 불안해서다.

크리스틴은 스마트 패치 웨어옵티모Wearoptimo의 개발 및 상용화 소식에 안도의 한숨을 내쉬었다. 스티커처럼 붙일 수 있어 간편하고, 심혈관 질환 이상 징후 발견 시 빠른 대처가 가능한 웨어옵티모만 있다면 남편에 대한 걱정도 조금 줄어들 듯하다.

웨어러블 기술과 헬스케어를 접목한 스마트 패치

과거 SF 영화 〈백투더퓨처Back to the Future, 1985〉에 나왔던 운동화, 〈마이너리티 리포트Minority Report, 2002〉에 등장했던 HMDHead Mounted Display, 〈아이언맨Iron Man, 2008〉이 착용했던 갑옷 등을 기억하는가. 당시 많은 이들의 감탄을 불러일으켰던 영화 속 웨어러블 기술이 현실이 되고 있다. 신체의 일부처럼 착용하는 웨어러블 디바이스가 더 이상 영화 속에서만 등장하는 것이 아니라 우리 일상에 자리 잡은 것이다.

웨어러블 시장은 코로나19로 인해 가장 큰 혜택을 입은 시장이다. 적용할 수 있는 범위가 넓어 제4차 산업혁명의 대표적인 기술로 각광받고 있기 때문이다. 글로벌 조사기관 가트너에 따르면, 2021년 글로벌 웨어러블 기기 시장의 규모는 815억 달러(약 97조 원)이며 출하량은 5억 6,600만 대로 추산된다. 이는 2020년 690억 달러(약 80조 원)보다 18% 증가한 수치다. 원격 근무, 온라인 수업이 익숙해지고 건강관리를 위한 피트니스 활동이 늘어나면서 애플의 에어팟, 삼성의 갤럭시 버즈와 같은 이어웨어ear-worn부터 스마트 워치, 스마트 의류까지 수요

글로벌 웨어러블 매출액 및 시장 출하량 전망(단위: 100만 달러, 1만 대)

구분	2019년		2020년		2021년(전망)		2022년(전망)	
기기 타입	매출액	출하량	매출액	출하량	매출액	출하량	매출액	출하량
이어웨어	14,583	9,800	32,724	20,500	39,220	26,500	44,160	32,000
스마트 워치	18,501	8,810	21,758	9,890	25,827	12,660	31,337	15,770
스마트 밴드	5,101	6,420	4,987	6,690	4,906	7,010	4,477	7,340
스마트 패치	3,900	5,200	4,690	6,700	5,963	8,900	7,150	11,000
스마트 의류	1,333	680	1,411	720	1,529	780	2,160	1,200
헤드마운트 디스플레이	2,777	470	3,414	570	4,054	750	4,573	920
합계	46,195	31,380	68,984	45,070	81,499	56,600	93,857	68,230

출처 | 가트너(2021년 1월 기준)

가 계속 높아지고 있다.

그중에서도 특히 높은 성장이 예상되는 분야는 헬스케어와 접목된 스마트 패치다. 스마트 패치는 피부 표면에 부착해 온도, 심박수, 혈당 등 우리 몸의 건강 신호를 얻을 수 있는 모니터링 센서다. 사실 코로나19 이전에도 스마트 패치는 있었지만 엄격한 규정과 사용자의 반대로 도입이 더디게 진행됐다. 하지만 코로나19 대유행 기간 동안 디지털 헬스로의 전환, 사용자의 인식 변화와 함께 스마트 패치에 대한 수요가 높아지면서 향후 스마트 패치가 웨어러블 시장을 견인할 것으로 예측된다. 이에 관련 업계에서는 센서의 정확도를 높이고 의료용과 비의료용 디바이스 사이의 격차를 좁히기 위해 노력하고 있다.

웨어러블 기기의 트렌드는 패션 액세서리와 같은 형태에서 활동에 방해가 되지 않고 거의 눈에 보이지 않는 수준으로 작아지는 추세다. 덕분에 향후 스마트 기기에 익숙하지 않은 고령자와 환자도 편리하게 사용할 수 있을 것으로 전망된다. 최근 호주에서는 손목에 붙이는 스티커 모양의 초소형 제품이 나와 업계의 주목을 받았다. 마이크로웨어러블microwearable 센서를 통해 실시간으로 건강 모니터링이 가능한 웨어옵티모 패치다.

로켓 과학자에서 바이오메디컬 사업가로

웨어옵티모의 창업자인 마크 켄들Mark Kendall 교수는 원래 로켓 과학자를 꿈꾸던 기계공학자였다. 박사학위를 마친 그는 옥스퍼드대학교 브라이언 벨하우스Brian Bellhouse 교수의 학회에 참석했다가 2분 정도 담소를 나누는 기회를 가졌는데, 이것이 켄들 교수의 삶을 송두리째 뒤바꾸는 계기가 됐다. 벨하우스 교수로부터 새로운 백신 투여 방법을 개발해달라는 미션을 받고 생물학 연구에 몰두하게 된 것이다. 이후 그는 로켓 과학기술을 적용해 바늘 없는 주사기 파우더젝트PowderJect에 필요한 기술을 발명하기에 이른다. 파우더젝트는 대학 연구의 상용화에 앞장서온 벨하우스 교수를 주축으로 한 프로젝트로, 옥스퍼드대학교가 배출한 가장 성공적인 스핀아웃spin out 기업으로 손꼽힌다. 실제로 10억 달러 이상에 팔렸을 만큼 그 가치가 상당했다.

이후 2006년 호주로 돌아온 켄들 교수는 바이오메디컬 교수로 재직하며 2011년 통증 없이 백신을 투여할 수 있는 나노패치Nanopatch를 개발, 바이오메디컬 사업가로 거듭났다. 이듬해 롤렉스 어워드 수상으로 파푸아뉴기니 지역에서 나노패치 백신을 테스트해볼 기회를 얻은 그는, 저렴하고 사용이 편리한 나노패치에서 얻은 아이디어와 웨어러블 기술을 접목한 혁신적인 발명품 개발을 시작했다.

그리고 2018년 마침내 마이크로웨어러블 기기를 생산하는 웨어옵티모를 설립했다. 그가 20여 년간 쌓아온 경험과 노하우를 바탕으로 개발한 웨어옵티모는 5센트 크기의 패치로 건강 상태를 확인할 수 있는 초소형 웨어러블 디바이스다. 혈액 검사를 하지 않고도 생명을 위

출처 | www.anu.edu.au

마크 켄들 교수

협하는 심장마비, 열사병, 암, 코로나19 등 다양한 질병을 초기에 발견할 수 있고, 해당 질병에 적합한 치료를 적기에 받을 수 있다. 눈에 띄는 증상이 나타난 후 병원을 찾고 검사를 받는 것이 아니라, 웨어러블 패치를 통해 몸의 변화를 미리 감지하고 질병을 예방할 수 있도록 도와주는 것이다.

스티커가 알려주는 우리 몸의 건강 경보

웨어옵티모의 마이크로웨어러블은 삼각형 모양의 기기로 크게 4개 층으로 이뤄진다. 피부와 접촉하는 층에 이상 세포나 징후 등을 감지하는 센서가 있고, 이를 스마트폰이나 다른 기기에 전달하도록 도와주는 전자회로, 제품 보호를 위한 완충재 역할을 하는 층이 있으며, 마지막으로 덮개층이 있다. 센서 위에 얇은 접착제가 부착돼 스티커처럼 피부에 붙일 수 있다.

4개의 층으로 돼 있긴 하지만 매우 얇고 유연한 소재이기 때문에 피부에 부착해도 불편함이 없고 움직임도 편하다. 센서에 연결된 미세침은 피부 표면에서 100μm(마이크로미터, 0.1mm와 동일)인 각질층과 표피층까지만 침투해 필요한 정보를 수집한다. 피부는 표면 아래 1~2mm 정도에서부터 아픔을 느낄 수 있기 때문에 웨어옵티모의 기기는 통증 없이 사용이 가능하다. 많은 이들이 우리 몸의 중요한 정보들은 몸속 깊

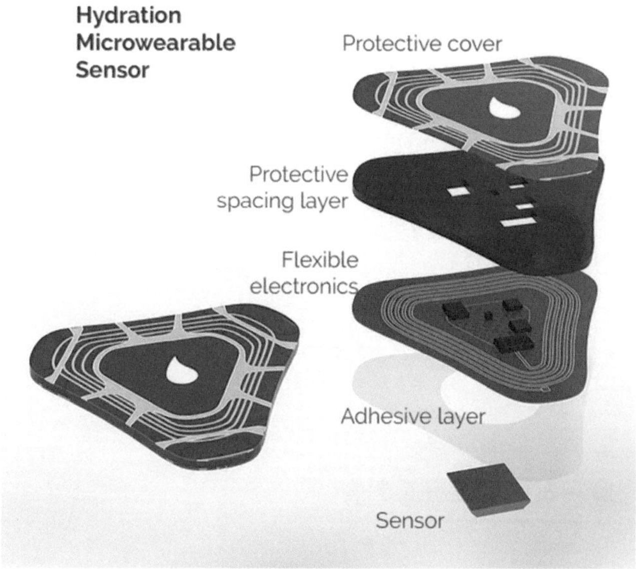

출처 | www.wearopimo.com

마이크로웨어러블 구조

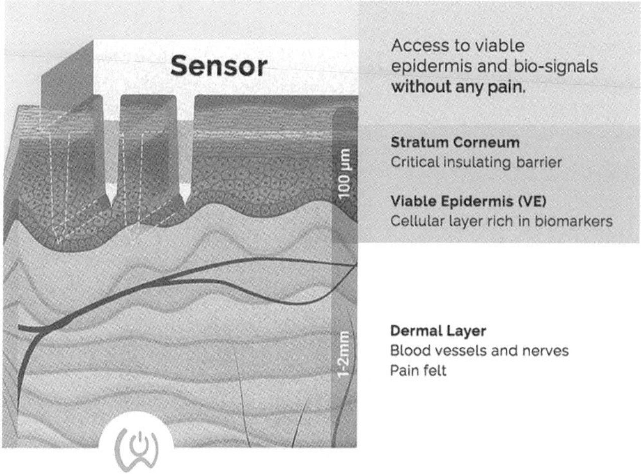

출처 | www.wearopimo.com

피부에 부착된 센서

숙이 위치한 혈관이나 진피층에 있다고 생각하지만, 예상외로 표피층에서 이런 핵심 정보를 얻을 수 있다.

웨어옵티모 패치의 가장 큰 장점은 기기를 부착한 상태로 일상생활을 할 수 있다는 것이다. 따라서 실시간 모니터링과 지속적 데이터 축적이 가능하고, 모니터링 중 이상 데이터를 감지했을 때는 기기 안에 있는 작은 전자 센서를 통해 미리 등록된 스마트폰 또는 의사나 병원으로 즉시 연결해 전달할 수 있다.

생명을 구하는 웨어러블 기술

현재 웨어옵티모는 크게 세 가지 분야에서 쓰이며 점차 그 대상을 넓힐 예정이다. 이 중 가장 유용하게 사용되는 분야는 심혈관 질환이다. 심혈관 질환은 세계보건기구에서 발표한 전 세계 사망 원인 1위인 질병으로 아무런 예고 없이 생명을 앗아갈 수 있기 때문에 예방이 더욱 중요하다. 그중 심근경색은 피부나 혈액 내 높은 트로포닌 수치로 진단이 가능한데, 마이크로웨어러블 센서를 부착하면 이 트로포닌 수치를 지속적으로 모니터링할 수 있어 이상 징후가 보일 시 빠른 대처가 가능하다.

두 번째로 현장 근로자들의 안전을 위해 사용된다. 지구온난화 현상으로 인해 동남아시아 지역의 경우 근로자의 탈수 현상에 따른 생산성 손실이 높으며 의료비용이 수십억 달러에 이른다고 한다. 하지만 웨어옵티모 패치를 부착하면 센서를 통해 체내 수분량을 확인할 수 있기 때문에 야외에서 장시간 일하는 현장 근로자들의 탈수 증상을 실시간으로 체크하고 이로 인한 부상 등을 막을 수 있다.

마지막으로 고령자 요양 시설에서 유용하게 쓰인다. 장기 요양 시설 거주자의 약 20~50%는 만성 탈수 상태이며 이는 낙상, 부상, 혼수 상태, 심장 질환 및 신부전 가능성을 크게 증가시킨다. 웨어옵티모는 지속적으로 탈수 증상 및 다양한 이상 증상을 모니터링할 수 있어 환자들의 건강 증진과 더불어 요양 시설의 인력을 효율적으로 운영하는 데 큰 도움을 준다.

더 나아가 2020년부터는 코로나19 검사 및 치료에 도움이 될 수 있는 웨어러블 기기를 신속히 생산하기 위해 태스크포스를 구성했다. 기

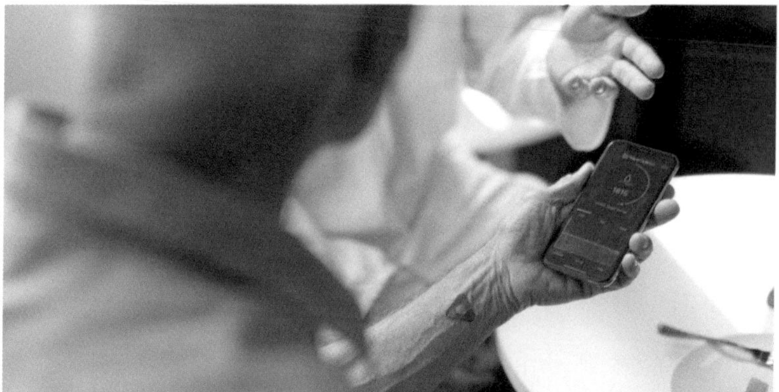

출처 | www.wearoptimo.com

웨어옵티모 부착 및 모니터링 모습

존의 센서를 통한 체내 정보 수집 방식은 그대로 사용하지만, 코로나19 감염자에게 나타나는 IL-6 레벨의 변화를 모니터링하고 진단하는 센서를 개발 중이다. IL-6는 우리 몸의 면역물질 중 하나인 염증성 사이토카인으로 코로나19와 같이 외부에서 침투한 바이러스에 대항하기 위해 인체 내 면역체계가 과도한 반응을 보일 경우 정상 세포까지 공격해 염증반응이 일어날 수 있다. 면역물질인 사이토카인의 과다 분비로 높은 발열 증상이 일어나면 천식부터 심각한 자가면역 질환까지 합병증을 유발할 수 있어 인공호흡기와 함께 중환자실 입원이 필요하다. 이는 IL-6 센서를 통해 바이러스에 감염된 환자들에게 인공호흡기가 얼마나 필요한지를 정확히 예측할 수 있으며, 더불어 수요가 가장 높은 국가로 인공호흡기를 공급해 더 많은 생명을 구할 수 있다는 것을 의미한다.

글로벌 기업과 손잡고 세계 시장 진출

웨어옵티모는 퀸즐랜드 주정부, 호주국립대학교 Australian National University, ANU로부터 3,000만 호주달러(약 260억 원) 규모의 투자를 받았다. 정부와 대학의 지원금을 확보하면서 기술력을 키우고 상용화 단계로 전환할 수 있게 된 것이다. 웨어옵티모는 웨어러블 디바이스의 R&D와 상용화 추진을 위해 호주국립대학교와 첫 번째로 파트너십을 맺은 혁신기업이기도 하다. 현재 호주 브리즈번에 2,600만 개 제품 생산이 가능한 공장을 짓고 있으며 현지 파트너사와 함께 인쇄 회로 보드, 플라스틱 부품, 포장, 애플리케이션 소프트웨어 등을 만드는 중이다.

이처럼 호주에 생산기지를 두고 향후 5년간 90명 이상을 고용해 일자리 창출에 기여하는 것은 물론, 아스펜 메디컬Aspen Medical과 파트너십을 체결해 세계 시장에도 진출할 계획이다. 아스펜 메디컬은 호주에 본사를 둔 글로벌 기업으로 정부와 공립 및 사립 의료기관, 관련 산업에 헬스케어 솔루션을 제공한다. 세계보건기구가 전염병 발생 응급의료팀으로 인증한 세계 유일의 민간 기업이기도 하다. 호주에 기반을 둔 두 업체가 손잡고 미래의 디지털 헬스케어 시장에서 선도적인 역할을 함으로써 호주인과 전 세계인의 삶을 향상시킬 수 있을 것으로 기대하고 있다.

웨어러블 헬스케어 시장의 미래

코로나19가 대부분의 산업에서 시행돼온 서비스 방식을 바꿔버린 것처럼 헬스케어 분야 역시 예외는 아니다. 아플 때만 병원을 방문하고 몸을 돌보는 것이 아니라 우리 일상에서 개인의 건강을 지키는 것이 중요해졌다. 덕분에 언제 어디서나 착용 가능한 웨어러블 기기는 더 작고 편리하게 진화하는 중이다.

국내 기업들도 바이오메디컬 기술을 접목해 빠르게 성장하는 웨어러블 패치 분야에 주목해야 할 것으로 보인다. 2021년 음료 브랜드 게토레이가 스마트 패치를 통해 땀을 분석한 후 수분 보충 방법과 시기를 알려주는 웨어러블 기기를 출시했고, 한국에서도 대학과 기업, 연구기관이 웨어러블 패치를 개발하는 사례를 찾아볼 수 있다.

사실 글로벌 웨어러블 시장은 중소기업이 도전하기엔 넘어야 할 장벽이 많다. 아이디어를 실현하기 위해서는 정부의 유연한 정책과 지원, 우수한 인재를 육성하는 대학, 기술 개발을 위한 연구원, 상용화를 위한 자금 유치 및 기업과의 제휴 등 각 분야의 유기적인 연결이 필요하다. 한국은 세계적인 수준의 인터넷 인프라를 기반으로 ICT 강국으로 자리 잡았으며 무선 이어폰, 스마트 워치 등 웨어러블 기기 분야에서도 앞서가고 있다. 우리 삶에서 가장 중요한 건강을 지킬 수 있도록, 크기는 작지만 영향력은 큰 웨어러블 헬스케어 기술로 글로벌 시장에 도전해보는 건 어떨까.

강지선(멜버른 무역관)

데일리 터치 케어

니어러블 기술* 을 적용한 고령자 요양 맞춤 서비스, 레미

시드니

2020년 호주에 코로나19 바이러스가 확산되기 시작했을 무렵, 가장 큰 피해가 발생한 곳은 다름 아닌 고령자 요양소Aged care facility였다. 호주 보건부에 따르면 2021년 7월 18일 기준 호주의 코로나19 총 감염자 수는 3만 1,906명으로 이 중 요양소 거주자는 약 6.5%인 2,060명이었다. 전체 사망자(914명) 중에서 차지하는 비중 역시 무려 74.9%에 달한다. 호주 사회는 충격에 빠졌다. 부모가 한 요양소에 있었던 자녀는 뉴

◆ 니어러블(Nearable) 기술은 블루투스나 와이파이처럼 주변에 있는 사물 간의 무선통신을 가능하게 하는 통신 기술로, 이런 종류의 기기를 사용자가 원하는 곳에 붙여두면 블루투스 통신을 이용해 스마트폰과 연동되고 특정 작업을 수행할 수 있다.

스 인터뷰에서 "어제 창문 너머로 괜찮다며 인사했던 어머니가 오늘 아침 사망했다는 연락을 받았다"며 황망한 표정을 지었다. 코로나19에 가장 취약한 계층이었던 685명의 노인들이 안전하게 노년의 삶을 보내야 할 곳에서 쓸쓸히 생을 마감한 것이다. 그런데 이들을 위협했던 것은 코로나19 바이러스만이 아니었다.

'붕괴된 시스템'이라 불리는 호주의 노인 요양 서비스

호주 통계청에 따르면 2020년 6월 기준 65세 이상 호주인은 약 410만 명으로 총인구의 16%를 차지했으며 2037년에는 20%를 넘어설 것으로 예상된다. 특히 2020년 코로나19로 호주 정부가 국경을 봉쇄함에 따라 젊은 인구의 유입이 저지되면서 호주 고령 인구의 비중은 더 커질 것으로 보인다.

호주는 넓은 영토에 적은 인구가 거주하고 1인당 GDP 5만 달러(약 5,800만 원) 이상의 높은 소득과 뛰어난 수준의 사회복지 제도를 보유한 나라다. 때문에 호주의 노년은 보다 여유롭고 풍요로울 것이라 생각하기 쉽다. 하지만 실상은 이와 달랐다. 2020년 고령자 요양 시설 내 바이러스 유입은 기존에 감염된 방문객과 직원들을 통해 이뤄졌는데, 직원 1명당 돌봐야 할 고령자 수가 너무 많은 탓에 바이러스가 걷잡을 수 없이 빠르게 확산된 것으로 밝혀졌다.

호주의 스콧 모리슨Scott Morrison 총리는 재임 직후인 2018년 9월, 이미 자국의 고령자 요양 산업을 '붕괴된 시스템broken system'이라고 비판하며 총리 직속 자문기구인 로열커미션에 실태 조사를 즉각 지시했다. 2년 여의 조사 끝에 발표된 보고서에 따르면 호주 고령자 요양소의 약 57%는 비영리 기관, 34%는 영리 업체에 의해 운영되며, 단 9%만이 정부 산하에 있었다. 전반적인 운영 평가 결과, 이 9%의 정부 운영 요양소만이 적절한 점수를 받았고 나머지 90% 이상은 평균 이하의 점수를 받았다. 더군다나 전체 시설의 약 85%는 거주자 대비 직원 수가 부족했고 필수 의료 서비스를 제공할 수 있는 간호·의료 인력은 전 직원의 30% 미만으로 20년 전보다 오히려 그 수가 줄어든 것으로 나타났다. 여기에 그간 공개되지 않았던 학대와 폭력, 각종 사고들이 드러나면서 호주의 고령자 요양 산업 개선에 대한 목소리가 높아졌다.

적은 인력으로 질 높은 요양 서비스를 제공하는 방법

슬립타이트Sleeptite 사의 대표 캐머런 판 덴 둥언Cameron van den Dungen은 1960년대 초 네덜란드에서 건너온 이민자 3세다. 그의 조부모는 빅토리아주 멜버른에 정착해 호주 최초의 사립 고령자 요양소를 운영했고, 그의 아버지가 사업을 이어받으면서 캐머런은 유년 시절 내내 고령자 요양소를 방문할 기회가 많았다. 이후 캐머런의 아버지는 매트리스 판매업에 뛰어들었는데, 이러한 경험들이 그가 고령자 요양소의 서비스 개선에 관심을 갖는 계기가 됐다.

2017년, 캐머런은 고령자 요양소에 첨단기술을 적용한다면 적은 인력으로도 질 높은 서비스를 제공할 수 있다고 생각해 고령자가 가장 많은 시간을 보내는 침대에 주목했다. 이 침대를 통해 사용자의 수면 상태와 건강을 체크하고 그 데이터를 수집해 분석할 수 있다면 사용자뿐만 아니라 돌봄을 제공하는 요양소 직원들의 업무도 경감될 것이라 기대했다. 문제는 침대에 부착할 센서였다. 캐머런이 구상했던 센서는 침대에 장착이 가능하면서도 사용자의 수면을 방해하지 않도록 감지가 잘되지 않는 수준이어야 했다. 이를 위해 국내외를 막론하고 세계 각지의 수면 센터와 기업들을 수소문했지만, 대다수는 매트리스 밑에 부착돼 정확도가 떨어지거나 사용자가 몸에 지녀야 하는 웨어러블 기술을 적용한 것이었다.

이렇게 센서 발굴에 어려움을 겪던 중, 캐머런은 호주과학협회The Australian Academy of Science 소개로 멜버른 소재 RMIT대학교 엔지니어링 공학부 소속의 마두 바스카란Madhu Bhaskaran 교수를 만나게 된다. 당시 마두 교수는 광산업계 종사자들을 대상으로 한 가스 누출 및 UV 레벨 측정을 위한 웨어러블 기기를 개발 중이었고, 그 핵심이라 할 수 있는 얇고 신축성 있는 센서 기술을 보유하고 있었다. 캐머런은 마두 교수에게 자신의 아이디어를 들려줬고 둘은 그 자리에서 협력을 결정했다.

이후 캐머런은 마두 교수와 센서를 부착한 매트리스 커버를 만드는

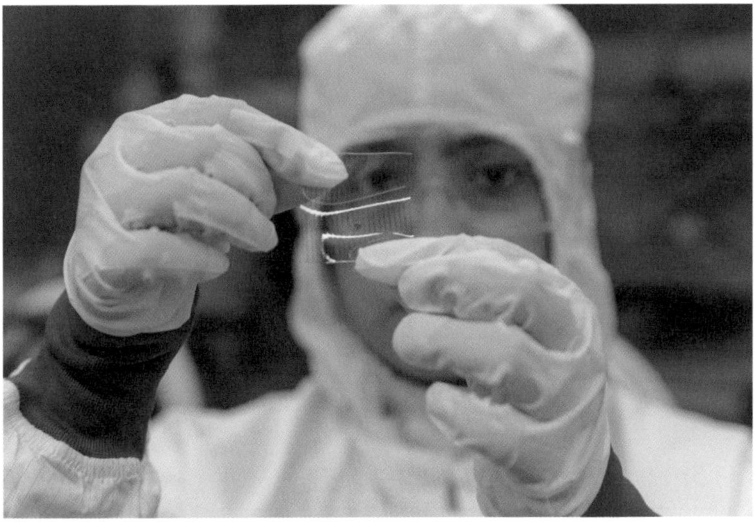

출처 | 슬립타이트

RMIT대학교 마두 바스카란 교수 팀이 개발한 센서

출처 | 슬립타이트

슬립타이트의 레미 론칭 행사에 참석한 호주 산업부 장관 및 RMIT대학교 부총장과 교수
(왼쪽부터 RMIT대학교 부총장 캘럼 드러먼드, 슬립타이트 CEO 캐머런 판 덴 둥언, 전 호주 산업부 장관 캐런 앤드루스, RMIT대학교 엔지니어링 공학부 마두 바스카란 교수, 슬리피지 총괄 빌 맨지스)

것으로 사업을 구체화하고, 시제품을 만들 수 있는 호주 최대 매트리스 제조사 슬리피지Sleepeezee Bedding와 협업을 체결한다. 이들은 사업 착수를 위해 2018년 7월 호주 연방정부의 산학연구 프로젝트 대상 지원 프로그램인 CRC-P Cooperative Research Centres Project로부터 자금을 지원받았고, 3년간의 연구 개발 끝에 2021년 3월 니어러블 기술 기반의 센서가 장착된 침대 커버 '레미REMi'를 출시했다.

니어러블 기술 기반의 모니터링 시스템, 레미

인간은 살아 있는 시간의 3분의 1을 수면에 할애하며 수면은 렘수면Rapid Eye Movement Sleep과 비렘수면 단계를 거친다. 렘수면은 빠른 안구 움직임과 수면 중 활발한 뇌 활동을 특징으로 하는, 꿈을 꾸는 단계다. 미국 캘리포니아대학교 샌디에이고 캠퍼스 소니아 앙콜리-이스라엘 교수팀은 12년 동안 평균 연령 76.3세의 남성 2,675명을 추적 관찰한 결과 렘수면이 5% 감소하면 사망률이 13% 증가한다는 것을 밝혀냈다. 즉, 노년기 삶에 있어 적정 비율의 렘수면과 비렘수면은 건강과 직접적인 연관이 있는 셈이다.

'레미'는 '렘수면REM'과 '인텔리전스Intelligence'의 'I'를 합성한 단어로 슬립타이트가 개발한 니어러블 기술 기반의 모니터링 시스템이다. 이 시스템은 생체 정보를 감지하는 신축성 센서, 의료용 침대 커버, 데이터 플랫폼의 총 3개 구성요소로 이뤄지며, 기능상 수면의 질과 건강을 관리하는 용도로서 '스마트 의료 기기'로 분류된다. 슬립타이트에 따르면 레미는 사용자가 센서 부착 여부를 알아챌 수 없을 정도로 편안한 사용감을 제공하기 때문에 기존의 웨어러블 기기와는 큰 차이가 있다고 한다.

사용자가 레미 침대 커버를 씌운 침대에서 수면을 취하면 센서는 사용자의 수면 상태, 수면 중 움직임뿐만 아니라 기본적인 생체 신호까지 감지한다. 더불어 빈뇨 감지를 위한 습도 측정, 만성 질환자의 위급상황에 대처하기 위한 호흡기 및 심장 활동 측정도 가능하다. 침대 위 움직임과 위치 감지로 노인들의 낙상 위험이 인식되면 알람이 울려 불의의 사고를 예방할 수 있다. 이러한 신체 징후들을 실시간으로 요양소 직원의 관리 플랫폼으로 전달하고 직원들은 한밤중에 일일이 방문을 열어보지 않고도 거주자의 수면 활동과 건강 상태를 확인할 수

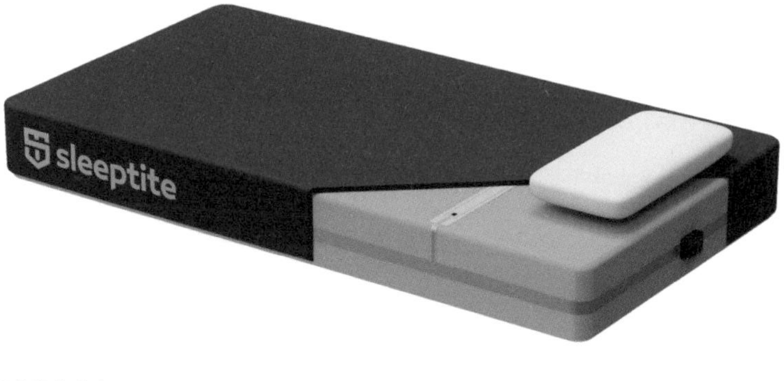

출처 | 슬립타이트

레미 침대 커버

있다. 매일 축적되는 데이터는 빅데이터로 클라우드에 저장돼 공유와 분석을 용이하게 하고, 해당 시설 관리팀뿐만 아니라 상위 기관의 의사결정과 연구에도 근거 자료로 활용될 수 있다.

호주의 고질적인 의료 전문 인력 부족, 코로나19 사태로 인한 해외 유입 노동력 급감 문제가 더해지면서, 바이러스 전파 예방을 위한 비대면 서비스 제공은 더욱 확대될 것으로 보인다. 더욱이 코로나19 감염에 취약한 고령층이 밀집돼 있고 직원 수와 거주자 수가 불균형한 요양소는 레미가 꼭 필요한 곳이다.

가격은 낮추고 기능은 높인 고품질 건강관리 솔루션

캐머런은 2019년 홍콩에서 열린 시니어 공학 및 혁신 엑스포Gerontech and Innovation Expo cum Summit, GIES에 참석해 슬립타이트의 기술과 아이디어를 공유했다. 이후 유럽과 북미는 물론 홍콩, 싱가포르를 비롯한 아시아권에서도 레미에 대한 관심이 쇄도했다. 캐머런은 그 이유에 대해 "전 세계 어딘가에 레미와 유사한 기술을 가진 상품이 있을지 몰라도, 레미는 저가 생산이 가능한 유일무이한 제품이다"라고 언급하면서, "고령자 요양 서비스 시설을 운영하는 업체들은 대부분 영세하기 때문에 시설 내 침대 전체를 교체하는 건 큰 부담일 수밖에 없다. 그래서 기존 침대에 사용할 수 있도록 침대가 아닌 침대 커버에 센서를 부착한

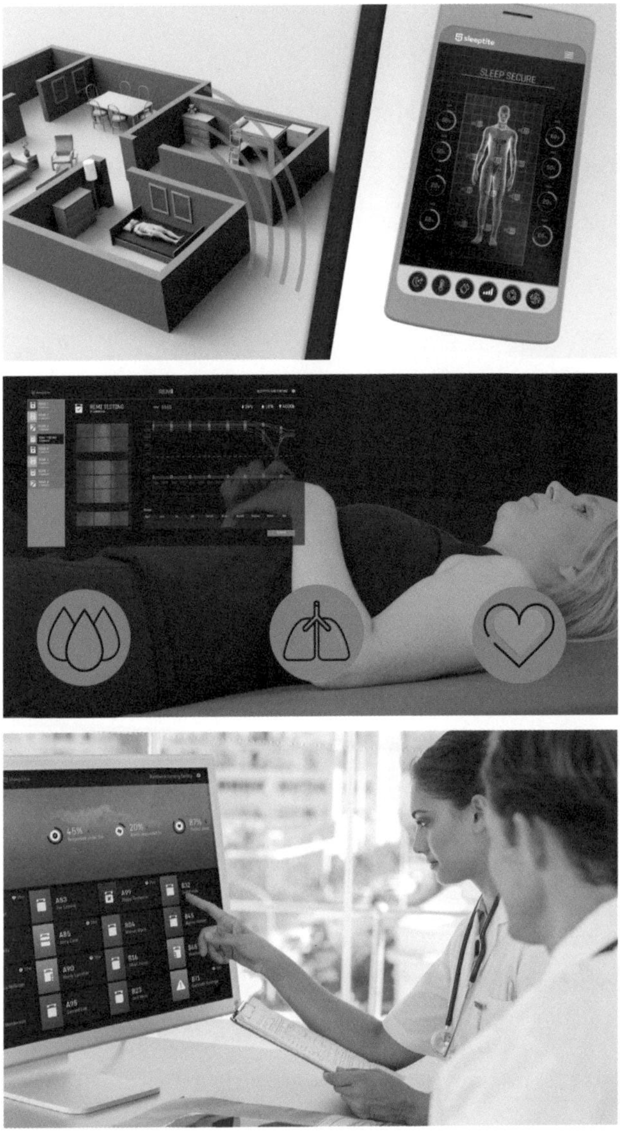

출처 | 슬립타이트

슬립타이트의 레미 시스템

것이다. 레미 커버는 신규 구매뿐만 아니라 재구매도 부담이 없고 부피가 작아 수출용으로도 물류 비용 절감 면에서 경쟁력을 갖췄다"라고 덧붙였다. 캐머런은 레미의 기술 개발은 물론 제조까지 모두 호주에서 이뤄낸 것에 자부심을 드러내면서, 레미는 전 세계 어느 국가, 어떤 요양 시설에서도 사용할 수 있다고 강조했다.

그는 또한 2021년 8월부터 호주와 뉴질랜드 내 최대 규모의 요양소에서 실거주 중인 고령자를 대상으로 테스트를 진행할 것이라고 밝혔다. 다만 실제 제품의 출하 및 판매는 앞으로 18개월 이상 소요될 예정이며 굳이 서두르진 않을 계획이다. 내 부모와 미래의 내가 사용할 제품이라 생각하고 더 높은 품질의 제품을 생산하는 데 주력하기 위해서다.

캐머런은 프로젝트 초반을 회상하며 마두 교수, 슬리피지 사와 요양소를 방문했을 때의 소회를 밝히기도 했다. 특히 "누군가의 아버지와 어머니들이 집처럼 아늑한 환경이 아닌 마치 병원과 같은 삭막한 분위기에서 살아가고 있었다"라면서, 레미의 사용자들은 가장 취약한, 누구보다 보호받아야 할 우리의 부모들이라고 강조했다. 레미는 첨단기술을 적용했지만 비싼 가격에 판매할 상품이 아니기 때문에 기능은 유지하면서 생산단가를 낮추기 위해 노력했고, 그 결과 최종 프로토타입을 내놓기까지 2년 여의 시간이 걸렸다. "레미 프로젝트는 첨단기술을 테스트하는 연구 프로젝트가 아니다. 질 높은 건강관리 서비스 제공을 위한 솔루션 개발 프로젝트다"라는 캐머런의 말에서 짐작할 수 있듯이, 레미의 대량 생산과 보급이 가능하다는 것은 그만큼 혜택을 받을

출처 | 슬립타이트

2019년 홍콩 GIES에 참석한 슬립타이트 대표 캐머런 판 덴 둥언

수 있는 사람들이 많아지는 것을 의미한다.

호주와 다르지 않은 한국 고령자 요양의 현재와 미래

총리 직속 자문기구인 로열커미션은 호주 고령자 요양 서비스 개선을 위한 최적의 해결방안으로 업계가 수용할 만한 가격 경쟁력, 사용자 편의성을 고려한 첨단기술 활용을 지목했다. 슬립타이트의 대표 캐머런은 이에 대해 "호주뿐만 아니라 전 세계적으로 고령자 요양 서비스 산업에 첨단기술을 도입해야 한다는 사실은 인지하고 있지만 실제 적용 사례는 미비하다"면서 "이번 로열 커미션의 제안이 업계의 변화를 불러오길 희망한다"라고 밝혔다. 또한 "한국은 기술 선진국이다. 새로운 기술이 개발되면 적용되는 속도가 빠르다"라며 한국 고령자 요양 서비스 산업에 대한 관심을 피력했다.

그의 말처럼 한국의 IT는 나날이 발전하고 있다. 생체활동 측정이 가능한 웨어러블 기기는 혈중 산소 포화도까지 확인할 수 있는 수준이고, VR 기기는 비행, 화재 현장의 훈련 용도뿐 아니라 레저, 오락용으로도 쉽게 구매가 가능해졌다. 하지만 이 중 노년층을 대상으로 출시된 제품이나, 실제 이를 활용해 요양 서비스를 제공하는 기관은 거의 없다. 아직까지 우리의 고령자 요양 서비스는 교감, 돌봄이라는 정서적인 측면에 의존하는 경향이 크다. 고령 인구가 늘어남에 따라 젊은 세대가 짊어져야 할 고령자 부양의 사회적 비용도 커지는 상황에서 우리는 그 대안을 얼마나 찾았는지 짚어봐야 할 때다.

고령자 요양 산업에서 첨단기술의 적용을 주저해온 것은 어느 나라나 마찬가지다. 첨단기술을 적용할 경우, 운영 전반의 시스템을 바꾸고 기존 인력을 대상으로 교육 프로그램을 개발하는 등 서비스의 전면적인 개선을 위한 용기와 헌신이 필요하기 때문이다. 하지만 호주 슬립타이트의 레미 사례는 기존의 환경과 시스템에 부응하면서 문제점도 해결하는 첨단기술의 적용이 가능하다는 것을 보여준다. 그 과정이 어렵더라도 더 나은 서비스 제공을 위해 노력하는 업계의 적극적인 시도가 필요하다. 캐머런은 호주 정부의 적극적인 지원 그 자체가 업계의 보수적인 행보를 변화시키는 윤활유가 됐다고 강조했다. 또한 연구·개발자의 사업 참여, 노인 요양소들의 적극적인 피드백도 레미의 탄생에 기여했다고 밝혔다. 진화하는 첨단과학기술, 이제 그 혜택은 젊은 세대만이 아니라 우리 부모 세대도 함께 누려야 한다.

정은주(시드니 무역관)

스마트타운 Smarter Life, Smarter City

| 디지털로 더 똑똑해지는 도시 |

산업화를 거치며 사람들이 모여 사는 모습은 마을에서 도시로 진화했다. 그리고 도시는 이제 디지털화를 통해 또 다른 변화를 꾀하고 있다. 사물을 온라인으로 연결하고 제어하는 스마트 시티를 넘어 사물 스스로 움직이고 제어하는 디지털 시티의 등장이 눈앞으로 다가왔다. 자율주행 전기차를 위한 언더그라운드 충전기, 비대면 소비의 빠른 배송을 위한 드론과 로봇의 등장이 이제는 더 이상 낯설지 않다. 지난 2021년 도쿄올림픽에서는 얼굴이나 손바닥으로 자신을 인증하는 생체 인증이 도입되었고, 나아가 휴대전화나 지갑 없이 내 몸으로 결제가 가능할 날도 머지않았다. 미래 도시의 일상으로 자리매김할 기술 트렌드를 조명한다.

스마트 타운

미래형 전기차 충전소, 스트리트 플러그

암스테르담

1886년 독일의 발명가 카를 벤츠Karl Friedrich Benz가 “말 없이 달리는 마차를 만들겠다”는 각오로 완성한 세계 최초의 자동차 ‘페이턴트 모터바겐Patent Motorwagen’이 출시된 이후 135년이 흘렀다. 그리고 2021년, 전 세계는 지금껏 겪어본 적이 없는 세대교체의 변곡점을 지나고 있다. 내연기관 자동차가 상식이던 시대에서 전기 자동차 시대로 자동차 산업의 패러다임이 바뀌고 있는 것이다. 실제로 유럽연합은 내연기관차의 판매 중단 시기를 2035년으로 확정했다. 한국 역시 2040년을 넘기지 않는 게 좋겠다는 논의가 흘러나온다. 몇 년 전까지만 해도 상상조차 할 수 없었던 내연기관차의 퇴장이 눈앞으로 다가온 셈이다.

이제 전기차, 수소차 등 친환경 자동차로의 전환은 당연한 흐름이 됐다. 수치도 이를 증명한다. 국토교통부에 따르면 2021년 7월 기준 국내에 등록된 친환경 차량은 100만 4,000대인 것으로 집계됐다. 이 중 전기차는 2021년 8월 기준으로 누적 약 100만 대에 달한다. 보급률도 급상승 중이다. 2019년 보급된 전기차가 총 9만 대인 반면 2021년 8월까지 보급된 전기차가 총 18만 1,000대로 약 2배가 늘어난 셈이다. 이는 탄소 중립 등 기후위기 대응을 생각하면 희소식이 아닐 수 없다. 하지만 그만큼 고민도 많아진다. 오랫동안 걱정 없이 먼 거리를 주행할 수 있는 충전 인프라가 아직 부족한 상황이기 때문이다.

스트레스 없는 전기차 충전의 꿈

다른 나라와 마찬가지로 한국도 전기차 보급 초기부터 정책적으로 충전 인프라 공급에 많은 노력을 기울였다. 2021년 6월 말 기준 전기차 충전기는 모두 7만 2,000기로, 이 중 1만 3,000기인 18%가 급속 충전기, 82%가 완속 충전기이다. 문제는 전기차 수요를 파악하기 어려웠던 초기 단계에 공공부지 위주로 충전기를 공급하다보니 실질적인 이용률이 높지 않다는 데 있다. 실제로 2021년 3월 발표된 국토연구원 조사에 따르면, 전기차 이용자들은 1인당 평균 주 3.5회 충전을 하는데, 이는 내연기관차 이용자의 주유 빈도보다 높은 상황이다. 충전은 주로 주거지(34%)나 공용충전기(21%)를 이용하되, 양쪽을 함께 사용(21%)한다고 응답한 이용자도 상당수였다.

하지만 눈앞으로 다가온 전기 자동차 시대를 보다 지속 가능하고 장기적인 관점에서 바라보기 위해선 사용자 수요에 기반을 둔 전기 충전 인프라의 보급이 시급하다. 대부분의 자동차는 90% 이상의 시간을 도로가 아닌 주차장에서 보낸다. 게다가 급속 충전보다 완속 충전이 배터리 지속 시간이 훨씬 더 길다. 이 같은 상황을 고려하면, 장시간 주차가 용이한 내 집 앞 주차 공간에서 간편하게 충전할 수 있는 시설을 확대해나가는 것이 중요하다. 막상 충전 시설을 많이 보급한다고 해도 충전 공간 확보가 문제다. 전기차 수요가 많은 국내 도심 지역의 경우, 고질적인 주차 공간 부족 문제를 안고 있어 아직은 일부에 불과한 전기차 운전자들을 위해 별도의 충전 공간을 할애하는 게 쉽지 않다. 전기차 충전 주차구역을 두고 차주들 간 주차 갈등이 빚어지는 건 하루이틀 일이 아니다. 따라서 전기차 이용을 보다 보편화하고 운전자들이 전국 방방곡곡 안심하고 누빌 수 있도록 하려면 충전 시설 보급이 도심 외곽까지 촘촘하게 이뤄져야 한다.

네덜란드에서 찾은 해답, 지하 매립형 전기차 충전소

여기 네덜란드에 이런 고민을 먼저 시작해 간단하지만 실리적인 해결책을 내놓은 기업이 있다. 바로 지하 매립형 소형 충전소 '스트리트 플러그Street Plug'다. 스트리트 플러그는 흔히 볼 수 있는 지상 스탠딩형이 아닌 지하 매립이 가능한 형태라 거리 외관을 해치거나 동선을 방해하지 않는다. 60×30×46cm의 작은 사이즈로 진입로나 보도에도 설치가 가능하고, 1만 2,500kg의 하중까지 견딜 수 있도록 설계된 것도 장점이다. 또한 3.7kW(230V, 16A)/7.4kW(230V, 32A)/11kW(400V, 16A)/22kW(400V, 32A) 등 충전 용량이 다양해 여러 유형의 전기차를 충전할 수 있다. 비나 눈이 오더라도 물을 빠르게 배출해 충전 기기가 건조된 상태로 유지되며, 수위가 높아질 경우 센서로 감지해 장비 전원이 꺼지기 때문에 안전하다.

휴대전화 애플리케이션을 통해 충전 상태를 확인하고 관리할 수 있다는 것도 편리한 점이다. 전력 소비량을 확인한 후 원격으로 충전을 시작하거나 멈출 수 있고, 비용은 자동으로 정산된다. 잠금장치가 있는 데다 작동하려면 충전 카드나 모바일 애플리케이션이 있어야 뚜껑을 열 수 있으므로 가정용 개인 충전소로 활용하는 데도 전혀 문제가 없다. 더욱이 이용자들이 불편하지 않도록 네덜란드 현지에선 24시간 이용 지원 데스크를 운영한다.

유서 깊은 도시 외관을 가능한 한 원래 모습대로 지키고 싶은 경우, 지자체에서 나서서 스트리트 플러그의 매립형 충전기를 설치하기도 한다. 16세기에 조성된 교회 앞 도심 광장을 보존 중인 네덜란드 남부 미델뷔르흐Middelburg시는 아름다운 도시 경관도 지키고 전기차 또한

출처 | www.streetplug.nl

스트리트 플러그 사용 모습

출처 | www.streetplug.nl

스트리트 플러그 제품 모습

충전 걱정 없이 마음껏 도심을 오갈 수 있도록 광장 곳곳에 6개의 스트리트 플러그를 설치했다. 지하 매립형이라 눈에 잘 띄지 않는다는 장점을 적극 활용한 것이다.

프랑스 파리의 한 주택가에서도 같은 이유로 스트리트 플러그 제품을 설치했다. 고풍스러운 집 외관을 바꾸는 데 주저했던 까다로운 집주인들의 만족도가 올라갔음은 물론이다. 이처럼 설치가 간단하고 공간 활용도도 높은 스트리트 플러그의 확대는 전기차 보급과 함께 늘어나는 '충전 난민'들에게도 희소식이다.

소비자 수요에 발맞춘 제품 형태 생각해야

전 세계가 친환경차 보급 및 생산에 사활을 건 이때, 전기차 소유를

미델뷔르흐 지역 광장에 설치된 충전소

희망하는 잠재 소비자들의 지속적 유입을 이끌어내려면 한국 시장 역시 더욱 정교하고 장기적인 관점에서 인프라 보급을 설계해야 한다. 우리 정부도 대기환경 개선과 탄소 중립 실현을 위해 전기차를 비롯한 친환경차 보급 확대에 주력하고 있다. 이에 따라 기업들의 관련 시장 합류도 더욱 활발해질 전망이다. 대전광역시에서는 주행 중 충전이 되는 도로 매립형 무선 충전 인프라를 선보이기도 했다. 이처럼 네덜란드의 지하 매립형 소형 충전소 스트리트 플러그를 비롯해 무선 충전 기술 등 전기차 충전 편의 향상을 돕는 다양한 기술들이 속속 등장하고 있다.

전 세계 모빌리티 시장은 지금도 계속 급변한다. 그만큼 새로운 수익과 일자리 창출도 활발해질 전망이다. 이런 상황에 발맞춰 전 세계 전기차 운전자들의 다양한 주거·주행 형태를 고려한 충전 솔루션 개발에 더욱 박차를 가해야 한다. 지금은 스마트한 충전소, 스마트한 도시를 정착시키기 위한 노력이 필요한 시점이다.

이혜수(암스테르담 무역관)

스마트 타운

물류업계의 성패를 좌우할 라스트마일 무인 배송

디트로이트

'라스트마일last mile'은 본래 사형수가 형 집행장까지 걸어가는 거리를 의미한다. 이 라스트마일에 딜리버리delivery를 결합한 '라스트마일 딜리버리last mile delivery'◆가 이커머스E-Commerce(전자상거래) 시장의 성패를 좌우할 키워드로 떠오르고 있다.

최근 코로나19 확산으로 비대면 소비가 폭발적으로 증가하면서 전 세계적으로 이커머스 시장이 기대 이상으로 급성장하는 추세다. 덕분에 무료·당일 배송 등 배송 품질 향상에 대한 소비자들의 기대감도 커

◆ 배송 제품이 배달 차량에서 내려져 주문자의 대문 앞까지 가는 거리.

지고 특히 라스트마일 딜리버리에 대한 관심이 날로 증폭되는 상황이다. 심지어 라스트마일 딜리버리에 유통업의 미래가 달려 있다는 의견까지 회자될 정도다.

지금까지 라스트마일 딜리버리는 배송 전 과정 중 가장 많은 비용이 발생하는 부분이었다. 사람이 직접 차에서 물건을 내려 문 앞까지 배달해야 하기 때문이다. 게다가 라스트마일 딜리버리는 물건 구매에 대한 사용자 경험User Experience, UX이 처음 형성되는 부분이기도 하다. 소비자 관리 측면에서 매우 중요한 포인트라는 얘기다. 따라서 물건이 배달 차량에서 내려 고객의 손까지 전달되는 과정에 투입되는 노동 비용을 줄이고 고객 경험을 향상시키기 위해선 좀 더 효율적인 솔루션이 필요하다.

시장조사기관 스타티스타에 따르면, 글로벌 자율주행 라스트마일 딜리버리 시장은 2021년 119억 달러(약 14조 원)에서 2030년 847억 2,000만 달러(약 100조 원) 규모로 성장할 전망이며 드론 배달의 비중 역시 높아질 것으로 예상됐다. 북미 시장 규모는 2022년 509억 5,000만 달러(약 60조 원)에 육박할 것으로 예측됐다. 아마존 등 기존 유통기업은 물론, 자동차기업과 스타트업까지 너도나도 '라스트마일 딜리버리'에 뛰어드는 건 이런 이유에서다.

무인 로봇에서 드론까지, 아마존 준비 총력

아마존은 2019년 1월, 무인 자율주행 배달 로봇 스카우트Scout를 처음 공개한 뒤 워싱턴주를 시작으로 캘리포니아주 어바인Irvine, 조지아주 애틀랜타Atlanta 등 일부 지역에서 시범 서비스를 실시하고 있다. 6개의 작은 바퀴가 달린 소형 아이스박스 모양의 스카우트는, 시속 3~4km의 속도로 주택가를 돌며 소형 택배 물품을 전달한다.

아마존은 또한 2020년 6월 자율주행 스타트업인 죽스ZOOX를 인수한 후, 약 반년 만인 12월에 자율주행 택시인 '로보택시Robotaxi'를 공개했다. 현재 네바다주 라스베이거스Las Vegas와 캘리포니아주에서 안전성 검증을 위한 시험 운행을 계속하고 있는 죽스는 샌프란시스코San Francisco 도심에서 로보택시가 승객을 태우고 주행하는 영상을 공개한

출처 | Amazon

아마존의 무인 자율주행 배달 로봇 스카우트

바 있다. 죽스는 시험 운행을 완료하는 대로 샌프란시스코와 라스베이거스에서 모바일 애플리케이션 기반의 차량 공유 서비스를 우선 시작할 예정이며 무인 배달에도 이 로보택시를 사용할 계획이다. 죽스가 공개한 로보택시는 배터리 완전 충전 시 최대 16시간 동안 주행할 수 있다. 또한 양방향 주행이 가능해 도로가 좁은 도심에서 사람들을 이송하거나 물건을 나르는 데 용이하다. 전 좌석에 에어백이 설치된 것도 안심할 수 있는 대목이다.

아마존은 2019년 처음 공개한 배송용 전기 육각형 드론(2.7kg까지 운반 가능)의 개선 작업도 계속 추진하고 있다. 2020년 9월 연방항공청Federal Aviation Administration, FAA으로부터 배송용 드론 '프라임 에어Prime Air'에 대한 운항 허가를 받았지만, 추가적인 법안 통과에 걸리는 시간이 상당하기 때문에 드론 배송이 본격화하기까지는 최소 2년 정도가 더 걸릴 것으로 전문가들은 예측한다.

자동차기업의 반격, GM의 무인 배송 팰릿

라스트마일 딜리버리에는 자율주행 등의 모빌리티 기술이 필수라, 자동차회사들도 경쟁에 뛰어들고 있다. 미국의 대표적인 자동차 제조사인 제너럴모터스General Motors, GM는 2021년을 전기차와 미래 모빌리티로의 전환점으로 삼고, 회사 로고까지 변경하며 미래 모빌리티 업계

선점을 위해 노력 중이다. 특히 GM은 2021년 1월 세계 최대 규모의 국제가전박람회인 CES에서 'EV600'과 'EP1 팰릿pallet(화물 운반대)'을 처음 선보여 화제를 모았다. 전동화 모빌리티 기반의 운송 서비스인 브라이트드롭BrightDrop 사업을 위해 개발한 로봇으로 라스트마일 딜리버리 시장 선점을 예고한 것이다.

배터리 구동으로 움직이는 전기 팰릿 'EP1'은 짧은 거리를 타깃으로 하는 라스트마일 딜리버리용 제품이다. 먼저 물류창고에서 플라스틱 캐리어같이 생긴 EP1의 각 내부 선반에 물건을 담아 택배 차에 싣는다. 배송처에 도착한 후 EP1이 차에서 내려지면 소비자의 문 앞까지 자율주행으로 이동해 물건을 배송하는 방식이다. 물건이 쏟아지지 않도록 문이 설치돼 있고, 최대 200파운드(약 91Kg)까지 제품을 담을 수

출처 | GM Authority

GM이 브라이트드롭 사업을 위해 개발한 EP1 팰릿의 모습

있다. 기존에는 택배기사가 소비자의 주소지에 차를 주정차한 후, 내려서 트럭의 화물칸을 열고 짐을 꺼내어 든 채 문 앞까지 일일이 이동했다면, EP1은 물리적인 수고를 덜어주는 것은 물론 비용과 시간까지 대폭 줄여주는 역할을 한다.

한편 GM이 출시 예고한 EV600도 눈길을 끈다. 이 제품은 장거리 배달을 위한 전기 상용트럭으로, 얼티엄 배터리 시스템 **Ultium Battery System**으로 구동되며 완전 충전 시 최대 250마일(약 402km) 주행을 목표로 한다. 화물을 목적지까지 안전하게 운반할 수 있도록 설계된 모션 센서가 내장돼 있고, 적재함 보안 시스템, 전방 충돌 경고, 전방 보행자 제동, 전·후방 주차 어시스트 등의 첨단 안전 기능도 두루 갖췄다. 2021년 11월부터 캐나다 온타리오주의 GM 카미공장 **CAMI Assembly plant**

출처 | GM Authority

GM의 장거리 배달용 전기 상용트럭 EV600에서 EP1이 내려지는 모습에서 생산될 예정으로 EV600은 전기 팰릿 EP1이 내장될 수 있도록 설계됐다. 즉 장거리 배송부터 라스트마일 딜리버리까지 모두 무인 배송으로 이뤄지는 미래 운송 서비스의 청사진을 제시한다.

계단을 오를 수 있는 2족 보행 로봇, 디짓

미국의 스타트업 애질리티 로보틱스Agility Robotics가 개발한 2족 보행 로봇 '디짓Digit'도 주목할 만하다. 아파트나 건물 계단을 오르내릴 수 있어 실내 또는 마지막 50피트(약 15m) 배송에 적합해서다. 계단을 오르내릴 수 없는 기존 자율주행 배송 로봇의 가장 큰 단점을 보완한 디짓은 오리건주립대학교에서 탄생했다. 조너선 허스트Jonathan Hurst 교수 연구팀은 에너지 효율성이 높고 계단이나 언덕 등 장애물이 있는 지형에서도 균형을 잃지 않는 보행 로봇을 개발하기 위해 다양한 종류의 동물 형태학을 10년간 연구한 것으로 알려졌다.

2015년 애질리티 로보틱스를 설립한 허스트 교수(현재 CTO)는 연구팀과 함께 2016년 타조의 걸음걸이를 닮은 2족 보행 로봇 캐시Cassie에 이어, 2018년에는 디짓 V1을, 2019년과 2020년에는 디짓 V2, V3를 연이어 탄생시켰다. 허스트 CTO는 "과학은 자연과 밀접한 연관이 있다"며 "모든 종류의 동물 보행 원리를 연구해 사람이 하기 힘들거나 위험한 일을 로봇이 대신할 수 있는 세상을 만들겠다"라고 밝혔다.

디짓은 엉덩이 부분에 있는 3자유도◆의 관절을 활용해 사람처럼 직진, 후진, 회전 등 유연한 동작이 가능하며, 계단 오르내리기, 장애물 피하기, 물건 들기 등의 명령을 수행할 수 있다. 캐시와 디짓에 앞서 애트리아스Atrias라는 이름의 2족 보행 로봇으로 주목받았던 오리건주립대학교는, 미 국방부 산하 방위고등연구계획국Defence Advanced Research Projects Agency, DARPA으로부터 100만 달러의 자금을 지원받았으며 현재 본격적인 상용화를 추진하고 있다.

디짓의 첫 번째 고객은 현재로선 미국의 또 다른 자동차기업인 포드모터스Ford Motors, Ford가 될 전망이다. 포드와 애질리티 로보틱스는 2019년 파트너십을 체결, 상업용 차량 고객이 창고 보관 및 배송을 보다 효율적이고 저렴하게 할 수 있도록 지원하는 방법을 모색해왔다. 포드에서 개발하는 상용 차량과 애질리티 로보틱스의 로봇 간 연결을 통해 상업 고객의 효율성을 극대화시킨다는 계획이다.

예를 들어 포드의 커넥티드 차량은 디짓과 공유할 수 있는 클라우드 기반 지도를 지속적으로 업데이트해 동일한 유형의 정보를 다시 생성할 필요가 없다. 포드와 애질리티 로보틱스는 2족 보행 로봇 디짓을 포드의 자율주행 배달 트럭에 태워 구매자의 현관 앞에 배달한 후 초인종까지 누르는 시나리오로 라스트마일 딜리버리 서비스를 구상하는 것으로 알려졌다.

◆ 로봇이 회전 관절을 통해 전진, 후진, 회전 등의 동시 동작을 가능하게 하는 레벨.

출처 | Ford Authority

2족 보행 로봇 디짓

배달 강국 한국, 무인 배송 로봇 개발에 앞장서야

이미 자율주행 무인 로봇의 시험 운행이 활발한 미국의 흐름을 보면, 로봇 배달을 직접 받아보는 날이 머지않았음을 느낀다. 1996년 인터넷 서점으로 시작한 아마존이 세계 최대 이커머스 기업으로 성장한 것처럼, 업계 전문가들은 라스트마일 딜리버리를 선점하는 기업이 미래 물류 시장의 주도권을 잡게 될 것이라 전망한다.

코로나19가 촉발한 비대면 시대 역시 무인 배송 시대의 도래를 앞당기는 촉매제 역할을 하고 있다. 시장조사기관 유로모니터에 따르면 코로나19 이후 뉴노멀 시대의 이커머스 시장 성장률은 전 세계적으로 연평균 20% 이상의 높은 증가율을 보일 것으로 전망된다. 이에 포드의 시니어 엔지니어인 S는 "무인 배달은 운송 시간 감소와 운송비 절감으로 이어져 업계를 더욱 발전시킬 것으로 보이지만 아직까지는 풀어야 할 과제들이 남아 있다"라고 하면서, "GM이 개발한 EP1은 라스트 마일 딜리버리 시 EP1이 장애물에 걸려 넘어졌을 경우 나타날 변수에 대한 연구 개발이 필요한 상황"이라고 전했다. 그는 이어 "로봇 배달도 같은 변수를 가지고 있는데, 이러한 문제들을 해결할 수 있는 기술을 가진 기업이 이커머스 업계의 승자가 될 것"이라고 조언했다.

한국은 이커머스가 가장 발달한 국가 중 하나이자 세계 최고 수준의 배터리와 반도체 기술을 보유하고 있다. 아파트 배송이 많은 한국의 경우 자율주행 무인 배송 로봇 도입이 수월한 편이라, 관련 연구 개발과 시험 운행이 용이하다는 장점이 있다. 이를 활용해 미래 이커머스 시장의 성패를 좌우할 모빌리티 개발 및 투자가 중요한 시점이다. 실제로 라스트마일 딜리버리 사업에 적극적으로 뛰어드는 기업들이 점점 늘어나고 있다. 완성차 메이커와 콜드체인 스타트업이 '라스트마일 딜리버리 PBV'◆ 실증 사업 업무협약을 체결하기도 하고 자율주행 로봇 배달 서비스를 구상 중인 스타트업도 등장했다. 이커머스 플랫폼 기업과 물류기업이 지분 교환을 단행한 것도 미래 시장을 선점하기 위

◆ Purpose Built Vehicle의 약자로, 목적 기반 모빌리티를 의미한다.

한 움직임으로 볼 수 있다. 이처럼 국내 자동차기업, 로봇 기술 관련 스타트업, 이커머스기업들이 무인 배송 분야에 집중적으로 투자하고 연구 인프라를 확충해나가고 있다. 국내 시장에서 라스트마일 딜리버리의 혁신에 성공해 글로벌 시장에서도 인정받는 아마존과 같은 기업이 등장하길 기대해본다.

황주영(디트로이트 무역관)

스마트 타운

'나'를 인증하는 새로운 방법, 비접촉 생체 인증

도쿄

톰 크루즈Tom Cruise 주연의 영화 〈마이너리티 리포트〉와 〈미션 임파서블: 로그네이션Mission Impossible-Rogue Nation〉의 공통점은? 바로 영화 속에 첨단 생체 인식 기술이 등장한다는 점이다. 〈마이너리티 리포트〉에는 홍채 인식이 〈미션 임파서블: 로그네이션〉에는 동작 인식이 등장한다. 다른 점이 있다면 홍채 인식은 스마트폰이나 금융권의 본인 인증 방식에 적용해 이미 활용되지만, 동작 인식은 아직 초기 단계라는 것이다. 영화 속에선 보안구역에 접근하려는 이들의 걸음걸이를 디지털 스캐너로 분석해 접근이 허락된 사람인지 아닌지를 판단하지만, 이를 위해선 걸을 때의 속도, 근육의 움직임, 보폭 등을 정밀하게 검사해야 한다. 모방·복제가 어려워 보안성이 우수한 반면 적용 또한 쉽진 않다. 이에 비해 사람의 눈에서 빛의 양을 조절하는 홍채는 개인의 특성을 가장 잘 드러내는 신체 부위라 생체 인증 기술 중에서도 가장 보안성이 우수하다는 평가를 받는다.

비대면 시대, 생체 인증 활용 본격화

생체 인증 기술은 최근 코로나19 팬데믹으로 비대면 방식이 일상화되며 더욱 확대됐다. 일본의 경우 2021년 6월 기준으로 3번의 긴급사태가 시행되는 등 감염 확대와 외출 규제가 반복되고, 이로 인해 재택근무, 온라인 결제, 원격 진료 등의 비대면 기술이 일상으로 자리 잡는 추세다. 2021년 여름 개최된 도쿄 올림픽에서도 보안(테러 방지), 대회 관계자 인증을 위해 보다 빠르고 편리한 안면 인증 방식을 도입해 화제를 모았다.

이처럼 대부분의 생활이 오프라인에서 온라인으로 전환되고 인터넷 이용이 활성화되면서 보안과 관련한 사이버 범죄 역시 증가하는 양상을 보인다. 실제로 2020년 기준 사이버 범죄 검거 건수는 9,875건으로 전년 대비 3.7% 증가했다. 온라인상에서의 신분 도용이나 위장에 따른 피해를 방지하기 위해 다양한 상황에서 본인을 인증할 수 있는 고도의 기술이 필요해졌다. 이에 따라 많은 기업이 다양한 형태의 인증 기술 개발 및 상용화를 추진한다. 생체 인증도 그중 하나다. 지문, 성문, 홍채, 망막, 안면, 손바닥, 손가락 정맥 등 사용자의 신체 정보를 활용하기 때문에 가장 안전한 방법으로 꼽힌다. 복제가 어렵고 신분 도용이나 위장이 거의 불가능해 보안 수준이 높다. 특히 생체 인증은 일본 기업이 기술 개발을 선도하는 분야다.

일본에서는 이미 은행 등 금융기관을 중심으로 다양한 생체 인증 기술을 도입, 그 적용을 확대해나가고 있다. 최근 들어선 정부의 적극적인 DX(디지털 트랜스포메이션) 추진을 계기로 산업 전반에서 디지털화 움직임이 본격화하는 중이다. 여러 분야에서 생체 인증이 활용되고, 그 정밀도 또한 나날이 향상된다. 특히 손가락 정맥, 손바닥 정맥 인증 분야에선 어떤 기업보다도 앞선 면모를 보인다.

대규모 인증도 손가락만 내밀면 간편하게 OK

히타치Hitachi는 1997년 무렵부터 손가락 정맥 패턴을 활용한 인증 방식에 주목하고 연구를 계속해왔다. 관련 특허를 차근차근 확보한 것은 물론, 해당 기술의 안전성과 편의성을 인정받아 다양한 분야에서 적용을 확대하는 중이다. 특히 코로나19 사태로 촉발된 고객의 비접촉 니즈에 적극 대응한다. 2021년 3월, 손가락 정맥 패턴을 비접촉으로 읽어낼 수 있는 인증 시스템 '히타치 손가락 정맥 인증장치 C-1(이하 'C-

1')'과 PC의 웹 카메라로 손가락 정맥 인증이 가능한 전용 소프트웨어 '히타치 생체 인증 SDK for Windows 프론트 카메라(이하 '생체 인증 SDK')'를 출시한 게 대표적인 예다.

히타치에서 이들 제품을 개발할 때 중점을 둔 포인트는 세 가지였다. 첫째는 코로나 시대의 핵심 과제인 비접촉, 둘째는 이벤트 개최나 전국적으로 전개되는 수백만 명 규모의 회원을 대상으로 하는 대규모 인증, 셋째는 원격 근무 수요에 대응한 사무실 이외 인증이다.

대규모 인증이 가능한 C-1은 단말기에서 두 종류의 광선을 사출해 혈관 위치를 특정하는 방식의 손가락 정맥 인증 시스템이다. 세 손가락을 단말기에 내밀기만 하면 인증이 이뤄지기 때문에 상점, 음식점 등 매장에서의 결제나 사무실 입·퇴실 관리에 편리하다. 또한 레저 시설, 이벤트 회장 등에서 수백 명 규모의 인증에 대응하는 것도 가능하다. 더욱이 QR코드 인식 기능까지 갖춰 편리함을 더했다.

사무실 이외의 장소에서 인증 대응이 가능한 생체 인증 SDK는 엄지 이외의 네 손가락을 웹 카메라로 촬영한 후 화상 처리를 통해 혈관 색상과 정맥 배치 패턴을 확인하는 방식의 손가락 정맥 인식 시스템이다. 현재 많은 기업이 추진하는 원격 근무지에서의 안전한 근무 환경 조성 등

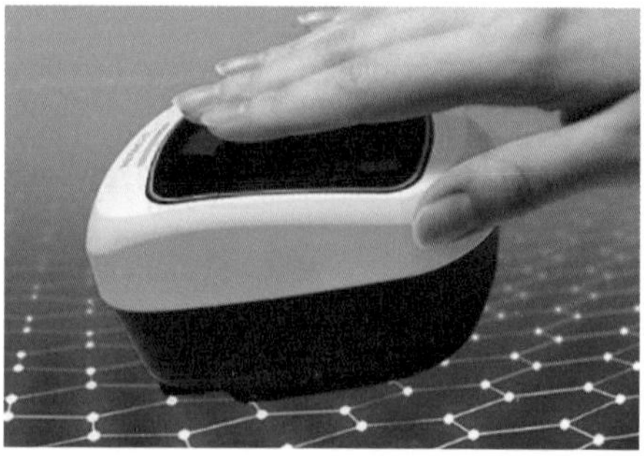

출처 | 히타치

히타치의 비접촉 손가락 정맥 인증장치와 PC 카메라용 생체 인증 소프트웨어

주로 비즈니스 관련 용도로 활용된다. PC의 웹 카메라에 손가락을 내밀기만 하면 이용자의 PC 또는 여타 업무 시스템 환경하에서 로그인·전자서명 등 본인 확인이 이뤄진다. 현시점에선 아직 윈도우즈Windows에만 대응하지만, 향후 다른 시스템으로의 확대도 검토하고 있다. 더불어 해외 시장 진출을 염두에 두고 유럽 등지에서 사외 파트너와 실증 테스트도 진행 중이다. 이외에도 히타치의 손가락 정맥 인증 시스템은 금융기관, 지자체, 의료기관 등 중요 정보를 취급하는 기관들을 중심으로 도입된다. 또한 일본 총무성이 추진하는 지자체 DX 추진에 참여하기 위해 그룹 차원에서 다양한 솔루션을 체계적으로 제안하는 중이다.

손바닥만 있으면 결제까지 초스피드로 완료

후지쯔Fujitsu는 손바닥 정맥 인증을 통해 개인을 식별하는 작고 가벼운 비접촉형 생체 인증 센서 '팜 시큐어Palm Secure'를 출시했다. 팜 시큐어는 ATM이나 사무실의 입·퇴실 장치, 공항, 은행, 상점, 후지쯔 브랜드의 PC 등에 적용돼 2020년 3월 기준으로 누적 판매 150만 대를 달성했고, 세계 60개국 9,400만 명이 이용하는 생체 인증 시스템으로 자리매김했다. 해외 도입 사례로는 브라질의 연금 부정수급 대책, 은행 ATM 도입 등을 들 수 있으며, 미국에서도 보험 이용 시 본인 확인용으로 활용된다. 또한 코로나19 사태를 계기로 의료기관의 입·퇴실 장치, 음식점의 근무관리 시스템에 적용되는 등 높은 수준의 위생관념이 필요한 업계 쪽의 수요가 확대되고 있다.

후지쯔의 손바닥 정맥 인증 시스템은 본인 여부를 정확하고 신속하게 인증하는 것에 초점을 맞춰 개발됐다. 또한 뉴노멀 시대의 3대 핵심 요소로서 첫째는 감염 위험을 줄일 수 있는 비접촉, 둘째는 99.99999%의 높은 인증 정밀도, 셋째는 1초 안에 인증이 완료되는 빠른 인증 속도를 내세운다.

앞으로 후지쯔는 복합기, 금고, 로커locker 등에 손바닥 정맥 인증 시스템의 적용을 확대하는 한편, 고객사가 사내에서 이용하는 인증 방식을 모두 손바닥 정맥 인증으로 통합하는 모델을 제안할 방침이다. 특히 지난 2021년 4월부터는 실제 점포에서 후지쯔가 개발한 안면·정맥 인식 기술과 결제 솔루션을 융합한 결제 시스템의 운영을 개시했다. 병원 내 편의점·레스토랑 500개 점포를 운영하는 코요Kohyo에서 후지쯔의 '레지리스 시스템(계산대 없는 시스템)'을 시범 도입해 운영 중이다. 코요는 2024년까지 30개 점포에 해당 시스템의 도입을 확대해나갈 방침이다. 이번에 코요가 도입한 계산대 없는 시스템은 미국 스타트업 브이코그니션 테크놀로지Vcognition Technologies가 개발한 결제 솔루션 '지핀Zippin'을 접목, 후지쯔의 안면·정맥 인식 기술과 연계해 본인을 특정하는 방식이다. 결제는 별도의 NFC나 카드, QR코드 등의 사용 없이 생체 인증으로 이뤄진다.

신분증이 필요 없는 복합 인증 솔루션

NEC는 2018년 4월에 생체 인증 브랜드 '바이오 이디엄Bio-Idiom'을 발족했다. 이후 안면, 홍채, 지문, 장문(손바닥 지문), 손가락 정맥, 음성, 이음향(耳音響) 등의 방식을 조합한 복합 고정밀 생체 인증 솔루션을 개발해 세계 시장에 공급하고 있다. 특히 약 14억 명의 인구를 보유한 인도에서는 국민 ID 시스템 '아드하르Aadhaar'에 NEC의 생체 인증 시스템을 채택했다.

아드하르는 인도의 고유인식번호청UIDAI 소관 업무로 전 국민의 이름, 주소, 생체 정보를 수집·관리한다. 이미 관공서 등 공공기관이나 은행의 경우 아드하르를 통해 사회보장 수령 및 은행계좌 개설 시 본

출처 | 후지쯔

후지쯔의 생체 인증 시스템을 활용한 편의점 운영

인 확인을 진행하며, 2020년 4월에는 정부 지원금 지급도 이뤄진 바 있다.

일본 국내에서도 NEC의 바이오 이디엄을 적용한 생체 인증 서비스의 실증 테스트가 NEC 직원들을 대상으로 진행 중이다. 도쿄의 특정 건물에 근무하는 NEC 직원 약 2,000명을 대상으로 홍채 정보 등의 생체 인증을 통한 편의점 결제 서비스를 시험하고 있다. 2018년 말 안면 인증 결제를 시작으로 2020년 7월에는 홍채 인증 서비스를 도입했으며, 2021년 3월에는 손가락 정맥 인증 시스템까지 구축, 다양한 방식의 인증 서비스를 실시했다. 또한 2021년 여름 개최된 도쿄 올림픽에서는 대회 관계자들의 본인 확인 시스템에 NEC의 안면 인증 기술을 사용하기도 했다.

생체 인증, 가파른 성장세로 대세임을 입증하다

이미 생체 인증은 '미래의 기술'에서 '우리 곁의 기술'로 변화하고 있다. 특히 코로나19 확산 이후에는 금융기관, 지자체 등에서 결제나 개인정보 관리 등의 용도로 사용 중이며, 우리의 생활과 안전을 지키기 위한 필수 인증 기술로 자리 잡아간다. 시장 전망도 밝다. 시장조사기관인 트랙티카Tractica는 전 세계 바이오 인식 시장이 2015년 20억 달러(약 2조 3,100억 원) 규모에서 연평균 25.3%씩 성장해 2024년에는 149억 달러(약 17조

2,400억 원) 규모로 확대될 것이라 예측했다. 다른 시장조사기관의 전망도 다르지 않다. 글로벌 시장조사기관인 스트래티스틱스 MRC Stratistics MRC는 세계 생체 인식 기술 시장이 2023년 122억 2,000만 달러(약 13조 4,000억 원)로 성장할 것이라 전망했고, 리포트링커 ReportLinker 역시 2022년 294억 달러(약 33조 원)까지 성장할 것이라 내다봤다.

다만 앞으로는 이런 생체 인증 기술을 개인의 사생활 보호에 주의하면서 실생활에 적용해나갈 필요가 있다. 이를 위해선 디지털 투자 가속화에 민관이 협력해야 한다. 일본의 생체 인증 기술은 세계 최고 수준으로 평가받지만, DX에 대한 경쟁력은 낮은 편◆이다. 반면 한국의 디지털 관련 경쟁력은 매우 높은 수준이며, 이미 지문, 음성, 홍채, 안면 인식 등의 분야에서 어느 정도 성과를 거둔 상태다. 그러므로 일본의 손가락 정맥, 손바닥 정맥 등의 생체 인식 기술과 한국 기업의 디지털 기술, 생체 인식 기술을 융합한다면 새로운 이노베이션으로 이어질 수 있지 않을까 기대해본다.

타카하시 요시에(도쿄 무역관)

◆ IMD(국제경영개발대학원) 분석(2020년 기준)에 따르면, 총 63개국을 대상으로 한 국가별 DX 경쟁력 조사 결과 일본은 27위를, 한국은 8위를 차지했다.

4

PART

공존
사회

컨셔스 패션 Conscious Fashion

| 가치를 위한, 의식 있는 패션 소비 |

2000년대 초반 유럽에서 등장해 지난 20여 년간 전 세계를 사로잡았던 패스트패션은, 지금에 와선 환경오염의 주범으로 손꼽히고 있다. 현재처럼 패스트패션의 소비가 계속된다면 2050년에는 패션산업이 전 세계 탄소의 4분의 1을 소비하게 될 것이라는 전망도 나왔다. 더 이상 환경 문제를 다음 세대로 떠넘길 수 없는 실천사회에 접어들면서, 패션산업은 이제 변화를 선택할 수밖에 없다. 앞으로는 자신의 가치관과 신념을 소비를 통해 나타내고자 하는 이들의 마음을 적극적으로 공략해야 한다. 남들보다 먼저 기후 변화와 환경오염 문제에 앞장서는 기업만이 이들의 마음을 사로잡을 수 있을 것이다.

컨셔스 패션

획기적인 의류 재활용, 스마트 스티치

브뤼셀

오랜만의 외출에 설레어하며 옷장 문을 열었을 때, 마음에 드는 옷을 발견할 가능성은 얼마나 될까? 아마도 대부분은 "옷장에 옷은 가득한데 정작 입을 옷은 없어"라는 말을 중얼거리게 될 것이다. 어쩌면 몇몇 사람들은 그 즉시 온라인 쇼핑몰에서 '신상'을 고르는 재미에 빠져들지도 모른다.

최신 유행 의류를 빠르게 유통하는 SPA Specialty store retailer of Private label Apparel 브랜드의 확산은 전 세계인에게 계절이 바뀔 때마다 새 옷을 사들이는 습관을 안겨줬다. 하지만 이렇게 사들인 옷은 유행이 지날 때마다 대부분 옷장 신세를 면치 못하고 결국 버려지게 된다. 글로벌 패션 어젠다 Global Fashion Agenda, GFA에 따르면 전 세계적으로 연간 9,200만 톤의 의류가 폐기되며, 그 양은 계속 증가해 2030년에는 1억 3,400만 톤에 달할 전망이다. 특히 석유화학 제품을 원료로 만들어지는 합성섬유는 소각이나 매립 시 발생하는 오염물질 때문에 새로운 환경오염의 주범으로 떠오르는 상황이다.

리조텍스® Resortecs®라는 브랜드를 보유한 벨기에 스타트업 리제너레이션 Regeneration BVBA은 의류의 분해·수리·재활용 과정을 용이하게 만드는 제품을 개발하는 순환 경제 기술 전문기업이다. 고온에서 분해되는 봉제실인 스마트 스티치 Smart Stitch를 생산하며, 고온에서 저절로 탈착되는 리벳 rivet◆을 비롯한 의류 재활용 전용 대형 오븐을 개발 중에 있다.

엔지니어·마케터·디자이너, 1인 3역을 동시에!

리제너레이션의 창립자이자 대표인 세드릭 밴호크 Cedric Vanhoeck는 델프트공과대학교에서 응용과학과 산업디자인공학을 전공한 엔지니어일 뿐 아니라, 밀라노 도무스 아카데미 Domus Academy에서 패션 마케팅 석사학위를 받은 마케터이자 앤트워프 왕립예술학교 패션디자인과를

◆ 청바지 주머니 등의 옷감을 고정시켜주는 납작한 핀을 의미한다.

졸업한 디자이너다. 이러한 그의 독특한 이력은 패션과 공학 기술이 융합된 획기적 사업 아이디어를 구상하는 원동력이 됐다.

세드릭은 도무스 아카데미에서 패션 마케팅을 공부할 당시 의류를 재활용하는 과정이 워낙 복잡해 전 세계적으로 해마다 엄청난 양의 옷이 버려진다는 사실을 알게 됐다. 의류를 재활용하기 위해선 옷을 구성하는 각기 다른 원단과 부자재를 해체해야 하는데 이 작업에 상당한 시간과 비용이 소모되기 때문이다. 세드릭은 과정을 단축할 수 있는 방법을 연구하던 중 델프트공대에서의 수업 내용을 떠올렸다. 그가 델프트공대에 재학 중이던 2012년 유럽에서는 순환 경제를 위한 기술적 논의가 한창이었다. 순환 경제는 생산-소비-폐기로 이어지는 기존 선

출처 | Regeneration

리제너레이션 대표인 세드릭과 바네사

형 경제를 벗어나, 생산-소비-재사용(2차 원료)-생산으로의 순환을 강조하는 경제 구조다. 그는 산업디자인공학 수업 중 컴퓨터 모니터에 고온의 열을 가해서 부품을 쉽고 빠르게 분해해 재활용하는 기술을 배운 적이 있는데, 이에 영감을 얻어 열에 녹는 봉제실 개발에 착수했다.

그는 즉각 도무스 아카데미 동문인 바네사 쿠나르트Vanessa Counaert와 함께 순환 경제를 실현할 수 있는 기술과 디자인에 관한 의견을 교환하기 시작했고 2017년 마침내 리제너레이션을 공동설립하기에 이른다. 이후 리제너레이션은 기술적 지식이 있는 세드릭이 엔지니어들과 연구 및 기술 개발을 맡고, 패션 마케팅을 전공한 바네사가 제품 마케팅 업무를 담당하는 형태로 운영 중이다.

패션업계 순환 경제 활성화의 주역, 고온 분해 봉제실

의류를 재활용하기 위해서는 재활용이 가능한 소재로 만들어진 옷을 선별하고 봉제실과 단추, 라벨 등을 제거하는 작업이 필요하다. 심지어 모든 소재를 재활용할 수 있는 것도 아니다. 예를 들어 엘라스틴이 6% 이상 함유된 청바지는 재활용이 불가능하다. 따라서 그동안 업계는 환경오염을 줄이기 위한 노력의 일환으로 친환경 소재 개발에 주력해왔다. 하지만 의류 재활용의 첫 단추라고 할 수 있는 해체 작업의 효율성을 개선하지 못하면 아무리 좋은 원단이라도 다시 사용하기는

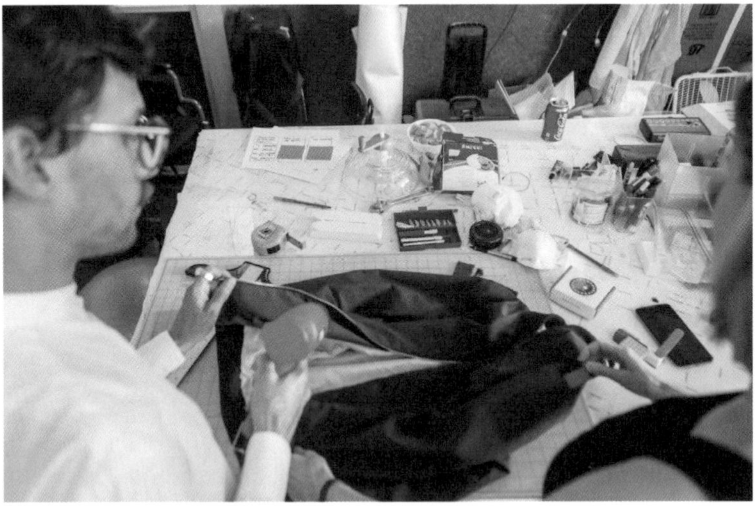

출처 | Regeneration

옷감 해체 사진

어렵다. 사실 이러한 해체 작업은 지금까지 전부 수작업으로 진행돼, 의류 재활용의 걸림돌로 작용했다. 기업 입장에서는 새로운 원단을 구매하는 게 비용 면에서 효율적이기 때문에 시간과 인건비가 많이 소요되는 의류 재활용에 적극적으로 나설 수가 없었던 것이다.

리조텍스®가 개발한 고온 분해 봉제실인 스마트 스티치는 이 문제를 단숨에 해결했다. 스마트 스티치로 제작한 옷은 높은 온도를 가하면 봉제실이 녹아 없어지고 원단만 남기 때문에 의류를 손쉽게 해체할 수 있어 재활용을 위한 비용과 시간을 절약할 수 있다. 특수 재질로 코팅된 이 봉제실은 분당 5,000스티치를 박음질할 수 있으며, 일반 폴리에스테르 봉제실로 만들어진 의류와 비교해도 시각적, 기능적으로 전혀 차이가 없다.

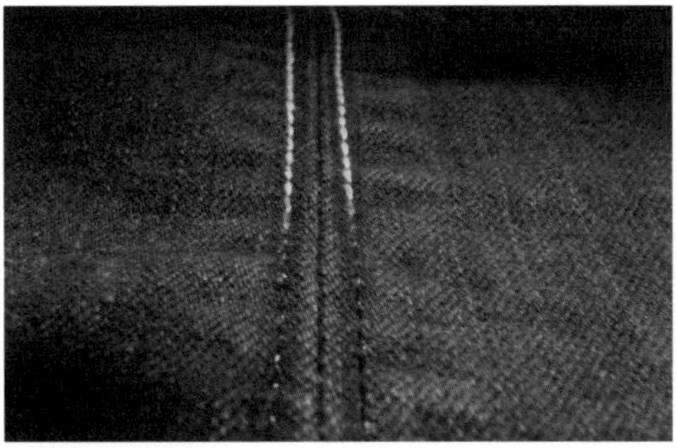
출처 | Regeneration

리조텍스® 제품 사진

필요에 따라 115도, 150도, 170도, 195도 등 분해 온도를 선택할 수 있는 것도 강점이다. 또한 의류 외에 가죽, 신발 봉제에도 사용이 가능한 다양한 강도의 제품군을 구비했다. 의류에 사용되는 제품의 경우 160도 이상의 고온에서만 녹도록 돼 있기 때문에 세탁 및 건조, 다림질도 얼마든지 가능하다.

고온 분해 봉제실이 의류 재활용을 촉진하는 획기적인 아이디어로 평가받으면서 시장에서는 유사 상품을 개발하는 업체들이 하나둘 늘어나고 있다. 세드릭 대표는 경쟁사 제품의 경우 적용 가능한 원단이 훨씬 제한적이고 의류를 제작할 때 옷감이 해어지거나 찢어지는 일이 발생하기도 한다며 자사 제품에 대한 자신감을 드러냈다.

스마트 스티치의 가격은 일반 봉제실보다 조금 더 비싸다. 청바지 한 벌을 제작하는 데 봉제실 200m 정도가 소요되는 점을 감안하면, 스마트 스티치를 사용할 경우 재료 단가가 25~35% 정도 상승할 수 있다. 셔츠의 경우에도 15% 정도 단가가 올라간다. 하지만 봉제실은 의류 전체 제작비의 2% 정도만을 차지할 뿐이다. 원단 재활용에 드는 비용을 고려한다면 이는 충분히 상쇄 가능한 범위다. 게다가 의류 재활용에 적극적인 환경 친화 기업으로의 이미지 정립과 이로 인한 매출 증대 효과까지 생각하면 초기 제작비 상승도 감수해볼 만하다고 세드릭 대표는 설명했다.

그는 또한 리제너레이션이 단순한 봉제실 제조업체가 아니라 순환경제 기술 기업이라는 점을 강조했다. 리조텍스®의 주력 상품인 스마트 스티치 개발을 통해 의류 폐기물을 저비용으로 빠르게 재활용할 수 있는 지속 가능한 해결방안을 제시했기 때문이다.

지난 몇 년간 여러 기관·기업이 리조텍스®의 사회적 가치를 높게 평가한 것도 이런 이유에서다. 리조텍스®는 2018년 스웨덴의 글로벌 패션 브랜드 H&M이 주관하는 글로벌 체인지 어워드Global Change Award

출처 Regeneration

H&M GCA 사진

를 수상한 데 이어, 2020년에는 유럽연합이 유럽사회 문제 해결에 혁신적인 방안을 제시한 개인 및 단체에 수여하는 소셜 이노베이션Social Innovation에 선정되는 등 수차례에 걸쳐 수상의 영예를 안았다. 또한 이를 통해 거둬들인 15만 유로(약 2억 500만 원) 상당의 상금으로 사업 기반도 다질 수 있었다. 사회적으로 공신력 있는 기관과 유명 기업의 관심이 쏟아지면서, 리조텍스®의 획기적인 의류 재활용 아이디어 역시 세상의 주목을 받게 됐다.

하루 최대 7톤까지 의류 분해가 가능한 대형 오븐

리조텍스®는 2021년 말까지 청바지 리벳 제품과 대형 봉제실 오븐 개발을 완료하고 브랜드 마케팅을 강화할 예정이다. 또한 벨기에 플랜더스 중소기업청에서 받은 사업장려금 96만 유로(약 13억 2,100만 원)를 오븐 개발에 투자할 계획이다. 이외에도 플랜더스 투자진흥청에서 대출받은 자금, 패션포굿Fashion for Good, 트리비덴드Trividend 등의 기금을 통해 35만 유로(약 4억 8,100만 원)를 추가 유치하게 될 것으로 기대하고 있다. 이는 향후 안정적인 제품 개발과 마케팅에 주력하는 데 기여할 것으로 예상된다.

현재 리조텍스®에서 개발하는 대형 오븐을 이용하면 1,000벌 이상의 청바지를 부위별로 동시에 분해할 수 있다. 이 과정에서 손실되는 옷감은 10% 미만으로 옷감의 소재가 손상되지 않는 장점이 있다. 또한 이 대형 오븐을 이용하면 하루 최대 7톤까지 의류 분해가 가능하다. 이는 의류 400만~500만 벌에 해당하는 양이다.

2022년부터는 해외 시장 진출을 목표로 하고 있다. 다수의 글로벌 패션기업 본사가 있는 유럽 시장을 기반으로 미국 시장 진출까지 염두에 둔다. 아시아 지역은 홍콩을 제외하면 아직까지 구체적인 진출 계획은 없는 상황이다. 하지만 다양한 패션기업, 디자이너들과의 협업 가능성은 언제나 열어두고 있다. 또한 세드릭 대표는 사업 범위를 패션업계로 한정하지 않고, 가구 관련 스타트업들과도 협업을 모색 중이다. 소파, 의자 등 천으로 재봉된 가구들에 리조텍스®의 제품을 사용하면 재활용이 용이해지기 때문에 가구 제작 기업들도 관심을 보이고 있다.

패션업계에도 반영되는 순환 경제 트렌드

최근 패션업계는 젊은 디자이너들을 중심으로 순환 경제에 대한 관심과 참여가 증가하는 추세다. 소비자들 역시 환경보호에 대한 인식이 높아지면서 친환경 제품 구매가 늘고 있다. 유럽연합의 순환 경제 구축을 위한 관련 제도도 강화되는 상황이다. 이대로라면 향후 재활용 가능한 제품이나 재활용 소재로 만들어진 제품에 대한 수요가 지속적으로 증가할 것으로 예상된다.

한국에서도 새로운 시도들이 나타나고 있다. 버려진 페트병을 자원 순환 프로젝트를 통해 리사이클 재생섬유 원사로 생산하기도 하고 자동차 폐기 과정에서 버려지는 천연 소가죽, 에어백 섬유, 안전벨트 등을 재활용하는 스타트업도 나타났다. 그러나 여전히 전 세계 의류 중 73%는 결국 쓰레기장으로 향한다. 그리고 그중 15%만이 재활용을 위해 수거된다. 글로벌 순환 경제 네트워크인 '엘런 맥아더 재단Ellen MacArthur Foundation'의 연구 결과에 따르면, 고작 1% 미만의 의류만이 새로운 옷으로 재탄생되는 상황이다.

패션업계 종사자들을 위한 순환 경제 및 관련 기술에 대한 교육과 산업 간 의견 교류가 지속적으로 이뤄진다면 순환 경제 트렌드는 순조롭게 확대될 가능성이 높다. 패션 산업이 환경오염의 주범이라는 오명에서 벗어나려면 순환 경제에 대한 노력을 좀 더 강화해야 할 것이다.

심은정(브뤼셀 무역관)

컨셔스 패션

세계 유일의 의류 업사이클링 시스템, 루프

스톡홀름

스웨덴은 2000년대 중반부터 성장한 패스트패션Fast Fashion의 진원지 중 하나로 글로벌 패션기업인 H&M이 탄생한 곳이기도 하다. 글로벌 SPA 브랜드의 대명사이기도 한 H&M은 저렴한 가격에 최신 유행의 디자인 의류를 소비자에게 공급하는 것으로 유명하다. SPA 브랜드란 기획부터 생산, 유통까지 한 회사가 직접 맡아서 판매하는 의류 브랜드로, 중간 유통 과정을 생략해 재고 부담을 덜고 생산원가를 절감해 저렴한 가격에 다양한 제품을 공급, 소비자의 욕구와 트렌드를 빠르게 반영하며 성장해왔다.

페어패션으로 진화 중인 패스트패션

SPA 브랜드의 등장으로 패션 소비의 패러다임이 바뀌었다. SPA 브랜드의 등장 이전에는 옷 한 벌을 사도 몇 번을 고민해 고르고 최신 유행보다는 오래가는 디자인을 선호했다면, 이후에는 여러 옷을 비교해 쉽고 빠르게 소비하는 걸 즐기는 세대가 나타났다. 이에 가격과 품질을 비교하는 합리적인 소비가 늘어났고, SPA 브랜드들 역시 더 싸고 더 트렌디한 패션을 지향하기 시작했다. 하지만 싼 옷 중심으로 상품 회전율을 최대한 높여서 재구매를 유도하고 저가격에 저마진으로 박리다매를 하다보니 한철 입고 버리는 과소비 행태를 부추겼고, 이는 가계와 환경에 큰 부담을 줬다. 또한 저렴한 가격을 유지하기 위해 노동자를 착취하는 등 사회문제까지 야기했다.

이렇게 환경 및 노동문제가 사회적 화두로 떠오르면서, 패션 산업은 사회적 비난을 면하기 어려운 상황이 됐다. 이에 따라 스웨덴에서도 페어패션Fair Fashion을 모토로 하는 전통적·사회적 의류기업들은 물론, H&M 등 SPA 브랜드들까지 에코 브랜드 이미지 구축에 적극적으로 뛰어들었다. 패스트패션에서 페어패션으로의 빠른 진화를 모색한 셈이다. 실제로 H&M은 해안 폐기물을 재활용한 폴리에스터 '바이오닉'을 주재료로 '컨셔스 컬렉션Conscious Collection'을 선보이는 한편, 매장 내 의류수거함을 설치하고, 업사이클 신소재 원단 개발에 힘쓰는 등 2012년부터 그린기업 대열에 합류하며 지속 가능 패션 브랜드로의 변화를 가속화하고 있다.

의류수거함에 기반한 체계적 리사이클링 시스템

특히 H&M이 전 세계 매장에 설치한 의류수거함은 의류 리사이클링의 대표적 예로 손꼽힌다. 수거함에 모인 의류는 재착용, 재사용, 재활용으로 분류된다. 입을 수 있는 옷은 중고 의류로 판매해 재착용할 수 있도록 하고, 재착용이 어려운 의류는 리메이크 컬렉션이나 청소용 천과 같은 다른 제품으로 재사용하며, 재착용이나 재사용이 어려운 옷과 직물은 분쇄 후 원단 섬유로 재탄생시키거나 단열재를 만드는 형태로 재활용한다. H&M이 이 같은 의류 수거 프로그램을 통해 2019년 수거한 옷과 직물의 양은 약 2만 9,005톤에 달한다. 이는 전년 대비 40% 이상 증가한 수치로 약 1억 4,500만 개의 티셔츠에 상응하는 양이다.

의류가 기후에 미치는 부정적 영향 중 약 10% 이상은 옷이 판매된 이후에 발생한다. 잦은 세탁과 재활용하지 않고 쓰레기통에 버리는 것이 원인이다. 헌 옷을 어떻게 관리하느냐가 앞으로 패션계가 해결해야 할 기후문제의 핵심인 것이다. H&M은 이를 위해 헌 옷 리사이클링뿐 아니라 의류 업사이클링 시스템까지 도입했다. 업사이클링은 리사이클링과 달리 단순한 재활용의 차원을 넘어 제품에 윤리적인 가치와 기능성을 부여해 새로운 제품으로 재탄생시키는 것을 의미한다.

루프, 순환 패션을 통해 재활용 혁명을 이루다

최근 화제가 된 H&M의 '루프LOOOP'는 세계 최초로 의류매장 내에 설치된 인사이드 의류 업사이클링 시스템으로 낡고 오래된 의류를 새 의류로 재탄생시켜주는 장비다. 헌 옷이나 텍스타일을 기계에 넣어 잘게 부순 뒤 여러 단계의 처리 과정을 거쳐 새 옷을 만들 수 있는 재생 원사로 뽑아내거나 H&M이 디자인한 새 옷으로 만들어준다.

순환 패션을 통해 재활용 혁명을 이룬 것으로 평가받는 루프 시스템은 기후 변화에 맞서기 위해 패션계에서 도입한 순환 솔루션 중 하나로, 이미 생산된 제품을 자원으로 이용하는 방식, 즉 모든 옷을 하나의 자원으로 취급해 새로운 옷을 만들어가는 방식을 이용한 것이어서 더욱 주목받는다. 루프의 기반 기술은 H&M비영리재단과 홍콩섬유의류연구소HKRITA가 공동 개발했다. 2020년 10월 스톡홀름 중심가의 한 H&M 매장에 처음 등장한 루프는, 현재로선 전 세계에 하나뿐인 인사이드 업사이클링 장비다. 하지만 H&M은 향후 관련 기술의 보급을 통해 루프 설치 매장을 점차 확대할 계획이다.

일각에서는 관련 기술이 광범위하게 보급되고 수요가 더욱 확대되면 앞으로 루프가 세탁기처럼 생활 필수 가전으로 자리 잡을 수도 있다고 본다. 만약 그런 날이 온다면 낡고 싫증난 옷, 크기가 맞지 않거나 유행이 지난 옷들을 쓰레기통에 버리는 대신 업사이클링 장비에 넣어 다른 스타일의 새 옷으로 계속 만들어 입는 상상도 해볼 수 있다. 패션

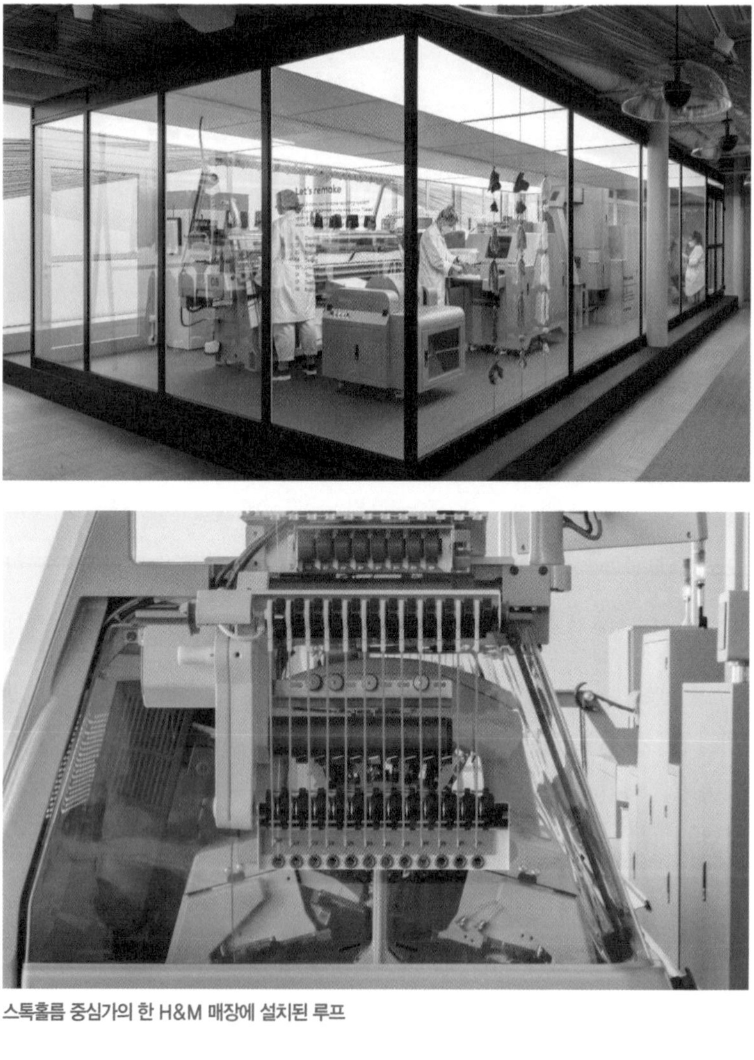

출처 | letsremake.hm.com

스톡홀름 중심가의 한 H&M 매장에 설치된 루프

계에도 업사이클링 시대가 도래한 셈이다.

낡은 옷을 새 옷으로 바꾸는 여덟 단계의 과정

루프는 클리닝 Cleaning, 슈레딩 Shredding, 필터링 Filtering, 카딩 Carding, 드로잉 Drawing, 스피닝 Spinning, 트위스팅 Twisting, 니팅 Knitting 등 8단계를 거쳐 약 5시간 만에 낡은 옷을 새 옷으로 재탄생시킨다. 물과 염료를 투입하는 별도의 과정은 없다. 분쇄 시 약화된 섬유의 강도를 높이기 위해 지속 가능한 방식으로 제작된 새 섬유만 유일하게 투입된다.

루프를 통해 헌 스웨터가 새 옷으로 변신한 모습

낡은 스웨터	레디투웨어(Ready to wear)로 변신한 새 니트웨어

출처 | letsremake.hm.com

루프의 단계별 과정은 아래와 같다(출처: letsremake.hm.com).

① **클리닝**(살균) | 먼저 낡은 옷에 오존을 뿌려 미생물을 제거한다.

② **슈레딩**(찢기) | 미생물을 제거한 헌 옷을 가늘고 작은 조각으로 잘게 찢어준다.

③ **필터링** | 파쇄된 섬유 덩어리는 먼지를 제거하기 위해 필터링하고, 파쇄 과정으로 약해진 섬유를 강화하기 위해 지속 가능한 방식으로 제작한 새 섬유를 추가한다.

④ **카딩**(소면) | 깨끗해진 섬유 믹스를 한 가닥씩 분리한 후 짧은 섬유와 불순물을 제거해 가지런히 평행이 되게 한 다음 슬라이버로 잡아당겨 섬유 다발로 만든다.

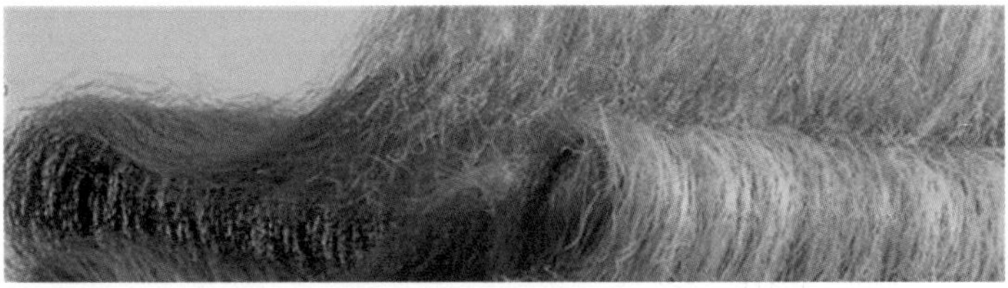

⑤ **드로잉** | 더 강하고 두꺼운 섬유 조각을 만들기 위해 여러 개의 섬유 슬라이버를 균등한 밀도로 결합한다.

⑥ **스피닝(방적)** | 두꺼운 섬유 조각을 방적한 후 섬유 슬라이버를 분사해 단일 원사로 만든다.

⑦ **트위스팅(원사 꼬기)** | 단사 원사를 2배로 꼬아서 강도를 높인다.

⑧ **니팅**(편직) | 마지막 단계로 재활용 원사를 사용해 H&M 디자인의 새로운 옷으로 편직한다.

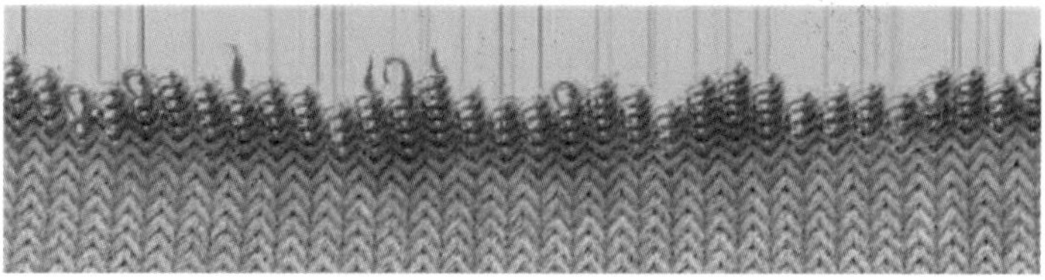

스톡홀름 H&M 매장에 설치된 루프의 모습

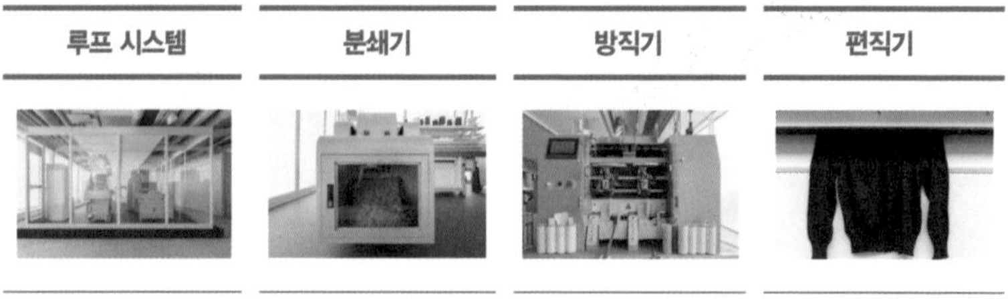
루프 시스템
분쇄기
방직기
편직기

출처 | letsremake.hm.com

의류 폐기물 감축을 이끌 ESG 경영의 확산

의류의 리사이클링 및 업사이클링 추세는 최근 세계적으로 부상하는 ESG 경영의 한 축이라고 할 수 있다. ESG는 기업의 비재무적 요소인 환경, 사회, 지배구조를 통칭하는 것으로, 많은 글로벌 기업들이 잇따라 ESG 경영을 선언하면서 협력업체 전체로 ESG 경영기조가 확산되는 추세다. 이 같은 기업의 선제적 움직임에 보조를 맞춰 국가 차원에서도 제도화 움직임이 활발해지고 있다. 실제로 EU에서는 '기업의 공급망 인권 및 환경실사 의무법안'을 추진 중이다.

H&M은 2030년까지 지속 가능한 재료만을 사용해 의류를 생산하고 2040년까지 온실가스 배출량을 더 많이 줄일 수 있는 가치사슬 구축을 위해 노력하겠다고 발표했다. 의류 업사이클링 시스템인 루프의 도입 역시 이 같은 ESG 기조와 맥락을 같이한다고 볼 수 있다.

영국의 친환경 가구 디자이너인 루퍼트 블랜처드Rupert Blanchard는 "쓰레기란 아직 쓰일 곳을 찾지 못한 자원"이라고 했다. 생산과 폐기가 거의 동시에 이뤄지는 현재의 패션 산업 시스템은 이제 위기에 봉착했다. 폐기 의류를 줄이고 보다 적극적인 리사이클링과 업사이클링을 통해 지속 가능한 성장을 꾀해야 할 때다.

이수정(스톡홀름 무역관)

컨셔스 패션

옷의 일생을 추적하다, 파이버트레이스

멜버른

멜버른에 사는 에밀리는 패션과 환경에 대한 관심이 남다른 30대 직장인이다. 20대 때는 과감한 컬러와 트렌디한 디자인의 옷을 좋아해 계절마다 빼놓지 않고 쇼핑을 즐겼지만, 30대에 들어선 후론 먹는 것뿐 아니라 입는 것에서도 환경친화적인 선택을 하려고 노력한다.

낡고 오래된 옷을 버리는 대신 요즘 트렌드에 맞게 고쳐 입고, 쇼핑을 할 때도 백화점이나 아웃렛보다는 플리마켓flea market을 즐겨 찾는다. 가급적 공정무역 방식으로 생산한 제품을 선택하고, 모피 제품은 피하며, 에코백을 주로 든다. 요즘은 지속 가능한 패션에도 관심을 기울인다. 섬유 제품에 함유된 다양한 화학 성분이 우리 몸과 환경에 유해한 영향을 미친다는 걸 알게 된 후부터다. 어떤 소재를 사용한 제품인지, 제품 제작 공정에서 배출된 탄소량은 어느 정도인지, 유해물질이 배출되진 않는지 등을 꼼꼼히 따져보는 이유다.

문제는 옷의 생산과 유통 전 과정이 환경친화적으로 이뤄지는지를 판단할 근거가 현저히 부족하다는 것이다. 현재로선 원료 재배 과정에서 과도한 비료·농약·살충제를 사용하진 않았는지, 화학적 염료를 사용해 수중 생태계를 오염시킨 일은 없는지, 인체에 유해한 작업환경에서 생산된 건 아닌지 등을 소비자가 알 방법이 없다. 옷의 생산부터 폐기까지 전 과정을 투명하게 보여주는 파이버트레이스FibreTrace의 등장이 에밀리에게 희소식으로 다가온 건 이 때문이다.

공급구조의 투명화, 파이버트레이스

유엔환경계획UN Environment Programme, UNEP에서 발표한 자료에 따르면, 패션 산업의 생산 단계에서 배출되는 탄소는 전 세계 탄소 배출량의 10%로 항공·선박 분야보다 높은 수치라고 한다. 심지어 산업용 수질오염의 20%가 원단을 염색하고 처리하는 과정에서 버려지는 폐수에 의한 것이다. 매년 전체 섬유의 85%가 폐기되며, 세탁 시 약 50만 톤의 미세플라스틱이 발생해 바다에 버려진다. 패션 산업에 종사하는 노동자들의 인권문제도 여전히 심각한 사회적 이슈다. 겉으로는 아름

답고 화려해 보이지만 내부에는 여러 문제들이 산적해 있는 셈이다.

패션 산업에서 발생하는 문제들의 가장 큰 원인은 공급구조의 불투명성과 추적 가능성의 결여다. 원산지, 제조사가 모두 공개되는 식품과 달리 생산과 유통 과정을 추적할 수 없는 패션 생태계는 모두의 책임감을 떨어뜨린다. 이를 개선하기 위해서는 각 공급구조를 추적할 수 있는 플랫폼이 필요하다는 목소리가 커지고 있다. 호주의 스타트업 파이버트레이스가 좋은 예다. 섬유 내에 공급망 정보를 저장하는 방법을 개발해 옷의 추적 가능성을 실현하고, 지속 가능한 패션 시장의 미래를 제시하고 있어서다.

내가 재배한 목화는 어디로 갔을까?

파이버트레이스의 설립자인 대니엘 스태텀 Danielle Statham은 패션 디자인을 공부하며 자신의 이름으로 만든 브랜드로 창업을 꿈꾸던 학생이었다. 다니엘은 목화 cotton 농장을 운영하는 남편 겸 공동대표인 데이비드 스태텀 David Statham과 함께 직접 목화씨를 뿌려 재배한 코튼으로 옷을 만들고 싶었다. 이를 위해 그들이 할 수 있는 최고 수준의 친환경 재배환경을 조성하고, 양질의 목화를 키우기 위해 많은 투자를 했다. 자신들의 신념을 반영한 면직물을 생산하기 위해 노력한 것이다. 하지만 문제는 항상 방적 spinning mill 단계에서 발생했다. 호주에서 아무리

데이비드의 목화 농장

공들여 생산하더라도 일단 방적 공장에 보내지고 나면 전체 생산 비용을 낮추기 위해 저가의 섬유와 섞여 찾을 방법이 없었다. 그야말로 친환경 재배가 무의미해지는 상황이었다.

대니엘은 농장 근처에 방적 공장을 세워야겠다고 생각했지만, 수백만 달러의 비용을 감당한다는 건 현실적으로 불가능했다. 이대로 포기할 수 없다고 생각한 그녀는, 국제면화협회International Cotton Association에 연락해 섬유의 원산지를 추적할 수 있는 기술을 문의했다. 그렇게 해서 만나게 된 사람이 현재의 파이버트레이스를 있게 한 핵심 기술의 개발자 폴 스테닝Paul Stenning이다. 폴은 위조지폐 방지 기술 전문가로, 국제면화협회로부터 투명성 향상을 위해 모든 섬유 공정 과정을 견딜 수 있는 소재 및 기술을 발명해달라는 요청을 받은 상태였다. 몇 년 후 폴은 기술 개발에 성공하고 대니엘은 특허기술 독점 계약을 체결했다. 그리고 이는 전 세계 패션 산업에 추적 가능한 섬유를 공급하겠다는 더 큰 꿈을 갖는 계기가 됐다.

대니엘은 남편 데이비드, 친환경 청바지 제조 공장 설립자로 유명한 산지브 발Sanjeev Bahl과 함께 추적 가능한 염료pigment 기술과 블록체인 기반의 트래킹tracking 플랫폼을 제공하는 파이버트레이스를 2018년 공동으로 설립했다. 이들의 목표는 패션 브랜드 내 공급구조의 투명성을 향상하고 환경에 끼치는 부정적 영향을 줄일 수 있도록 지속 가능한 솔루션을 제공하는 것이다.

출처 | evokeag.com

파이버트레이스의 공동설립자 대니엘과 데이비드

특수 염료와 블록체인 기술의 만남

파이버트레이스의 핵심 기술은 폴이 개발한 추적 가능한 염료에 있다. 세라믹으로 만들어진 생체발광bioluminescent 염료는 섭씨 1,700도까지 녹지 않는 내구성으로 섬유 공정의 모든 과정을 견딜 수 있는 데다, 일부 화학물질과는 달리 먹을 수 있을 정도로 안전하고 재활용도 가능하다.

파이버트레이스의 추적 작업은 해당 특수 염료를 섬유에 넣는 것으로 시작된다. 섬유에 따라 첨가하는 레시피가 다르지만 방적 과정에서 염료를 섞으면 이후 어떤 단계에서든 파이버트레이스의 스캐너를 통해 정보를 담을 수 있다. 이렇게 스캔이 가능해진 섬유는 각 단계를 거치며 생산과 유통에 관련된 환경적·윤리적 정보, GPS 위치 데이터까지 실시간으로 블록체인에 기록된다. 그리고 기록된 데이터는 파이버트레이스 전용 플랫폼에서 확인할 수 있다.

더 반가운 소식은 이런 작업이 어렵지도 비싸지도 않다는 점이다. 목화솜 한 뭉치에 특수 염료 약 0.01~0.05%만 투입하면 바로 추적이 가능하다. 스캐너를 사용해 태그tag가 아닌 원단을 스캔해도 옷과 관련된 정보를 볼 수 있다. 섬유에 따라 다르긴 하지만 면으로 만들어진 티셔츠의 경우 한 장당 평균 3센트(약 35원) 정도의 비용이 든다. 매장에 도착한 옷은 매장 내 블루투스 스캐너나 모바일폰 스캔을 통해 옷의 목화 재배 과정부터 완성품이 돼 소비자를 만날 때까지의 모든 스토리를 확인할 수 있다.

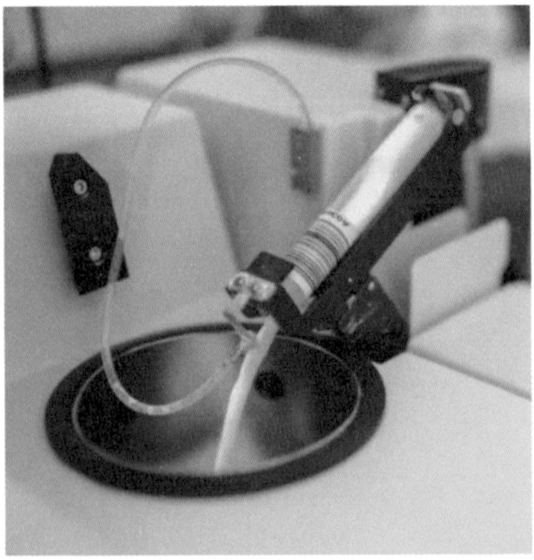

염료 투입 장면

2021년 2월, 파이버트레이스는 탄소 배출 관리 소프트웨어 프로그램을 개발한 카본 프렌들리Carbon Friendly와의 협업을 통해 핌Fibre Impact Module, FIM 시스템을 세계 최초로 출시했다. 이를 통해 아직 가공되지 않은 섬유의 원재료에서 배출되는 온실가스 배출량을 정확히 측정하고 추적할 수 있게 됐다. 여기에는 에너지, 물, 화학물질 사용량, 토양 탄소 함량 등이 포함된다. 환경적 영향에 대한 데이터는 국제 인증기관에 의해 검증을 받는다. 아직까지 핌은 면에만 적용되지만 울, 리넨, 마, 가죽 등 다양한 소재로 확대할 예정이다.

세계 최초 탄소 포지티브 청바지의 탄생

멜버른에 본사를 둔 '노바디 데님Nobody Denim'은 파이버트레이스가 컬래버레이션을 진행한 첫 번째 브랜드다. 최근 대니엘의 호주 목화

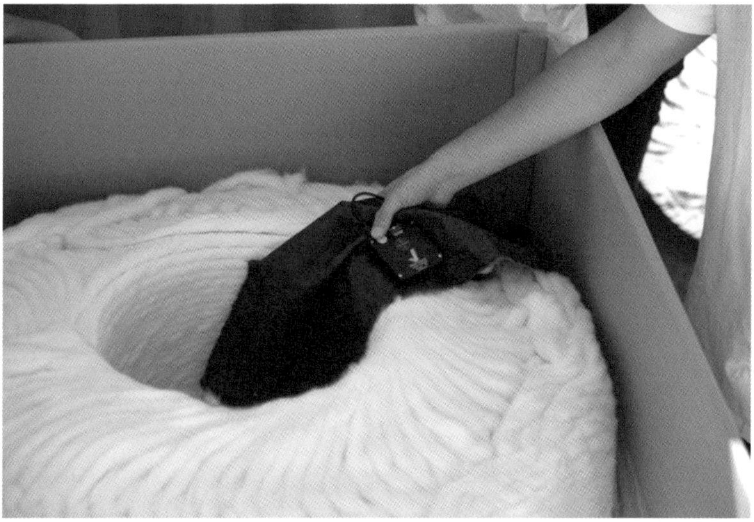
출처 | www.goodearthcotton.com

코튼 스캔 장면

농장에서 생산한 '굿 얼스 코튼Good Earth Cotton'으로 세계 최초 탄소 포지티브carbon positive 청바지 컬렉션을 선보여 화제가 됐다. 탄소 포지티브는 기후 포지티브climate positive와 같은 의미로, 대기로 배출한 이산화탄소 배출량보다 더 많은 양을 흡수하거나 제거해 탄소 순 배출량이 마이너스가 된 상태를 의미한다. 대니엘의 목화 농장에서는 태양광 등 재생에너지를 사용하고 토종 농작물의 성장과 조류가 서식하는 데 방해가 되지 않도록 최소한의 토양으로만 경작한다. 이러한 노력으로 굿 얼스 코튼은 탄소 포지티브 인증을 받았다. 2020년 10월 출시한 파이버트레이스와 노바디 데님의 청바지는 현재 온라인 및 오프라인 매장에서 판매 중이다.

노바디 데님의 청바지 스토리는 농장에서 목화를 수확할 때부터 시작된다. 목화씨를 제거하는 조면cotton ginning 단계에서 특수 염료를 넣어 스캔이 가능해지면, 파이버트레이스의 스캐너가 면섬유를 확인하고 정보를 플랫폼에 업로드한다. 그다음 터키 이스탄불에서 원사와 원단으로 만들어지기 전에 다시 스캔을 한 후 멜버른에 있는 노바디 데님으로 운송하면 재단, 바느질, 세척 등 마지막 손질이 이뤄진다. 소비자가 매장에 진열된 청바지의 QR코드를 스캔하면 어디서 면이 재배되고 가공됐는지, 환경적 영향은 어느 정도인지, 누가 어디서 만들었는지 등 상세한 내용을 확인할 수 있다.

출처 | www.fibretrace.io

파이버트레이스의 추적 가능 플랫폼

패션 산업에서 추적 가능성이 중요한 이유

2013년 방글라데시에 위치한 라나 플라자Lana Plaza 건물의 붕괴 사고로 의류 공장에서 근무하던 수천 명의 직원들이 사망하거나 부상을 당했다. 해당 공장에서 만들던 의류 브랜드에서는 자사의 제품이 그 공장에서 생산되는지 전혀 모르고 있었다고 한다. 대부분의 브랜드가 1개의 공급업체와 계약을 체결하고, 또 그 공급업체와 함께 일하는 수많은 하청업체가 있어 정보를 수집하기 불가능한 시스템인 까닭이다. 더욱이 지금처럼 공급구조가 글로벌화된 시대에 세계 각국에 위치한 수백 개 공급업체와 생산 공장의 근무 조건, 환경적 영향을 모니터하고 관리하는 건 불가능에 가까웠다. 하지만 라나 플라자 사고 이후 패션업계에서 변화의 목소리가 흘러나왔고, 글로벌 브랜드에서는 그동안 가려져 있던 공급업체 정보를 공개하기 시작했다.

디 나은 패션 산업의 미래를 위해 설립된 비영리 글로벌 단체인 '패션 레볼루션Fashion Revolution'에서는 매년 글로벌 패션기업 250개 사의 패션 투명성transparency 순위를 발표한다. 2021년 보고서에 따르면, 이탈리아 브랜드 OVS가 1위를 차지한 데 이어 H&M이 2위, 노스페이스The North Face, 팀버랜드Timberland가 공동 3위를 차지했다. 사실 10년 전만 해도 생산 공장에 대한 정보를 확인하는 것은 불가능한 일이었다. 하지만 재단, 바느질, 패킹 등이 이뤄지는 1차 협력사 목록을 공개하는 기업이 점차 증가하는 추세다. 단, 환경오염과 근로자 인권문제가 가장 많이 발생하는 단계인 원자재 공급업체를 공개한 기업은 아직까지 11%에 불과한 상황이다.

지속 가능한 패션이 제대로 자리 잡으려면

투명성과 이를 보완할 추적 가능성은 패션업계의 지속 가능성을 평가하는 중요한 기준으로, 장기적으로 산업 내 공급구조의 변화에 긍정적인 영향을 미치고 있다. 한국 역시 강력하고 통일된 규정을 마련해 기업에서 노력한 결과물이 지속적으로 모니터링되고 환경오염과 인권문제가 개선될 수 있도록 힘써야 한다.

이러한 흐름에 맞춰 자발적으로 투명성 리포트를 발표해 소비자들이 현명한 선택을 할 수 있도록 정보를 제공하고 이를 차별화 전략으로 내세우는 브랜드도 있다. 단순히 가성비로만 승부하는 것이 아니라 창업자의 스토리, 브랜드의 기원, 친환경 제조 과정, 직원 이름 등을 공유하고 공감대를 형성해 소비자들의 마음을 움직이는 것이다. 국내 패션 브랜드에서도 똑똑한 소비자들의 니즈를 충족시키고 지속 가능한 성장을 이루기 위해선 투명성 제고가 반드시 필요하다.

국내에서도 최근 지속 가능 패션과 관련해 주목할 만한 변화들이 일어나고 있다. 패션업계가 가치소비를 중시하는 MZ 세대의 성향을 고려해 친환경 행보에 나선 것이다. 상품의 70% 이상에 친환경 농법으로 생산한 천연 소재와 자투리 원단을 사용하는가 하면, 포장재 역시 180일 내 100% 자연 분해되는 비닐을 활용한 브랜드, 또 버려진 재고 제품에 창의적인 아이디어를 더해 새로운 제품으로 재탄생시키는 업사이클링 브랜드도 등장했다.

한국에서도 향후 파이버트레이스처럼 효율적으로 공급망을 관리하고 추적 가능성을 높이는 기술과 플랫폼에 대한 수요가 늘어날 것으로 전망된다. 앞으로 추적 가능한 기술이 모든 패션 브랜드에 적용돼, 호주 목화씨에서 탄생해 한국의 의류 공장에서 완성된 아름다운 티셔츠의 탄생 스토리를 보게 될 날을 기대한다.

강지선(멜버른 무역관)

컨셔스 패션

트랜스젠더 소녀를 위한 맞춤형 수영복, 루비스

댈러스

루비는 수영, 춤, 스케이트보드 같은 스포츠를 좋아하는 평범한 열두 살 소녀다. 또래 10대들처럼 루비도 스포츠 활동을 할 때 더 편하고 자신감을 주는 옷을 입고 싶지만, 적당한 옷을 찾는 게 쉽지 않았다. 특히 해변에서 수영을 즐기기 위한 비키니 수영복을 찾는 건 거의 불가능에 가까웠다.

루비는 아홉 살 때 남자에서 여자로 사회적 성전환◆을 했다. 열한 살이 됐을 때 루비는 아버지 제이미 알렉산더Jamie Alexander에게 다른 친

◆ 의학적 도움과 무관하게 사회적·외모적·법적 변화를 수반하는 전환을 의미한다.

구들처럼 비키니 수영복을 입고 싶다고 말했고, 부모님은 루비에게 수영복을 사줬다. 하지만 제이미는 혹시라도 비키니 수영복으로 인해 딸이 원치 않는 관심을 받게 될까 걱정이 됐다. 당시 트랜스젠더를 위한 수영복 브랜드가 몇 개 있긴 했지만, 입었을 때 딸이 편안해하는 수영복은 찾을 수 없었기 때문이다. 이에 제이미는 트랜스젠더 소녀를 위한 비키니 수영복을 직접 만들어야겠다는 결심을 했다. 이것이 바로 루비스RUBIES의 시작이다.

모든 소녀는 빛날 자격이 있다!

이후 제이미는 성전환 자녀를 둔 부모들과의 수많은 인터뷰를 통해 이들이 어떤 수영복을 원하고 필요로 하는지에 대한 연구와 고민을 거듭했다. 착용하기 편하고 보기에도 자연스러운 시제품을 만들어 비슷한 고민을 했던 가족들로부터 평가를 받았다. 이를 통해 제이미는 제품의 기능적인 면을 확신했다. 이 정도면 어떤 트랜스젠더 소녀라도 만족할 만하다고 생각한 것이다. 2020년 2월, 딸의 이름을 딴 '루비스'라는 이름으로 사업을 시작했다.

루비스의 첫 번째 제품은 '루비 셰이핑 비키니 하의Ruby Shaping Bikini Bottom'로 판매 가격은 44달러(약 5만 원)다. 기존에 판매되던 트랜스젠더용 비키니는 부피가 커 소녀들의 체형과 맞지 않았지만, 루비스의 비키니 하의는 압축 스판덱스와 메시**Mesh** 소재를 사용해 신체 부위를 고정하고 모양을 잡아주기 때문에, 멋진 옷태는 물론 활동하는 데 편안함까지 선사한다. 현재 색상은 검정과 분홍 두 가지 중 선택할 수 있으며, 사이즈는 4에서 24(허리둘레 18인치에서 40인치)까지 제공돼 대부분의 성인도 입을 수 있다.

소비자들의 평가도 긍정적이다. 제품 리뷰를 보면 루비의 가족과 같은 고민을 했던 이들이 '타인의 시선에 대한 염려 없이 마음껏 수영을 즐길 수 있게 됐다', '루비스의 제품을 통해 편안함과 자유를 얻어 감사하다'라고 쓴 내용을 쉽게 찾아볼 수 있다. 루비스는 비키니 하의 외에도 압축 원단을 사용한 원피스 수영복을 51달러(약 6만 원)에 판매한다. 또한 트랜스젠더 아이들이 루비스의 비키니 하의를 속옷으로 입고 있다는 점에 착안, 이들을 위한 속옷**Shaping Underwear**을 출시해 25달러(약 3만 원)에 판매하는 등 비즈니스를 계속 확장해나가고 있다.

루비스는 현재 "모든 소녀는 빛날 자격이 있

출처 | KOTRA 댈러스 무역관

루비스의 티셔츠와 비키니 하의

다Every Girl Deserves to Shine"라는 캐치프레이즈의 캠페인을 전개 중이다. 경제적 여유가 없어 루비스의 제품을 살 수 없는 이들을 위해 무료로 전 세계에 비키니 하의를 보내주는 캠페인이다. 이에 대해 루비스의 창립자인 제이미는 트랜스젠더 아이들은 세계 여러 곳에 살고 있고, 어디에 사느냐에 따라 사회적인 지지를 받지 못할 수도 있다고 강조했다. 이외에도 루비스는 전 세계인들에게 더 가까이 다가가기 위해 최근 웹사이트를 개편했다. 영어 외에 독일어, 스페인어, 프랑스어, 포르투갈어, 중국어 등 5개 언어를 추가로 제공한다. 또한 루비스는 호주, 뉴질랜드, 독일, 스페인, 이탈리아 등지로 성전환 소녀들을 위한 비키니 수영복을 배송한다. 이에 대해 루비는 같은 고민을 하던 또래 친구들이 루비스의 제품을 통해 수영, 춤, 체조와 같이 그들이 좋아하는 활동을 다시 즐길 수 있게 돼 매우 기쁘다고 밝혔다.

성소수자 인권의 달을 함께 기뻐하고 포용하다

우리나라에서는 아직 생소하지만 매년 6월은 성소수자 인권의 달이다. 미국에서는 이를 기념해 다수의 기업이 성소수자를 위한 다양한 캠페인을 펼치며, 성소수자 커뮤니티를 상징하는 프라이드Pride 깃발의 무지개 색상을 이용한 제품들을 여럿 선보인다.

애플은 성소수자 유소년, 청년 및 가족에게 안전한 공간을 제공하는 인서클Encircle, 성소수자에 대한 사회 정의를 실현하는 국립트랜스젠더평등센터National Center for Transgender Equality 등 성소수자 커뮤니티를 지원한다. 2016년에는 성소수자에 대한 지지를 표명하기 위해 프라이드 에디션 애플워치를 출시했고, 2021년 5월에도 다양한 성소수자 운동을 축하하고 지원하기 위해 새로운 프라이드 에디션 시계 페이스와 2종의 시계 밴드를 출시했다.

시리얼로 유명한 켈로그Kellogg's는 성소수자 커뮤니티에 대한 수용을 가속화하고 평등을 증진시키기 위한 단체인 글래드GLAAD와 제휴해 '투게더 위드 프라이드Together With Pride' 제품을 선보였다. "당신이 누구든 또는 누구를 사랑하든 당신은 (시리얼) 상자에 들어가기엔 너무 멋지다"라는 내용을 담고 있으며, 소비자들은 틱톡을 통해 #Boxes Are For Cereal Challenge에 참여할 수 있다. 또한 소비자가 시리얼 구매 영수증을 업로드하게끔 독려, 상자 1개당 3달러(약 3,500원), 최대 14만 달러(약 1억 6,300만 원)를 글래드에 기부할 계획이다.

청바지로 유명한 리바이스Levi's는 2018년부터 매해 성소수자 인권의 달에 관련 컬렉션을 선보인다. 2021년에는 "모든 대명사, 모든 사랑All Pronouns. All Love"이라는 컬렉션을 선보여 성별에 상관없이 모두를 존중하고 포용한다는 것을 강조했다. 이 컬렉션의 수익금 전부는 세계 성소수자의 권리를 지지하고 연구하는 단체인 아웃라이트 액션 인터내셔널OutRight Action International에 기부된다.

대표적인 스니커즈 브랜드인 컨버스Converse도 매년 프라이드 컬렉

출처 | 애플

프라이드 에디션 애플워치

출처 | 켈로그

켈로그의 투게더 위드 프라이드 시리얼

출처 | 에스티 로더

에스티 로더 직원들이 2019년 뉴욕에서 열린 세계 프라이드 축제를 축하하고 있다

션을 선보인다. 이를 통해 2015년부터 2020년까지 6년간 130만 달러(약 15억 1,900만 원) 이상을 성소수자 단체에 기부했다. 또한 2021년에 판매된 프라이드 컬렉션의 수익금 일부는 성소수자 청소년을 돕기 위한 '잇 겟츠 베터(It Gets Better)' 프로젝트에 기부했다.

이외에도 디즈니 Disney, 갭 Gap, 에스티 로더 Estee Lauder Companies, 랄프 로렌 Ralph Lauren, 리복 Reebok, 스키틀즈 Skittles, T.G.I.프라이데이스 TGI Friday's, 더바디샵 The Body Shop 등 여러 기업이 성소수자 인권의 달 관련 캠페인을 진행한다. 수많은 글로벌 기업이 성소수자의 인권과 권익 향상을 위한 지지를 표명하는 것이다. 이는 오늘날 '포용'이라는 단어가 기업 내에서나 사회적으로 중요한 키워드가 됐다는 것을 보여주는 증거이기도 하다.

성소수자를 위한 시장 확장은 현재진행형

성소수자에 대한 사회적 인식이 나아지고, 성소수자들 또한 목소리를 높여 스스로의 권리를 주장함에 따라, 이들의 삶을 돕기 위한 맞춤형 브랜드들이 속속 시장에 등장하고 있다.

Gc2b는 2015년 트랜스젠더가 설립한 기업으로, 압박용 브래지어 Binder 전문 브랜드다. Gc2b의 설립자이자 CEO 겸 디자이너인 말리 워싱턴 Marli Washington은, 기존 압박용 속옷이 착용하기에도 불편하고 트랜스젠더를 위해 만들어진 제품이 아니라는 것을 깨달았다. 말리는 제품 디자인과 직물에 대한 자신의 노하우를 활용, 트랜스젠더가 디자인해 더 편안하면서도 기능이 탁월한 트랜스젠더를 위한 압박용 속옷을 출시했다. Gc2b의 강점은 트랜스젠더가 운영하는 기업이기 때문에, 소비자가 원하는 바를 제대로 이해하고 이를 제품에 잘 녹여낸다는 점이다. Gc2b의 압박용 브래지어는 트랜스젠더용 가슴 압박을 위해 특별히 설계되고 특허받은 최초의 의류다. 또한 Gc2b는 커뮤니티 중심의 이니셔티브를 통해 긍정적인 변화를 일으키려는 노력도 함께한다. 100개 이상의 성소수자 단체를 후원하고, 기부 프로그램을 통해 필요한 이들에게 자사의 제품 6,000개 이상을 기증한 것 역시 이런 맥락에서다.

성소수자들을 지지하고, 성소수자 커뮤니티를 강화하고자 노력하는 브랜드로 톰보이X TomboyX도 있다. 실제로 톰보이X는 유스케어 Youthcare, 프리덤 펀드 네트워크 Freedom Fund Network, 세이프스페이스 인터내셔널 SafeSpace International 같은 성소수자 커뮤니티 지원 단체들을 꾸준히 돕고 있다. 제품 역시 모든 신체조건과 요구사항, 크기나 성별 스펙트럼을 충족시킬 수 있도록 사려 깊고 아름다운 제품을 디자인하고 제조하는 데 집중한다. 톰보이X의 베스트셀러는 여성성을 강조하는 기존의 브래지어가 아닌 가슴을 압박하는 브래지어(가격 39달러)로, 모든 신체를 위한 브랜드답게 3XS(가슴 27~29.5인치, 엉덩이 24~25인치)에서 6X(가슴 60~62인치, 엉덩이 53~55인치)까지 매우 넓은 범위의 사이즈를 제공한다.

미국 최대 핸드메이드 전문 온라인 쇼핑 플랫폼인 엣시Etsy에 입점한 레오라인스LeoLines도 트랜스젠더 여성을 염두에 두고 디자인한 제품들을 판매한다. 압박 속옷은 편안함, 안정감 등 기능성을 고려해 특별 제작한 것이 특징이다. 트랜스젠더용 제품 외에 성 중립적인 속옷과 수영복 라인도 제공한다. 고객들은 레오라인스 제품에 대해 착용감이 좋고 입었을 때 편안하며 실용적이고 품질이 우수한 데다, 기능성까지 뛰어나다고 평가한다.

톰보이X의 베스트셀러인 브래지어

출처 | 톰보이X

톰보이X의 레인보우 하트 제품

시각을 바꾸면 기회와 가능성은 얼마든지 있다

2021년 2월 갤럽Gallup이 발표한 조사 결과에 따르면, 미국 성인 중 5.6%가 성소수자다. 이는 2017년 4.5%에서 1.1%포인트 증가한 수치로, 더 많은 이들이 '옷장에서 나와(커밍아웃)' 스스로를 성소수자로 분류하고 있다. 특히 젊은 층에서 성소수자 비율이 높은 현상이 두드러지는데, Z 세대의 15.9%, 즉 6명 중 1명은 자신이 성소수자라고 응답했다. 캘리포니아주립대학교 산타크루즈 캠퍼스의 성별다양성연구소Sexual and Gender Diversity Laboratory 감독이자 심리학 교수인 필립 해맥Phillip Hammack은 갤럽의 조사 결과와 캘리포니아의 청년 성소수자에 관한 자신의 연구 내용이 일치한다고 밝히며, 젊은 층에서 성소수자 인구가 증가한 주요 이유는 인터넷 때문이라고 지적했다. 그의 의견처럼 유튜브, 인스타그램 등 인터넷을 통해 관련 정보를 얻기가 더 쉬워진 것이 성소수자 인구 증가의 원인이라면, 성소수자 인구 비율은 점점 더 높아질 것으로 보인다. 또한 성소수자를 대표하는 인물들이 주류 매체에 더 많이 등장하면서, 성소수자를 환영하고 포용하는 사회적 기반이 형성되고 있다. 성소수자들이 공개적으로 자신의 성 정체성을 드러내는 데 더 편안함을 느끼는 이유다.

우리나라의 경우 아직까지 성소수자에 대한 구체적인 통계가 마련돼 있지 않은 데다, 사회적으로 부정적인 인식과 편견이 강해 여전히 다루기 민감한 주제로 통한다. 그러나 미국의 조사기관인 퓨리서치센

'동성애를 사회적으로 인정해야 하는가?'라는 질문에 '그렇다'라고 응답한 국가별·연령별 비율

국가	18~29세(%)	30~49세(%)	50세 이상(%)	젊은층-노년층 응답 비율 차이
한국	79	51	23	+56
일본	92	81	56	+36
슬로바키아	61	54	27	+34
리투아니아	47	36	15	+32
그리스	66	54	37	+29
체코	75	67	47	+28
헝가리	65	57	7	+58
폴란드	60	59	33	+27
멕시코	77	72	53	+24
러시아	31	12	7	+24
브라질	82	67	59	+23
불가리아	47	35	24	+23
미국	82	77	64	+18
필리핀	80	74	63	+17
아르헨티나	85	76	70	+15
남아프리카공화국	59	54	46	+13
터키	34	22	23	+11
캐나다	91	92	81	+10
프랑스	92	86	84	+8
레바논	18	12	10	+8
스웨덴	96	98	90	+6
나이지리아	9	6	3	+6

출처 | Pew Research Center, Spring 2019 Global Attitudes Survey, Q31

터Pew Research Center의 한 연구 결과를 보면, 한국도 성소수자에 대한 시각이 빠르게 변화하고 있음을 확인할 수 있다. '동성애를 사회적으로 인정해야 하는가?'라는 질문에 2002년에는 한국인 중 25%만이 그렇다고 대답했으나 2019년에는 44%로 크게 증가했다. 특이점이 있다면 한국의 경우 다른 국가에 비해 연령별 인식의 차이가 현저히 크다는 점이다. 대중적 인식이 확산된다면 시간이 지남에 따라 성소수자를 포용하는 사회적 분위기가 빠르게 조성될 것으로 조심스럽게 예상할 수 있다.

기업자문·자산관리 기업인 LGBT 캐피털LGBT Capital은 전 세계 성소수자들의 구매력이 3조 7,000억 달러(약 4,325조 3,000억 원)에 달한다고 예상한 바 있다. 이제 더 이상 성소수자 소비자를 무시할 수 없을 만큼 시장 내 중요도가 커진 것이다. 글로벌 기업들이 성소수자를 지지하는 다양한 캠페인을 실시하는 배경이 이해가 되는 부분이다.

우리 기업들도 성소수자를 보는 시각이 달라졌다. 이미 패션계에서는 트랜스젠더 모델을 패션쇼 무대에 캐스팅하는 등 변화가 일어나고 있다. 소비자로서 성소수자들의 목소리도 높아지는 추세다. 그럼에도 아직은 한국 사회에서 성소수자를 공개적으로 지지하는 것은 쉽지 않은 문제다. 점차 이들의 존재를 인정하고 젠더 프리를 강조하는 세대가 주류가 될수록 성소수자의 니즈를 제대로 파악하고 반영한 제품 혹은 서비스가 우리 시장에서도 인정받는 날이 올 것이다.

이성은(댈러스 무역관)

물과의 전쟁 The Struggle for Water

| 현실화되는 물 부족, 위기를 기회로 만든 비즈니스 |

지구의 70%가 물이지만, 그중 인간이 마실 수 있는 물은 97.5%의 바닷물을 제외한 단 2.5%에 불과하다. 이마저도 대부분 빙하와 지하수로 0.007%의 물만 사용 가능하다고 한다. 최근 들어 각종 환경오염과 기후 변화로 전 세계 곳곳에서 물 부족 문제가 심각해지고 있다. 2025년에는 전 세계 인구 3분의 2가 물 부족 문제의 영향을 받을 것이란 전망까지 나왔다. 우리는 잘 갖춰진 상하수도 시설 덕분에 일상생활에서 크게 물 부족을 느끼지 못하고 있지만, 언제 문제가 발생한다고 해도 이상하지 않은 상황이다. 공기 중의 물을 제습과 동시에 정수하는 공수기부터 바다를 청소하는 해양 정화 로봇, 최적의 물질 배합을 통해 육상에서도 어류 양식이 가능한 호적환경수에 이르기까지, 물에서 아이디어를 얻으며 고군분투하고 있는 각국의 비즈니스를 소개한다.

물과의 전쟁

'물'에서 아이디어를 얻은 세 가지 혁신 솔루션

도쿄

수도 설비가 없어도 손 씻기가 가능하다? 초원에서 해수어를 키운다? 99.9%가 물인 살균제가 있다?

불가능한 듯 보이는 아이디어를 현실로 만든 일본 기업과 연구팀이 있다. 물 처리 장치를 제조·개발하는 환경 스타트업 워타WOTA, 해수어의 육상 양식을 위한 물 '호적환경수(好適環境水)'를 개발한 오카야마이과대학 연구팀, 거의 물에 가까운 혁신적 살균제 '아쿠아 크리에이트Aqua Create'를 출시한 아스제약(アース製薬)이 그 주인공이다.

이들의 공통점은 바로 '물'에서 얻은 아이디어에 획기적 기술을 더해 물 부족 문제를 해결할 제품을 만들어냈다는 것이다. 게다가 ESG,

지속 가능 발전 목표Sustainable Development Goals, SDGs, 윤리적 소비◆, 위드 코로나With Corona◆◆ 등 현재 중요한 화두로 급부상하는 가치를 제품에 반영한다는 점도 주목할 만하다.

수도 없이 설치 가능한 친환경 손 씻기 장치 '워시'

코로나19는 손 씻기를 일상의 중요한 습관으로 만들었다. 문제는 길거리에서 손 씻을 곳(주로 화장실)을 찾기가 쉽지 않고, 대체품인 알코올 소독제의 경우 자주 사용하면 손이 거칠어진다는 것이다. 손 씻기 스탠드 '워시WOSH'는 바로 이런 위드 코로나 시대에 적합한 제품이다.

물 처리 장치를 제조·개발하는 도쿄대학의 환경 스타트업 워타가 개발한 이 제품은 세련된 분위기의 드럼통 모양으로 수도 설비가 없는 곳에서도 설치할 수 있다는 게 가장 큰 특징이다. 절수 능력도 뛰어나다. 보통 손을 씻는 데 약 12ℓ의 물◆◆◆이 소비되는데, 워시는 물을 사용한 후 정화를 반복하는 시스템이라 20ℓ의 물로 500회 이상 손을 씻

◆ 소비자가 윤리적 가치 판단의 기준으로 상품이나 서비스를 구매하는 것을 의미한다. 공정무역에 의한 상품을 구입하고, 인간·동물·환경에 해를 끼치는 상품은 피하는 것 등이 해당된다.

◆◆ 코로나19와 함께 살아간다는 뜻으로 마스크와 비대면, 사회적 거리두기에 익숙해진 일상을 지칭한다.

◆◆◆ 1분간 수돗물을 틀어놓은 상태를 기준으로 한 도쿄도 수도국 조사 결과다.

을 수 있다. 위생 면에서도 손색이 없다. 바이러스의 약 100분의 1에 해당하는 1~2nm(나노미터) 크기의 구멍이 있는 필터로 물을 여과하고, 염소나 심자외선으로 제균해 WHO의 음용수 가이드라인에 맞는 수질까지 정화할 수 있다. 더욱이 손을 대면 자동으로 물이 나오는 비접촉 센서 기능, 수도꼭지 근처에 스마트폰을 올려두면 손을 씻는 동안 심자외선으로 살균하는 장치 등 코로나 시대에 적합한 감염 예방 설비로도 크게 주목받았다.

샤워가 가능한 워타 박스WOTA BOX도 있다. 일본 주택에 설치된 평균 크기 욕조를 가득 채웠을 때의 절반에 불과한 약 100ℓ의 물로 무려 100명이 샤워할 수 있는 획기적인 설비다. 3분 동안 계속 물을 틀어놓을 경우 약 36ℓ의 물을 사용하게 된다는 점을 고려할 때, 그 3배에 불과한 물로 100명이 샤워할 수 있다는 건 거의 기적에 가깝다.

이 같은 일이 가능한 건 사용한 물을 98% 이상 재생해 순환 이용하는 독자적 물 처리 자율제어 기술 워타 코어WOTA CORE 덕분이다. 기존 물 처리 시설은 현장 전문 인력의 경험과 감각에 의지하는 장인 시스템이 주였지만, 워타 코어는 이런 아날로그식 물 처리 시스템을 독자적인 센서나 인공지능의 알고리즘을 활용해 디지털로 전환했다. 구체적으로는 자체 개발 사물인터넷 센서를 사용해 수질이나 여과막 등의 상황을 파악하고 그 데이터를 기반으로 인공지능이 자동으로 물을 처리하는 구조다. 모든 제품에서 추출한 데이터를 바탕으로 인공지능 알고리즘의 상시 업데이트를 반복한다는 점도 남다르다.

물 처리·물 순환 분야의 독보적 신기술인 워타 코어에 기반한 제품은, 2016년 구마모토 지진 당시 피난소에 시험용 기기를 적용한 샤워기를 제공한 게 시초다. 이후 지금까지 13개 지자체와 20개 대피소에서 총 2만 명 이상이 워타 코어 제품을 이용했다. 특히 새로 배관 공사를 하지 않아도 되고 배수 방출로 인한 환경 오염을 걱정할 필요도 없어, 수도 설비가 마련되지 않은 해변가에서 주로 애용된다. 서핑, 세일링 등의 해양 스포츠 국제대회에 도입돼 좋은 반응을 얻은 터라 향후 활용 범위는 더욱 늘어날 것으로 예상된다.

현재 일본에서는 고도 성장기 이후 정비된 도로, 다리, 항만 등 공공 인프라의 노후화가 심각한 문제로 떠오른다. 동시에 인구 감소와 저출산, 고령화가 심화됨에 따라 물 처리 시설의 근본적인 운영 효율화와 저비용화에도 관심이 쏠리는 상황이다. 또한 전문 작업인의 고령화와 인력 부족에 대응하기 위해서라도 물 처리 기술의 탈(脫) 장인화, 디지털화가 필수적이다. 워타 코어의 역할이 앞으로 더 중요해질 것이라 전망하는 이유다.

워타 코어 시스템을 개발한 워타의 마에다 요스케 Maeda Yosuke 대표는 자사의 기술과 제품을 보급해 '자율분산형 물 순환 사회'를 실현하는 것이 목표라고 밝혔다. 이는 기존의 대규모 집중형 물 인프라와 달리 소규모 분산형 물 인프라를 각 지역에 다량으로 설치해 물 부족 문제를 해결하는 방안이다. 이제 자연의 원리에 따른 '지구의 거대한 물 인프라'에 의존해 효율성을 추구하던 시대는 지났다. 지금은 우리의 생활환경 속에서 물을 순환 이용하는 것이 당연한 시대다. 물 순환에 절수, 살균 개념까지 갖춘 친환경 워타 코어 제품을 선택할 이유 역시 분명하다.

몽골의 초원에서 해수어를 양식하는 제3의 물, '호적환경수'

전 세계적인 인구 증가와 난획으로 수산 자원이 고갈되는 가운데, 최근 어업에서 가장 주목받는 테마는 바로 '육상 양식'이다. UN 식량농업기구Food and Agriculture Organization, FAO에 따르면 2016년 전 세계 양식업의 생산량은 1억 1,000만 톤으로, 천연 수산 자원 어획량인 9,200만 톤보다 높은 수준이다. 건강한 식재료인 생선을 먹는 사람이 늘어나고 아시아를 중심으로 생선의 생식 수요가 증가하면서 생선 소비량도 함께 늘어, 이제는 더 이상 양식 없이는 생선을 조달할 수 없는 형편이다. 그러나 해양 양식은 대량의 사료나 배설물 등을 바다에 흘려보내 해양 환경에 큰 부담을 준다. 이에 대한 해결 방안으로 등장한 것이 육상 양식이다.

오카야마이과대학의 야마모토 토시마사Yamamoto Toshimasa 준교수 연구팀은 바다가 없는 몽골 울란바토르에서 육상 양식을 시도하고 있다. 해안 지역에서 직선거리로 1,400km 이상 떨어진 몽골에서 해수나 담수와 관계없이 해수어가 양식된 것은 이번이 처음이다. 이를 가능케

몽골에서 운영하는 해수어 양식 시설과 양식어

출처 | 오카야마이과대학

한 것이 바로 야마모토 준 교수 연구팀이 개발한 '호적환경수'다.

호적환경수는 해수도 담수도 아닌 일종의 '인공 사육수'로, 바닷물에 존재하는 원소 중 양식 대상이 되는 생물에 필요한 원소를 최소한의 농도로 조정한 물이다. 구체적으로는 해수 속 약 60여 개 성분 가운데 물고기의 생육에 불필요한 물질을 제거하고 남은 나트륨, 칼륨, 칼슘 등 세 가지 성분의 전해질(소량의 농도)을 담수에 추가한 것이다.

이렇게 만들어진 호적환경수는 일반 해수나 기존의 인공 해수에 비해 물고기의 성장을 가속화한다. 보통 흰다리새우의 경우 출하할 때까지 4~5개월의 기간이 소요되지만, 호적환경수에서 자란 새우는 3개월이면 충분하다(다모작 기회 창출 가능). 또한 호적환경수에서 양식한 물고기의 스트레스 지표(히트쇼크 프로틴 수치,Hsp70)를 실증 실험에서 계측한 결과, 해수보다 60%나 스트레스 지수가 낮은 것으로 밝혀졌다. 해수보다 호적환경수로 양식할 때 물고기가 스트레스도 덜 받고 빠르게 성장한다는 것이다.

물이나 시설 가동에 필요한 에너지만 확보되면 장소에 상관없이 해수어를 양식할 수 있다는 점도 호적환경수의 큰 매력이다. 특히 호적환경수에서 양식한 물고기는 질병 발생률이 매우 낮아 약물을 투여할 필요가 없기 때문에 안전성이 보장되고, 생산 비용도 인공 해수보다 약 10분의 1 수준으로 저렴하다.

양식Aquaculture과 수경재배Hydroponics를 결합한 차세대 순환형 식량 생산 시스템인 '아쿠아포닉스Aquaponics'를 실현했다는 것도 강점이다.

물고기 배설물에서 나오는 인과 질소를 함유한 물을 채소 플랜터planter에 연결해 수경재배의 비료로 이용하는 방식이다. 해수를 사용하면 염해로 채소가 말라버리고 마는데, 호적환경수는 염분을 포함하지 않아 그럴 우려가 없고 물을 일절 교체할 필요가 없다는 점에서 매우 획기적이다.

연구팀은 현재 호적환경수로 참치, 일본 장어, 복어, 새우 등 14종의 해수어 양식에 성공했다. 일본에서는 이미 호적환경수에서 자란 생선이 판매된다. 해수 조달이 어려운 산속이나 사막에서도 호적환경수로 양식할 수 있는 데다, 채소의 수경재배도 가능해 일석이조다. 야마모토 준교수는 "앞으로는 밭에서 바닷물고기를 양식할 수 있는 농어(農漁) 시대가 올 것"이라고 언급했다.

해수도 담수도 아닌 제3의 물 호적환경수는 해양 오염뿐 아니라 식량 위기나 인구 감소에 따른 제1차 산업의 노동력 부족 문제를 해결하고 수산 자원까지 보전해주는 '기적의 물'이라 할 수 있다.

출처 | 오카야마이과대학

호적환경수로 양식 중인 다양한 양식어

거의 물에 가까운 혁신적 살균제, '아쿠아 크리에이트'

위드 코로나 시대의 필수품 중 하나가 바로 소독제 혹은 살균제다. 특히 살균제는 감염 예방이 목적이긴 하지만 성분이 독해 몸에 안 좋다는 인식이 강하다. 소비자들이 살균제 구매 시 성분을 꼼꼼히 따져보는 이유다. 하지만 2020년 말 일본 아스제약에서 출시한 혁신적 살균제 '아쿠아 크리에이트'라면 걱정할 필요가 없다. 이 살균제의 성분은 99.985% 이상이 물이라 거의 물에 가깝다. 따라서 일반 살균제인 염소계 소독제나 고농도 알코올에 비해 안전성이 높다. 덕분에 식기와 조리기구 등 입에 닿는 물건에도 안심하고 사용할 수 있다. 가연성이 없어 주방에서도 안전하며, 일반 알코올 소독제를 사용할 때 손이 거칠어지는 현상이나 염소계 살균제 특유의 냄새에서도 자유롭다. 금속의 부식, 합성수지의 변색 등도 일어나지 않는다.

이처럼 거의 물에 가까운 상태인 아쿠아 크리에이트가 어떻게 살균제 역할을 할 수 있는 걸까? 그 비밀은 필요시 생성되는 아염소산 이온 수용액인 'MA-T Matching Transformation System' 수용액에 있다. MA-T는 보통 거의 물에 가까운 상태지만 바이러스나 균이 존재하는 경우에는 필요한 만큼 살균 성분이 생성돼 바이러스 등을 공격·분해한다. 따라서 영유아부터 고령자까지 누구나 걱정 없이 사용할 수 있다.

MA-T는 ㈜에이스넷 Acenet이 1993년부터 17년간에 걸쳐 개발한 살균·탈취제 시스템으로, 2015년 오사카대학의 연구에 의해 그 원리가 공개됐다. MA-T는 예전부터 아나ANA, 잘JAL, 피치PEACH 등 일본의 거의 모든 항공사와 많은 호텔에서 사용됐지만, 공급량과 생산 비용의 문제 등으로 일반용보다는 주로 B2B로 판매됐다. 시장 규모 역시 10억 엔(약 106억 원) 정도로 비교적 작은 편이었다. 하지만 코로나19를 계기로 MA-T 제품은 소독(불활성화)이 99.9% 가능하다는 점이 실증되면서 다시 주목받았다.

2020년 말에는 기술 향상과 더불어 MA-T를 널리 알리기 위해 일본 MA-T 공업회를 설립하고, 새로운 인증 제도인 'MA-T JAPAN 인증'도 창설했다. MA-T는 의료, 에너지, 생명과학, 소재, 환경 등 광범위한 분야에서 응용되기 때문에 아스제약, 오바야시구미Obayashi, 카오Kao, 스미토모화학Sumitomo Chemical, 히타치, 미쓰비시상사Mitsubishi 등 대기업을

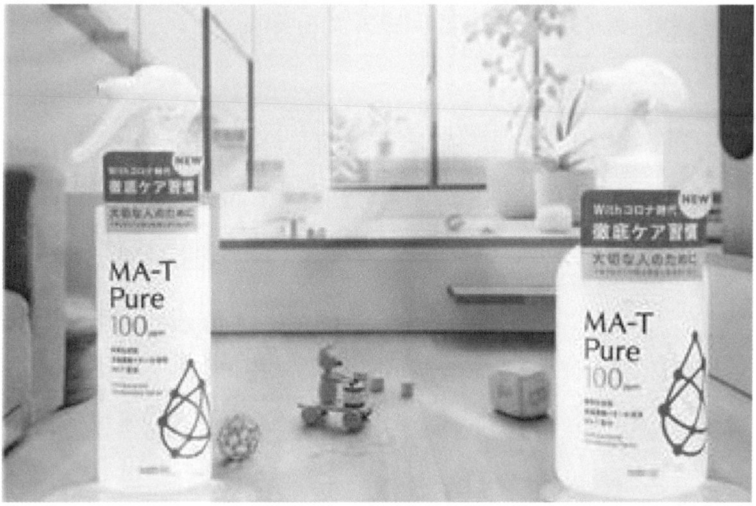

출처 | 맨덤

화장품 제조사 맨덤이 MA-T를 배합해 판매하는 'MA-T 퓨어 제균·냄새 제거 스프레이'

포함한 60개 이상의 기업이 이 공업회에 참여해 혁신적 비즈니스 기회를 찾고 있다.

아스제약은 이전까지 벌레로 인한 감염증 관련 제품의 제조사였으나, MA-T 성분의 살균제 아쿠아 크리에이트 출시를 계기로 MA-T를 활용한 '감염증 종합 케어 회사'로 변화를 모색하고 있다. 이를 위해 앞으로 3년간 약 50억 엔(약 530억 원)을 투자하고, 최종적으로는 100억 엔(약 1,060억 원) 규모의 비즈니스를 전개할 예정이다. 현재 아스제약뿐 아니라 화장품 제조사인 맨덤 코퍼레이션Mandom Corporation도 이 사업에 참가하고 있으며, 향후 신규 진출 기업의 증가와 시장 확대 역시 기대되는 상황이다.

21세기, 석유가 아닌 물의 전쟁이 시작됐다

1995년, 당시 세계은행의 부총재였던 이스마일 세라겔딘Ismail Serageldin은 "20세기가 석유 전쟁 시대였다면, 21세기에는 물의 전쟁이 벌어질 것"이라고 예측했다. 그의 예측은 현실이 됐다. 2000년대에 들어서면서 전 세계에서 물을 둘러싼 대립이 계속되고, 그 심각성도 매년 커지고 있다. 미국 세계자원연구소World Resources Institute, WRI에 따르면 세계 인구의 4분의 1에 해당하는 17개 국가의 경우 워터 스트레스*가 매우 높은 상황이며, 그중 12개국이 중동과 북아프리카 국가다. 세계

인구의 약 7.5%가 이 지역에 살지만 담수량은 1.4%에 그친다. 물 부족은 무력 분쟁이 자주 발생하는 이 지역의 분쟁 원인 중 하나다.

수자원 문제는 결코 외면해서는 안 될 지구촌 모두의 문제다. 지구상에는 약 14억㎦ 상당의 물이 존재하지만, 97.5%는 바닷물이고 나머지 2.5%(그중 70%는 남극·북극의 빙하)는 담수로, 실제 사람이 이용할 수 있는 물은 0.01%에 불과하다. 세계 인구 증가에 따라 물 수요가 늘어나는 한편, 미세플라스틱 등으로 인한 물의 오염도 심각해진다. 물 부족 문제는 어느 한 지역을 넘어 세계 규모의 분쟁으로 이어질 수도 있다.

한정된 자원인 물에서 착안한 아이디어에 혁신적 기술을 더해 물 부족, 코로나19 등 전 세계 공통의 문제 해결에 도전한 위 3개 기업과 연구팀의 성과는 여러 면에서 시사하는 바가 크다. 물론 이들의 획기적인 아이디어는 제품의 청사진을 그리는 데 그쳤을 뿐 아직 양산화 체제를 갖추지 못한 경우도 적지 않다. 그런 점에서 한국 기업들이 위탁 생산을 통해 비즈니스에 참여하는 것도 기회의 한 방법이라고 생각한다. 더불어 제3국으로의 공동 진출도 검토해볼 가치가 있다.

그러나 가장 좋은 시나리오는 한국이 독자적으로 물 관련 비즈니스를 주도하는 것이다. 2019년 대구시 달성군에 조성한 국가물산업클러스터가 좋은 기반이 될 수 있다. 한국물기술인증원과 함께 '기초 연구 → 제품 개발 → 성능 확인 → 인·검증 → 사업화 → 해외 진출'로 이어

◆ 물 수급의 핍박도가 높을수록 수자원의 불안정한 공급으로 갈수(渴水) 상태가 되는 것을 의미한다.

지는 전 주기 지원 체계를 구축했기 때문이다. 996조 원 규모에 달하는 글로벌 물 시장 선점을 위해 환경부 주도로 2020년 처음 도입한 '혁신형 물기업 지정 제도' 역시 주목할 만하다. 시간은 다소 걸릴 수 있지만 정부 차원의 지속적·체계적 지원이 이어진다면, 앞서 언급한 일본 기업과 연구팀의 사례처럼 눈에 띄는 성과를 거둘 가능성은 충분하다.

하세가와 요시유키(도쿄 무역관)

물과의 전쟁

작지만 똑똑한 인공지능 바다청소부, 클리어봇

홍콩

2021년 여름 JTBC에서 방영된 〈바라던 바다〉에는 매번 배우 김고은의 '바다지킴이' 활약이 등장한다. 바닷속 깊이 침잠한 해양 쓰레기들을 수거하는 장면이 펼쳐졌다. 상당한 무게의 다이빙 장비를 짊어진 채 청소하는 모습은 해양 쓰레기 문제가 얼마나 심각한지 실감케 한다.

실제 범람하는 해양 쓰레기는 전 세계의 골칫거리로 자리매김한 지 오래다. 이는 한국뿐 아니라 홍콩 역시 마찬가지다. 홍콩 해양관리부Marine Department에 따르면, 홍콩은 국토 면적이 한국의 1.1%에 불과한 수준임에도 매년 약 1만 5,000톤의 해양 쓰레기가 발생한다. 2020년에는 한국에서 발생한 쓰레기 총량의 10분의 1에 해당하는 총 1만 3,800

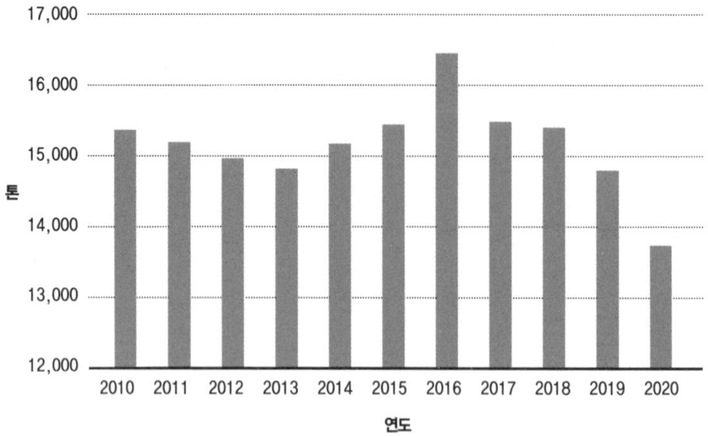

2010~2020년 홍콩 해양 쓰레기 수거량

톤의 해양 쓰레기가 발생했을 정도다.

전체 면적이 1,106㎢인 홍콩은 '향기로운 항구(香港)'라 불릴 만큼 청정한 바다가 특징이다. 하지만 약 6,000종의 해양 생물이 살던 홍콩의 바다는 1990년대 이후 인구 증가와 산업화 때문에 쌓인 쓰레기 더미로 그 명성을 잃어가고 있다. 더욱이 수질 오염, 해양 생태계 파괴 등 심각한 환경 위기까지 초래하는 실정이다.

이에 홍콩 정부는 수질 오염 개선을 위한 해양 정화 사업에 적극 나섰다. 얼마 전에는 홍콩 빅토리아 하버Victoria Harbour에 하얀 보트 모양의 해양 정화 로봇이 등장해 화제를 모았다. 1시간 만에 250kg의 부유

출처 | 클리어봇

홍콩 빅토리아 하버에서 운행하는 해양 쓰레기 수거 로봇

출처 | 클리어봇

카누 보트보다 작은 사이즈의 클리어봇 초기 모형

폐기물 수거가 가능한 이 해양 정화 로봇은 스타트업인 오픈 오션 엔지니어링Open Ocean Engineering이 개발한 '클리어봇Clearbot'이다. 크기는 작지만 엄청난 파워를 자랑한다.

하루 약 1톤의 해양 쓰레기 수거가 가능한 인공지능 로봇

클리어봇은 해양 쓰레기를 감지하고 자동으로 수거하는 인공지능 로봇이다. 일종의 물에 뜨는 진공청소기인 셈이다. 작동 원리는 간단하다. 앞쪽에 설치된 카메라가 쓰레기를 발견, 감지하면 클리어봇 내부에서 인공지능 시스템이 작동해 분류 작업을 거친다. 사람들이 가장 많이 버리는 플라스틱 빨대뿐 아니라 배터리, 종이컵, 상자, 신발 등 60개 이상의 폐기물을 감지하고 수거하는데, 훌륭한 건 태양열 에너지solar energy를 통한 자체 충전으로 탄소 배출을 줄일 수 있다는 점이다. 또한 최대 4~8시간까지 연속으로 작동, 하루에 약 1톤의 해양 쓰레기를 수거한다. 그 과정에서 사람의 도움을 전혀 필요로 하지 않는다는 것 역시 강점이다.

작동은 수동, 자동 모두 가능하다. 로봇 자체에 있는 위치 센서를 통해 원격 조종을 할 수도 있고, 위치 측정GPS 기능을 활용한 자동 작동도 가능하다. 자체적으로 수거할 수 있는 최대 수량의 해양 쓰레기를 담으면, 바닷가에 있는 도킹 스테이션docking station◆에 스스로 돌아와 충전 모드에 들어가는 것도 차별화 포인트다. 더욱이 클리어봇 제작사인 오픈 오션 엔지니어링은 홍콩 재활용 기업들과의 지속적인 협력을 통해 수거한 쓰레기들을 소중한 자원으로 재탄생시킨다.

기존 홍콩의 해양 정화 작업은 한국과 유사한 청항선Sea Cleaner◆◆을 통해 이뤄졌다. 청항선이 잔잔한 속도로 바다에 나아가면 선원들은 쓰레기 수거를 위한 최적지를 수시로 확인한다. 최적지를 결정한 다음에는 선박을 멈춘 후 기다란 채를 이용해 쓰레기를 수거하는데, 가장 힘든 일은 이렇게 수거한 쓰레기를 선박으로 옮기는 작업이다. 청항선은 일반적인 선박보다 규모가 크기 때문에 1회당 수거할 수 있는 쓰레기 양이 많지만, 운행 속도가 느리고 수거에 필요한 인건비가 높아 자주 작업하기 어렵다.

이에 비해 클리어봇은 전통적인 수거 방식보다 비용 면에서는 15배 더 저렴하고, 효율성 또한 2배 이상 높다. 클리어봇의 개발자인 시드한트 굽타Sidhant Gupta가 앞으로 혁신 기술을 꾸준히 개발해나간다면, 향후 대량 복제 로봇을 통해 청항선만큼의 수거량을 확보할 수 있을 것이라고 강조한 이유다.

◆ 컴퓨터 접속용 인터페이스라는 뜻으로, 로봇이 다음 출항을 준비하기 위해 수거한 쓰레기를 정해진 수거 공간으로 내려놓고 충전하는 기지를 의미한다.

◆◆ 항만을 청소하기 위해 홍콩 해양관리부에서 운영하는 선박으로, 해양 부유 쓰레기 등을 수거해 처리한다.

출처 | 클리어봇

인공지능으로 쓰레기의 종류를 분류한다

출처 | 클리어봇

원격으로 로봇의 위치와 상태를 추적한다

발리의 해양 쓰레기 수거법에서 영감을 얻다

20대 초반인 시드한트 굽타 대표는 해양 관리에 관심이 있는 공학도로, 대학교 4학년 때부터 현행 해양 정화 사업이 실패하는 원인에 대한 연구를 계속해왔다. 2019년 연구를 위해 인도네시아 발리로 떠난 그는, 발리인들이 해변에 쌓인 쓰레기를 손으로 직접 수거하는 것을 보고 해양 정화 로봇의 영감을 얻었다.

시드한트 굽타 대표와 그의 친구들은 인도네시아에 머물면서 위치 측정 기능 없이 카메라, 리모컨, 태양열 충전판만 설치된 클리어봇의 프로토타입을 만들었다. 쓰레기를 수거해서 서핑보드나 패들보드에 손으로 담는 기존 방법보다 훨씬 더 효과적인 기술임을 현지에서 인정받았다. 이후 홍콩으로 돌아와 본격적인 해양 정화 로봇 개발에 돌입, 몇 번의 시행착오를 거친 끝에 5세대 모델 개발에 성공했다. 2020년 파트너들과 함께 설립한 해양 공학 기술 스타트업 오픈 오션 엔지니어링은 이 같은 과정을 통해 얻은 값진 성과다.

오픈 오션 엔지니어링은 창업 직후 홍콩무역발전국Hong Kong Trade Development Council, HKTDC에서 마련한 스타트업 지원 프로그램 '스타트업 익스프레스Start-up Express'에 참가해 수많은 창업 기업을 제치고 TOP 20 기업으로 선정되는 영예를 안았다. 현재 직원 수는 5명으로 규모가 작은 편이지만, 2021년 200만~300만 홍콩달러(약 3억~4억 4,000만 원)의 수주를 기록하는 등 높은 성장 가능성을 입증하고 있다.

저비용·고효율, 가성비 최고인 클리어봇

홍콩은 3면이 바다로 둘러싸인 데다, 홍콩 경계 내에 속한 해양 면적이 약 1,650㎢에 달해 해양 정화 사업에 대한 수요가 높다. 2020년 기준 홍콩 해양관리부에서 총 1만 3,800톤의 해양 쓰레기를 수거하는 데 든 비용은 최소 3,800만 달러(약 433억 원)에 달할 것으로 추정된다. 이에 반해 하나의 클리어봇을 만드는 데 필요한 비용은 4만 홍콩달러(약 600만 원)에 불과하다. 이 같은 저비용, 고효율의 높은 가성비야말로 홍콩 정부가 클리어봇에 끌릴 수밖에 없는 이유다.

홍콩 해양관리부에 따르면, 매년 여름철(6~9월)에는 집중호우와 태풍 등의 영향으로 해양 쓰레기가 많이 유입돼 쓰레기 수거 활동에 대한 수요 역시 치솟는다고 한다. 이에 2021년 여름 홍콩 도로공사Highways Department는 클리어봇을 활용한 항만 정화 공사를 시작했다. 2025년 완공 예정인 홍콩 구룡Kowloon 지역 동서부 연결 도로 '센트럴 구룡 루트Central Kowloon Route'를 위해 해당 지역 도로의 주변 환경 미화 활동을 실시한 것이다. 특히 구룡 동부에 있는 카이탁Kai Tak 지역에 클리어봇을 투입, 해양 정화 작업이 한창 진행 중이다. 시드한트 굽타 대표는 이와 관련해 앞으로도 더 많은 해양 정화 제안을 받아 홍콩의 환경 변화에 기여하기를 기대한다고 밝혔다.

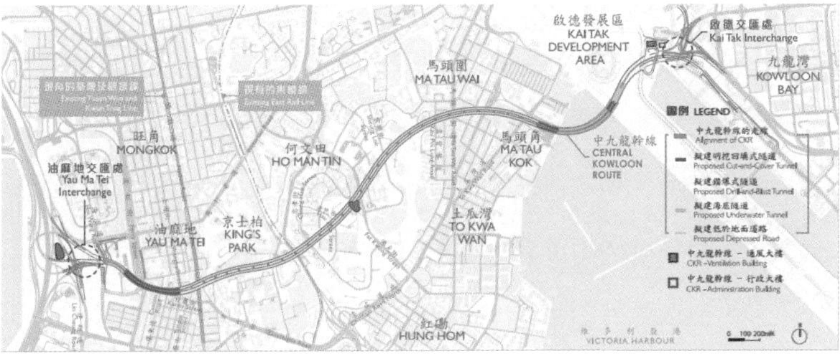

출처 | 홍콩 도로공사

2025년 완공 예정인 센트럴 구룡 루트 지도

출처 | 클리어봇

2021년 6월 홍콩 카이탁 해양 정화 프로젝트 개시

클리어봇은 지속적으로 업그레이드 중

스타트업 프로그램을 통해 처음 세상에 알려진 클리어봇은 현재 홍콩에서 상용화 과정을 거치고 있다. 또한 미국의 〈월스트리트저널The Wall Street Journal〉, 〈비즈니스 와이어Business Wire〉 등의 언론 매체에 보도돼 해외 진출까지 가시화되는 상황이다.

글로벌 E-스포츠 선두 기업인 레이저Razer도 클리어봇에 깊은 관심을 표명했다. 2021년 6월, 향후 전 세계 해양 정화 사업의 효율성을 제고하기 위해 오픈 오션 엔지니어링과 파트너십을 체결, 클리어봇의 새로운 디자인을 만들어냈다.

새롭게 설계된 클리어봇은 거친 파도에도 거뜬히 작동하며, 2m 이내 쓰레기는 모두 감지하는 100% 자동화 로봇으로 업그레이드됐다. 최적화된 인공지능 기술과 기계학습 기능(머신러닝)을 갖춰 로봇 이용자들이 인터넷으로 각종 일상 폐기물 사진과 설명을 공유하기만 해도 스스로 학습이 가능하다. 더불어 향후 과학 기술 기반 해양 정화 사업에 참고할 수 있는 중요한 정보로도 활용될 전망이다.

한국판 해양 정화 로봇의 탄생 가능성은?

최근 한국에서도 해양 쓰레기의 효과적 수거 방법에 대한 아이디어

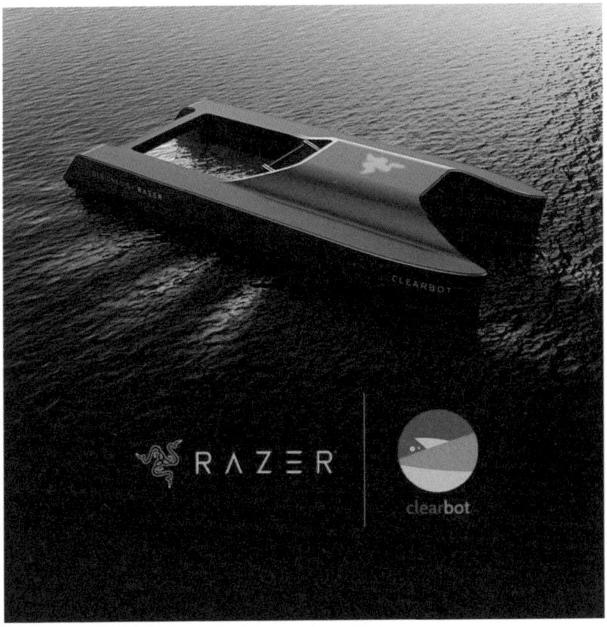

출처 | 레이저

E-스포츠기업 레이저에서 설계한 클리어봇의 신모델

출처 | 클리어봇

2021년 7월 최신 모델 시험 운행 장면

를 모색하고 있다. 홍콩처럼 한국의 제주, 부산 등 해안 도시에 있어 바다는 소중한 자원의 보고이자 경제 활동의 장이다. 그러나 최근 미디어에 따르면, 한국의 해양 쓰레기 발생량은 지속적으로 증가하는 추세다.

효율적인 해양 정화 사업을 위해 한국의 해양 기술 기업들은 각 지역 바다의 기후적 특성과 해양 쓰레기 폐기 상황을 먼저 살펴봐야 한다. 2020년 한국 해양수산부에서 발표한 자료에 따르면, 한국의 해양 쓰레기는 음료수병, 일회용 음식물 포장 용기 등 종류가 다양하다. 그중에서도 플라스틱이 평균 83%로 가장 많은 비중을 차지하는 것으로 나타났다.

가장 효과적인 해양 관리 방법은 쓰레기가 바다로 유입되지 않도록 사전에 예방하는 것이겠지만, 효율적인 쓰레기 수거 방법과 신속 정확한 정화 활동을 할 수 있는 혁신적 방안도 탐색해볼 시점이다. 따라서 인공지능 로봇이 주도하는 과학 기술 기반의 해양 정화 사업을 적극 추진할 필요가 있다.

클리어봇 같은 인공지능 로봇은 해양 쓰레기 문제를 해결할 가장 효과적인 솔루션 중 하나다. 한국에 맞는 해양 청소 로봇을 위해서는 먼저 해양 쓰레기 수거 로봇이 다양한 쓰레기를 더욱 신속하게 감지할 수 있도록 관련 빅데이터 시스템이 필요할 것이다. 더불어 한국은 홍콩보다 바다가 넓기 때문에 정밀 GPS 기술과 강력한 충전 장치도 함께 고려해야 할 것이다.

아이비 시토(홍콩 무역관)

물과의 전쟁

전기로만 생수를 제조하다, 아크보

타이베이

데이비드 월러스 웰스David Wallace-Wells의 저서 《2050 거주불능 지구The Uninhabitable Earth》에는 "지난 100년에 걸쳐 지구상의 거대 호수는 대부분 바닥을 드러내기 시작했다. 중앙아시아의 아랄해는 한때 세계에서 네 번째로 큰 호수였지만 최근 수십 년 사이에 부피가 90%이상 줄어들었다. 라스베이거스에 상당량의 물을 공급하는 미드호는 한 해에만 15억m^3에 달하는 물이 증발했다. (중략) 아프리카 중서부의 차드호 역시 거의 다 말라버렸다"는 대목이 나온다. 지구온난화 같은 기후 변화의 영향에 수질 오염, 무분별한 도시화와 개발 등의 요인이 더해지면서 지구촌 전역의 물 부족 현상이 심화됐다는 얘기다.

코로나19 방역 모범국으로 손꼽히는 대만 역시 2020년 심각한 물 부족 현상에 시달렸다. 코로나 팬데믹보다 물 부족 현상으로 더 골머리를 앓은 것이다. 가장 큰 원인은 기후 변화였다. 우기(5~10월)에 비구름을 몰고 와야 할 태풍이 전부 대만을 비껴가면서 강우량이 충분하지 않았기 때문이다. 1년 내내 단 한 차례의 태풍도 상륙하지 않은 건 1964년 이래 처음 있는 일로, 가뭄 현상은 2021년 장마철이 오기 전까

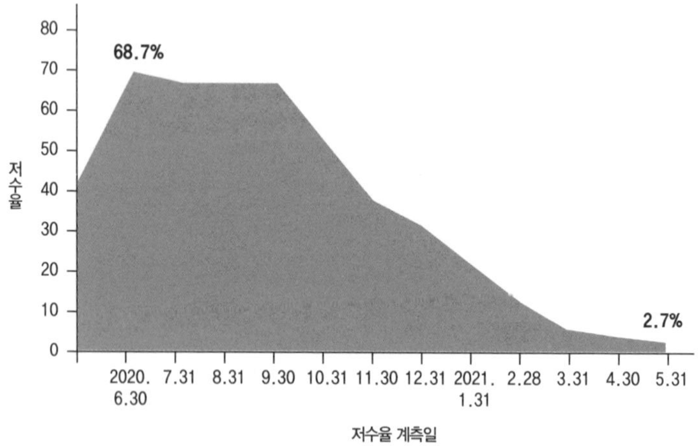

출처 : 대만 경제부 수리서 방재정보서비스망, KOTRA 타이베이 무역관 정리

대만 타이중 소재 더지(德基) 저수지◆의 저수율 감소 추이

◆ 타이중은 2021년에 역대 최장 기간(61일) 제한 급수가 실시된 지역으로, 더지 저수지는 대만에서 네 번째로 큰 저수지다. 2021년 5월 말 기준 더지 저수지의 저수율은 2.7%까지 떨어지며 바닥을 드러냈다.

지 계속됐다. 심지어 중부 지역 일부 지자체 주민들의 경우 장장 61일 동안(2021년 4월 6일~6월 5일) 일주일에 이틀은 수돗물이 끊긴 상태에서 생활하는 불편을 감수해야 했다.

2020년 여름 우리나라가 기상 관측 이래 최장 기간 장마와 잦은 집중 호우로 홍수 피해를 입는 동안 대만에서는 정반대 상황이 연출됐다. 비행기로 불과 2시간 30분 거리의 바다를 사이에 두고 한쪽에서는 가뭄, 다른 한쪽에서는 수해를 겪는 등 기후 변화가 더욱 극심해지는 추세다.

3 in 1 생수 제조기, 공기청정기·제습기·정수기를 하나로!

이렇게 대만 사회가 가뭄으로 몸살을 앓던 시기, 전기 플러그만 꽂으면 알아서 생수를 만들어주는 생활가전 제품이 등장해 화제를 모았다. 주인공은 바로 공기 중의 수분을 정화해 물로 응결시키는 혁신적 제품, 아크보ARKVO다. 아크보는 쉽게 말해 공기청정기, 제습기, 정수기가 결합된 3 in 1 스마트 가전이다. 현대 가정의 필수 가전 3대가 1대 안에 들어간 셈이다. 대만 산업디자인계의 대부라 불리는 셰룽야(謝榮雅) GIXIA그룹 창업자 겸 대표이사가 개발한 이 제품은 레드닷, iF, IDEA 등 각종 국제 디자인 어워드에서 120건이 넘는 수상 경력을 보유한 디자이너의 작품답게 인테리어 가전으로도 손색이 없다.

아크보는 공기청정기, 제습기, 냉·온·열수 정수기 기능이 하나의

출처 | GIXIA

심플하고 모던한 느낌의 아크보 제품. 콘센트가 있는 공간이라면 어느 곳이든 설치할 수 있다

출처 | GIXIA

제품 내부 구조. 헤파 필터, 4단계 정수기 필터, 가열 장치, UV-C 살균 램프 등을 통해 깨끗한 생수를 만들어낸다

본체 안에 내장된 만큼 헤파HEPA 필터, 정수기 필터, 생수 가열 장치, UV-C(심자외선) 살균 램프 등이 빼곡히 들어차 있다. 공기청정, 제습 기능은 여느 단일 공기청정기, 제습기 제품의 작동 원리와 다르지 않다. 공기청정기는 헤파 필터, 활성탄 필터 등을 통해 공기 중의 PM2.5, PM1.0 초미세먼지와 유해물질을 걸러내고, 제습기는 컴프레서compressor(압축기)와 냉각기를 통해 공기 중의 수분을 물로 응결시킨다.

이 수분을 마실 수 있는 생수로 만드는 비결은 냉각기에서 시작된다. 아크보는 일반적인 제습기와 달리 물 분자와 쉽게 결합하지 않는 소수성hydrophobic 물질을 냉각기에 코팅해 산화와 부식을 억제했다. 냉각기에 맺힌 물은 물탱크에 모이는데 물탱크에는 UV-C 살균 램프가 내장돼 수시로 광선을 쏘여준다. 이렇게 자외선 살균 과정을 거친 물은 4단계 정수 필터를 차례대로 통과하면서 불순물, 유해물질, 세균을 걸러내고 미네랄을 추가해 바로 마셔도 되는 상태가 된다. 하지만 여기서 그치지 않고 가열 장치로 한 번 더 끓여 소독하는 단계를 거친다. 이렇게 준비된 물을 냉수로 마실 때는 출수 배관에 탑재된 UV-C 램프가 작동해 또 한 번 살균해준다.

72시간 동안 급수 기능을 사용하지 않은 경우라 해도 걱정할 필요는 없다. 정수 처리 후 생수통에 모인 물을 자동으로 물탱크에 흘려보내 UV-C 램프 살균, 4단계 정수, 가열 과정을 다시 진행하기 때문이다. 몇 날 며칠 그대로 고여 있던 물을 마시게 되는 건 아닌지 우려하지 않아도 된다는 얘기다.

직관적이라 사용하기 편리한 터치 버튼 방식의 사용자 인터페이스. 습도 설정, 냉수·온수·열수, 재가열, 재정수, 공기청정 풍량 조절, 사용자 수 설정, 수면 모드 버튼 등이 나열돼 있다

출처 | GIXIA

웬만한 정수기에는 없는 수질 측정 장치도 내장됐다. 수질에 문제가 있다고 감지되면 사용자에게 경보를 울려 알려준다. 사실 생수 제조 단계에서 이미 충분한 살균·정수 과정을 거치기 때문에 수질 측정 장치가 반드시 필요한 건 아니다. 하지만 필터를 권장 사용 기간(12개월)보다 더 오래 사용해 수질에 문제가 발생하는 경우를 줄이고, 소비자가 안심하고 마실 수 있도록 수질을 보장하는 방안으로 수질 측정 장치를 추가했다.

외관상 출수구와 트레이가 막힌 점도 특징이다. 출수부 개폐 버튼을 터치하면 출수부 벽면이 뒤로 물러나면서 출수구와 트레이가 나타난다. 이때 출수구 부분의 조명이 점등돼 시각적으로 극적인 효과까지 연출된다. 출수부 양쪽 측면에는 적외선 센서가 있다. 트레이에 컵을 올려둔 상태에서 실수로 출수부 개폐 버튼을 눌러도 출수부 벽면이 앞으로 밀려나와 컵이 떨어지는 불상사를 방지할 수 있다.

출처 | GIXIA

벽면이 앞뒤로 움직여 나타났다 사라지는 출수부. 출수부 오픈 시 함께 켜지는 불빛이 시각적인 만족감을 선사한다

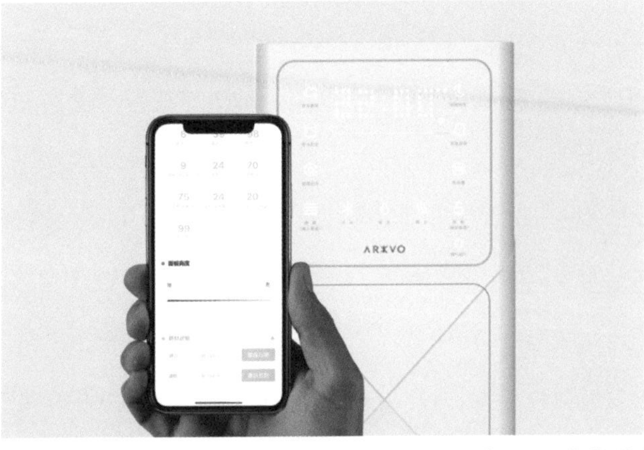

출처 | GIXIA

전용 모바일 애플리케이션으로 스마트하게! 스마트폰을 이용해 원격으로 기능을 설정하고 제품 사용 현황 정보를 확인할 수 있다

스마트 가전을 표방하는 만큼 스마트폰과의 연동 기능도 빠질 수 없다. 전용 애플리케이션을 내려받아 본체 측면에 인쇄된 QR 코드를 스캔하면 스마트폰과 자동 연동(페어링)된다. 애플리케이션을 통해 원격으로 공기청정, 제습 기능을 설정할 수 있을 뿐 아니라 생수 생성량과 사용량, 공기 품질·습도 변화 추이 같은 데이터도 간편하게 확인할 수 있다.

최종 소비자 직접 어필로 선입견의 장벽을 돌파하다

아크보는 시제품 실측 기준으로 상대 습도 60%, 온도 27도 실내 환경에서 하루 16ℓ에 달하는 생수를 생성한다. 대만과 같이 고온다습한 환경에서 하루에 생수 10ℓ 생성은 거뜬한 상황이다. 하루 물 섭취 권장량을 2ℓ로 볼 때 4인 가구에서 필요로 하는 생수를 충분히 만들어내는 셈이다.

아크보 생수 제조기가 대만을 불안하게 만든 물 부족 상황에서 혜성처럼 등장하긴 했지만 처음부터 좋은 반응을 얻었던 건 아니다. 아이디어의 상품화를 위해 초기 투자 유치에 애쓰던 무렵, 투자자들의 반응은 싸늘했다. 당시에는 물 부족 상황이 아니었던 데다, 대만은 수도 요금이 비싼 편도 아닌데 누가 굳이 많은 돈을 들여 제습기로 받은 물을 마시려고 하겠느냐 것이었다. 이 같은 시장성에 대한 의구심, 제습기로 받은 물은 마시는 물이 아니라는 시장의 선입견을 극복하는 것은, 3대의 가전제품을 하나로 통합하는 과정에서 발생하는 기술적 문제를 해결하는 것보다 더 어려운 과정이었다.

셰룽야 대표는 고민 끝에 투자자들을 설득하는 데 매달리지 않고 최종 소비자에게 직접 어필하는 쪽으로 돌파구를 찾았다. 때마침 사업을 하면서 인연이 닿았던 공동구매 전문 업체와도 뜻이 통했다. 제품 발표회를 불과 한 달 남짓 앞두고 셰룽야 대표는 이 업체를 이용하는 공동구매자, 즉 소비자를 대상으로 후원금 모금 프로젝트를 진행했다. 개발 중인 제품을 공개하지 않은 상황에서 수자원 문제 해결에 대한 생각과 환경에 대한 이념을 전한 것만으로도 참가자들의 호응은 뜨거웠다. 라이브 방송으로 진행한 프로젝트 설명회에서 불과 30분 만에 200만 대만달러(약 8,000만 원 이상)가 넘는 후원금이 모였고, 제품 발표회 당일까지 총 6,300만 대만달러(약 25억 원)를 웃도는 후원이 이어졌다.

이렇게 열띤 호응이 가능했던 건 셰룽야 대표의 커리어에 대한 신뢰, 혁신적인 아이디어와 환경 보호, 지속 가능한 발전 가치에 힘을 보태려는 소비자들의 의지가 표출됐기 때문인 것으로 풀이된다. 당시 물 부족 문제 속에 자리 잡은 기후 변화에 대한 위기의식과 소비자들의 인식 변화 역시 생수 제조기라는 생소한 가전제품에 대한 관심으로 이어졌다. 예약 판매 시작 3개월 만에 1억 대만달러(약 40억 원)를 돌파한 데 이어, 예약 판매가 마감된 2021년 5월 기준 판매 금액이 2억 3,000만 대만달러(약 92억 원)를 넘어선 것이 이를 증명한다.

천재지변 속에서 떠올린 수돗물 없이도 생수를 마시는 방법

셰룽야 대표가 아크보 생수 제조기 아이디어를 처음 떠올린 건 1999년 9월 21일 대만 중부에서 발생한 리히터 규모 7.3급의 대지진 발생 이후였다. 당시 그는 진앙 인근 지역인 타이중에서 활동하고 있었는데, 도로와 건물이 기울어지고 무너질 정도의 큰 지진이었던 만큼 그가 거주하던 빌딩 역시 피해를 면하지 못했다. 엘리베이터가 망가져 사용할 수 없었고 수도관 파열로 급수도 중단됐다. 물을 마시려면 밖에서 생수를 구입해 11층까지 직접 들어 날라야 했다. 그는 양손에 큰 생수통을 들고 11층을 오르내리면서 한 가지 수원(水源)에 기대는 것은

출처 | GIXIA

아크보와 셰룽야 대표이사

천재지변 앞에서 리스크가 너무 크다는 사실을 실감했다. 이는 '수돗물이 정상적으로 공급되지 않는 상황에서도 가정 내 음용수를 해결할 방법은 없을까?'라는 고민으로 이어졌다.

그러나 당시만 해도 셰룽야 대표는 커리어나 자금 형편이 충분치 않은 30대 초반에 불과했다. 몇 년 전에야 비로소 본격적인 제품 설계에 착수할 수 있었던 건 이런 이유에서다. 그는 자신이 설계한 제품을 생산할 수 있는 제조사를 발굴해 제품화에 성공한 이후에도 제품 외관과 기능을 개선해 사용자 인터페이스와 사용자 경험을 최적화하는 작업을 계속하고 있다.

현재는 아크보의 대만 내 입지를 다지는 데 집중하지만 제품 발표 이후 중국, 두바이, 태국, 필리핀, 말레이시아 등지에서도 높은 관심을 보이며 문의가 쇄도했다. 셰룽야 대표는 대만 내 사업이 안정되는 대로 해외 진출도 고려할 계획이다. 이를 위해 국가별로 다른 기후 여건 등을 감안, 습도나 온도가 낮은 곳에서도 작동할 수 있는 제품을 개발 중이다.

다가올 또 다른 팬데믹 '가뭄'을 이겨내려면?

기후 변화에 따른 가뭄 위기는 이미 우리 앞으로 성큼 다가왔다. 2021년 6월 UN 재난위험경감사무소의 마미 미즈토리 Mami Mizutori 특별 대표는 "가뭄은 다가올 팬데믹"이며 "치료할 백신조차 없다"고 말했다. 대만은 다행히 2021년 장마로 고비를 넘겼지만 지구촌 곳곳은 아직도 극심한 가뭄에 시달린다. 씻을 물은 고사하고 마실 물조차 걱정해야 하는 현실은 상상만으로도 두렵다.

이런 상황을 고려할 때, 공기 중 수분으로 사람이 마실 수 있는 물을 생성하는 아크보는 가뭄의 효과적인 대안이라 할 만하다. 고온다습한 대만 기후에 맞춰 개발한 제품이지만 제습 방식을 바꾸면 온도나 습도가 낮은 지역에서도 공기 중 수분을 끌어와 물을 생성할 수 있기 때문이다. 전기가 안정적으로 공급되지 않는 곳이라면 에너지원을 태양광이나 인간 동력으로 대체하는 것도 방법이다.

대만에서는 이번 가뭄을 통해 기후 위기 속에서 물 부족 현상은 언제든 다시 닥칠 수 있다는 인식이 확산됐다. 다가올 팬데믹으로 경고되는 가뭄 앞에선 한국도 자유로울 수 없다. 지난 2019년 대통령 직속 국가물관리위원회가 출범한 데 이어, 2021년 6월에는 물관리 최상위 법정계획인 '제1차 국가물관리기본계획(2021~2030)'이 수립돼 '자연과 인간이 함께 누리는 생명의 물'이라는 비전을 이루기 위해 노력 중이다. 물 이용과 물 안전뿐 아니라 수질과 수생태계 개선에도 힘을 쏟고, 물 산업◆의 진흥, 효율적 수자원 관리를 위한 스마트 기술 도입에도 투

◆ 물 순환의 전 과정을 포괄하는 산업을 의미한다. 홍수와 가뭄에 대비해 물을 조절하고 관리하는 과정, 물을 확보하고 정수(바닷물의 경우는 담수화)한 후 공급하는 과정, 사용한 물에서 오염물질을 제거하고 하수로 보내거나 재활용하는 과정 등을 전부 포괄한다.

자를 계속하고 있다.

기후 변화로 인한 가뭄 위기가 심각해지는 것을 막으려면 온실가스 감축은 물론, 기후 변화 속에서도 사람들이 삶을 안정적으로 이어갈 대안을 모색해야 한다. 인체의 70%는 물로 구성되며, 음식 없이는 3주 동안 생존할 수 있지만 물 없이는 3일밖에 버티지 못한다. 물 부족과 가뭄 위기를 극복하는 것은 인간의 생존과 직결된 문제다.

유기자(타이베이 무역관)

제로 이코노미 Zero Waste Society

| 폐기물 없는 사회를 위한 노력 |

탄소 배출을 비롯해 미세플라스틱으로 인한 해양 오염, 기후 변화 등 환경 문제는 공급 과잉 시대를 살면서 편리함을 누려온 인류가 직면한 가장 시급한 숙제 중 하나다. 그러나 안타깝게도 코로나19로 위생이 중시되고 온택트 소비가 늘면서 폐기물 배출량은 더욱 늘어났다. 그렇지만 희망은 있다. 2021년 ESG가 전 세계의 화두로 떠오르면서 기업들은 이제 환경과 사회를 고려한 비즈니스 의사결정을 중요시하게 되었다. 또한 이러한 환경 문제를 비즈니스 솔루션으로 해결하고자 하는 아이디어도 속속 등장하고 있다. 폐기물 없는 사회를 위해, 1+1은 2가 아니라 0으로 만드는 비즈니스 사례들을 살펴보자.

제로 이코노미

버려진 세면대가 최고급 벽돌로, 스톤사이클링

암스테르담

세상에 영원한 것은 없다. 공들여 지은 아름다운 집도 시간이 지나면 낡고 허름한 집으로 변하고, 결국엔 철거 대상으로 전락한다. 남는 건 집을 지을 때 사용했던 콘크리트, 유리, 목재, 보드 등의 건설폐기물뿐이다. 다시 새 집을 지으려 해도 일단은 헌 집에서 나온 건설폐기물부터 처리해야 한다. 다행히 건설폐기물의 대부분은 철거 시 분별해서 배출만 제대로 해도 90% 이상 재활용이 가능하지만 이렇게 재활용한 순환골재 Recycling Aggregate◆에 대한 인식이 썩 좋지는 않다. 이러한 인식

◆ 건설폐기물을 물리적(파쇄·분쇄) 또는 화학적으로 처리한 후 품질 기준에 적합하게 만든 골재를 의미한다. 기존 자원을 재활용한 것으로, 가격은 천연골재의 60% 수준이다.

으로 순환 경제 실현이 쉽지만은 않다.

자원 순환적이고 친환경적인 원자재 재활용

이러한 관점에서 봤을 때 완전한 순환 경제 실현을 위한 네덜란드 정부의 노력은 시사하는 바가 크다. 2030년까지 원자재 사용을 50% 줄여서 2050년까지 폐기물이 없는 완전한 순환 경제를 실현하고자 노력 중이다. 이를 위해 첫째로 기존 생산 공정에서 원자재를 보다 효율적으로 활용해 원자재의 추가 사용을 줄이고, 둘째로 원자재가 추가로 필요할 때에는 되도록 지속 가능하고 재활용할 수 있는 원자재를 사용하며, 셋째로 자원 순환적인 새로운 생산 공정 및 제품 설계를 개발한다는 방침을 세웠다.

세계 다른 지역들과 마찬가지로 네덜란드 역시 제품 및 원자재에 대한 수요가 지속적으로 증가하고 있다. 계획한 것처럼 순환 경제에 한 발짝 더 가까이 다가가기 위해서는 원자재의 유한성을 제대로 인식하고 생산 공정을 보다 자원 순환적이며 지속 가능한 방향으로 개선해 나가는 것이 중요하다.

현재 네덜란드 전체 원자재의 약 50%는 건설 분야에서 사용된다. 그리고 건설폐기물의 대부분은 철거폐기물인 것으로 나타났다. 원자재의 지속 가능성 향상을 위해서는 자원 순환 건축 및 모듈러 건축과

출처 | www.stonecycling.com

폐기물로 만든 벽돌 예시

같은 혁신이 필수적이다. 그렇다면 건설 분야에서 자원 순환을 실현하려면 무엇을, 어떻게 해야 할까? 네덜란드의 업사이클링 기업 스톤사이클링StoneCycling은 이에 대한 구체적인 해답이라 할 수 있다. 회사 명칭에서 짐작할 수 있듯이, 스톤사이클링은 쓸모없어진 철거폐기물을 재활용해 최고 품질의 건설용 벽돌을 만든다. 볼품없던 쓰레기를 고품격 원자재로 탈바꿈시키는 것이다.

건설폐기물에서 최고급 벽돌이 탄생하기까지

스톤사이클링은 당시 에인트호번 디자인 아카데미의 학생이었던 톰 판 소에스트Tom van Soest가 2012년 설립한 회사다. 철거 예정이던 빈 건물에서 찾은 업사이클링 폐기물에 주목한 그는, '건설폐기물을 산업용 분쇄기에서 갈아 부수어보면 어떨까?'라는 아이디어를 현실화했고, 숱한 시행착오 끝에 탄성이 있으면서 매력적인 새로운 재료를 만드는데 성공했다. 졸업 후 본격적으로 업사이클링 사업에 뛰어든 톰은 오랜 친구인 워드 마사Ward Massa와 힘을 합쳤다. 톰이 그의 강점인 제품개발에 집중하는 동안, 워드는 구체적 사업전략을 짜고 실행하는 역할을 맡았다.

이들은 2014년까지 다양한 무역박람회에 참가해 건축가, 부동산 개발자 등 업계 관계자들의 큰 관심을 받았다. 하지만 아직 첫 제품은 세상에 나오지 않은 상태였다. 제품 출시를 위해선 법적 요건을 충족하는 증명서가 필요했고, 증명서 발급에는 생각보다 많은 비용이 들었다. 따라서 이들은 법적 요건을 갖추는 것에 매진하는 한편, 제품의 지속 가능성을 보완하고 디자인을 더 발전시킬 수 있는 방안을 모색해나갔다.

2015년 스톤사이클링의 첫 제품인 '폐기물 벽돌WasteBasedBricks'이 공식적인 CE 증명서의 취득과 함께 세상에 나오자마자, 다양한 기업 및 투자처의 관심이 쏟아졌다. 그 결과 폐기물 벽돌의 첫 번째 시리즈가 발표됐을 때, 전 세계 언론의 주목을 받으며 녹색건축위원회의 '지속 가능 혁신 피치Sustainable Innovation Pitch', 네덜란드 '우편번호 로또 그린 챌린지Postcode Lottery Green Challenge' 후보에 합류할 수 있었다. 또한 5명의 디자이너와 함께 잔지바르Zanzibar 섬의 유리폐기물 흐름을 연구하고 이를 활용한 벽돌을 만들어 지역 폐기물 처리 문제를 해결하는 데 도움을 주기도 했다.

이듬해인 2016년에는 제품군 개발 및 첫 프로젝드 실행과 관련한 네트워킹, 홍보 등에 많은 시간을 투자했다. 특히 첫 프로젝트 중 하나인 오픈형 원뿔 모양의 구조물 '트루 토커True Talker'는, 스톤사이클링의 폐기물 벽돌들이 중앙부의 벽난로를 둘러싼 형태다. 이는 스톤사이클링과 스튜디오나인도츠Studioninedots의 협업 프로젝트로, 많은 이들이 서로 대화를 나누며 교류할 수 있는 공간을 만들자는 취지로 시작됐다. 이외에도 스톤사이클링은 벨기에, 독일, 스페인, 영국, 룩셈부르크,

출처 | www.stonecycling.com

내부에서 본 트루 토커

출처 | www.stonecycling.com

폐기물 벽돌 제조 과정

미국 등지에서 다양한 프로젝트를 진행하며 이름을 알려나갔다.

이후 2017년에는 스톤사이클링의 폐기물 벽돌에 대한 관심이 높아지면서 회사가 더욱 성장하고 규모가 확대됐다. 네덜란드 내에 두 번째 생산시설을 세워 제품 라인업과 생산량을 점차 늘려갔다. 또한 폐기물, 재활용, 업사이클링·다운사이클링 등과 관련된 다양한 이벤트에 참여하면서 회사의 국내외 네트워크도 넓혔다. 2018년에는 루마니아, 스위스, 영국, 스웨덴 등지에서 신제품을 선보이며 국제적인 관심을 끌기 시작했고, 이는 새로운 프로젝트들을 계속 실행해나가는 형태로 이어졌다. 그중 가장 큰 프로젝트는 26만kg이 넘는 업사이클 폐기물로 뉴욕 11번가의 주택지를 개발하는 프로젝트였다. 이 같은 노력에 힘입어 스톤사이클링은 2020년 네덜란드 상공회의소가 선정한 100대 중소기업 중 4위에 이름을 올릴 수 있었다.

용도와 디자인에 따라 선택 가능한 제품 라인업

스톤사이클링의 핵심 제품은 철거폐기물로 만든 '폐기물 벽돌'이다. 이 제품은 60% 이상 폐기물을 활용해 만든 것으로, 건축물 내외부 벽면, 바닥재로 사용하기에 적합하다. 이 폐기물 벽돌을 생산하기 위해선 벽돌 1㎡당 91kg 이상의 폐기물을 재활용해야 한다. 특히 폐기물 벽돌이 가진 특성은 건설 분야를 비롯한 여러 분야에서 자원 순환을 가속화하는 데 도움을 줄 수 있다.

스톤사이클링에서는 재활용 가능성이 있는 폐기물의 가용성, 품질 및 양에 대한 연구도 계속하고 있다. 또한 새로운 건설 자재를 개발하기 위해 폐기물 가용성의 증가와 원자재 가용성의 감소를 결합하고자 노력 중이다. 연구팀은 품질이 뛰어난, 안전한 벽돌을 만들기 위해 새로운 생산 방법을 개발하는 데에도 투자하고 있다. 아울러 회사의 임무 중 하나는 폐기물도 아름다울 수 있음을 증명하는 것이다. 이를 위해 생산 기계나 로봇을 사용하는 대신 전통적인 방식으로 폐기물 벽돌을 생산한다.

이렇게 2011년부터 85만kg에 달하는 폐기물을 재활용해 고품질의 지속 가능한 건축 자재를 만들어온 스톤사이클링의 사례는 순환 경제로 가는 길을 밝게 비춘다.

현재 스톤사이클링에서 판매되는 폐기물 벽돌은 용도와 디자인에 따라 네 가지 종류로 나뉜다. 모래 질감의 '로Raw', 벽돌 표면이 약간 울퉁불퉁하며 깊이감을 자아내는 '펀치드Punched', 얇게 잘린 질감으로 벽돌 안쪽의 질감이 외부로 노출된 디자인이 특징인 '슬라이스드Sliced'가 있다. 마지막으로 '샤인Shine'은 유리 질감의 벽돌인데 이 제품에는 추가적인 레이어가 더해져 생동감 있고 아름다운 표면이 만들어진다. 각 제품별로 고유한 색상이 있어 다양한 선택이 가능한 것도 장점이다.

좀 더 얇은 두께의 '폐기물 벽돌 슬립WasteBasedSlips'도 판매 중이다. 폐기물 벽돌 슬립의 생산 방식과 사양은 폐기물 벽돌과 동일하지만,

출처 | www.stonecycling.com

폐기물 벽돌로 올린 암스테르담 건물 외벽

출처 | www.stonecycling.com

폐기물 벽돌의 질감을 살린 실내 인테리어

제품 치수와 재활용된 폐기물 양에 차이가 있다. 폐기물 벽돌 슬립은 벽돌 1㎡당 약 23kg의 폐기물이 재활용된다. 현재 스톤사이클링의 제품은 부가가치세 및 운송비를 제외하고 1㎡당 65~85유로(약 8만 9,100~11만 6,500원)에 판매된다.

우리 일상 곳곳에서 만날 수 있는 자원 순환 제품

네덜란드에는 스톤사이클링 외에도 업사이클링 전문 기업이 다수 존재한다. 그중에서도 '더치피에츠DutchFiets'라는 자전거 회사는 가장 많이 재활용되고 업사이클링되는 폐기물 중 하나인 재활용 플라스틱을 활용해 자원 순환 자전거를 개발·생산한다. 생산에서 조립까지 전 과정에 신재생 에너지를 사용하는 것도 놀랍다.

폐비닐봉지로 만든 손목시계도 있다. 비닐봉지는 다른 물체들보다 밀도가 낮아 더 많은 미세플라스틱 입자를 배출한다. 눈에 잘 보이지 않기 때문에 가장 해로운 플라스틱 제품 중 하나다. '월틱 웨이Waltic Way'는 아르헨티나 지역 파트너들의 도움을 받아 오염된 강에서 이런 폐비닐봉지를 회수해 제품을 만든다.

환경오염의 또 다른 주범인 페트병을 대체할 수 있는 지속 가능한 해결책도 꾸준히 나오고 있다. '비 오 라이프스타일BE O Lifestyle'은 이산화탄소 배출을 줄이기 위해 식물 원료를 활용한 제품 생산에 힘쓴다.

네덜란드의 다양한 자원 순환 제품

출처 | dutchfiets.nl, walticway.com, beolifestyle.com

사탕수수를 이용한 '비 오 병BE O Bottle'이 그 주인공이다. 이 병에 사용되는 사탕수수가 1kg 성장하면 그 과정에서 3kg 이상의 탄소를 흡수하는 것으로 알려져 있다.

보다 지속 가능한 일상을 위한 벽돌 하나

우리의 삶이 계속되는 한 새로운 주택을 짓거나 기존 주택을 다시 건축하려는 수요는 사라지지 않을 것이 분명하다. 따라서 재건축 과정에서 필연적으로 발생하는 건설폐기물 처리 방안에 대한 깊은 고민이 필요하다. 전 세계가 쓰레기 처리 문제로 고통을 받고, 그 과정에서 배출되는 이산화탄소로 인한 위협에 시달리기 때문이다. 이제는 자원 순환 측면에서 이 문제에 접근해야 한다. 특히 스톤사이클링의 폐기물 벽돌처럼 건설폐기물이 자원으로 활용될 수 있다는 사실은 자원 순환 경제로의 이행을 보여주는 중요한 증거다.

건설폐기물뿐 아니라 막대한 양의 플라스틱 쓰레기, 폐의류·폐원단 등의 섬유폐기물을 활용해 새로운 가치를 지닌 혁신적 제품을 개발하려는 노력 또한 이어진다. 헌 옷을 압축해 건축 자재를 만들기도 하고 그동안 전량 매립하거나 소각해온 난방용 플라스틱 파이프를 건축·전기자재로 재활용하는 기술도 개발 중이다. 이처럼 자원 순환 제품과 관련 기술은 부족한 자원 문제를 해결하는 데 도움이 될 뿐 아니라 제품에 특별한 스토리와 마케팅 차별성까지 더해준다. 같은 제품이라도 보다 가치 있는 곳에 돈을 쓰고 싶어 하는 가치소비 트렌드가 확산하는 요즘, 건축업의 자원 순환 기술 발전이 더욱 기대되는 바다.

베툴 부룻(암스테르담 무역관)

제로 이코노미

접어 쓸 수 있는 친환경 물병, 오리가미 보틀

소피아

텀블러는 등산, 조깅, 하이킹 등 야외활동을 즐기는 다니엘의 애장품이다. 운동 후에는 수분 보충이 필수이기 때문이다. 최근에는 환경을 생각해 일회용품 사용을 줄이자는 움직임이 확산되면서 출근길에도 꼭 텀블러를 챙긴다. 출근길에 마시는 커피 한 잔의 여유가 하루를 활기차게 시작하는 원동력이 되어준다. 하지만 텀블러의 무게가 생각보다 많이 나가고 부피도 커서 작은 가방에는 들어가지 않는 것이 문제였다. 출퇴근 시 대중교통을 이용하는 터라 텀블러를 들고 이동하는 것이 불편했던 다니엘은 우연히 킥스타터 Kickstarter◆에서 접어 쓸 수 있고 휴대도 간편한 물통을 발견해 바로 후원에 참여했다. 기존 텀블러

보다 훨씬 가볍고 부피도 80% 이상 줄어드는 게 마음에 쏙 들어서다. 더욱이 색상이나 디자인도 세련돼 출근길이나 야외활동을 할 때도 편하게 들고 다닐 수 있어 보였다.

해양 플라스틱 오염을 막으려면

코카콜라의 지속 가능성 책임자 비아 페레즈Bea Perez는 2020년 다보스포럼Davos Forum에서 "페트병은 개폐가 편리하고 가벼워 소비자들이 좋아한다. 코카콜라는 아직 페트병 사용을 포기할 수 없다. 소비자를 충족시키지 못하는 기업은 더 이상 기업일 수 없기 때문이다"라고 밝혀 많은 환경단체의 원성을 샀다.

그녀의 발언이 다소 실망스럽게 다가왔던 건, 전 세계가 해양 플라스틱 오염으로 몸살을 앓는 상황이기 때문이다. 국제환경단체인 세계자연보전연맹International Union for Conservation of Nature, IUCN에 따르면 매년 800만 톤의 플라스틱이 바다에 버려진다고 한다. 버려진 플라스틱 폐기물로 수많은 해양생물이 고통받는 것은 물론, 폐기물에서 만들어진 미세플라스틱은 인간의 건강마저도 위협하는 지경에 이르렀다.

하지만 일부 환경론자들이 주장하듯 해양 플라스틱 오염 문제를 환

◆ 창작자의 아이디어에 대해 불특정 다수로부터 펀딩을 받을 수 있는 미국 크라우드펀딩 사이트.

경보다 시장의 논리를 앞세운 거대 기업의 책임으로만 돌릴 순 없다. 비아 페레즈의 말처럼 기업은 소비자의 요구에 먼저 반응하는 게 기본이기 때문이다. 그런 의미에서 우리 역시 일회용 플라스틱의 편리함을 누려온 한 사람의 소비자로서 그 책임으로부터 완전히 자유로울 순 없다. 해양 플라스틱 오염에서 지구를 지킬 수 있고, 휴대도 간편한 접어 쓰는 물병의 개발이 유독 반갑게 다가온 건 이런 이유에서다.

환경을 지키는 일이 불편하지 않도록

2018년 설립된 신생 스타트업 디폴드DiFOLD의 '오리가미 보틀Origami Bottle' 개발은 '소비자의 편리를 해치지 않으면서 환경을 지킬 수 있는 방법은 없을까?'라는 고민에서 시작됐다. 디폴드의 공동창업자인 라디나 포포바Radina Popova와 피터 자하리노프Peter Zaharinov는 "소비자가 일회용품을 덜 찾게 된다면 기업들 역시 자연스레 일회용품 생산을 줄일 거라 생각합니다. 디폴드의 제품을 통해 소비자들이 더 이상 일회용품을 찾지 않도록 하는 것이 저희의 목표입니다"라며 디폴드의 설립 비전을 밝혔다.

이 같은 디폴드의 비전은 실제로 전 세계 많은 소비자의 마음을 사로잡았다. 디폴드가 오리가미 보틀을 킥스타터에 올린 지 4시간 만에 목표 모금액인 1만 5,000달러(약 1,750만 원)를 초과 달성한 것은 물론,

출처 | 디폴드

디폴드의 공동창업자 피터 자하리노프(좌)와 라디나 포포바(우)

출처 | 디폴드

디폴드에서 개발한 '오리가미 보틀'

2021년 7월까지 목표액의 9배에 달하는 13만 6,000달러(약 1억 5,870만 원)를 3,000여 명의 후원자로부터 펀딩 받았기 때문이다. 디폴드는 지원받은 투자금을 기반으로 올해 안에 6,000개의 오리가미 보틀을 생산해 70개국의 후원자들에게 배송할 계획이다.

호주머니에 쏙 들어가는 750㎖ 물통

전 세계 소비자를 매혹시킨 오리가미 보틀의 핵심은 디폴드가 자체 개발한 '접첩 기술Collapsible Technology'에 있다. 이 기술은 건축가이자 제품 디자이너로 활동하던 디폴드의 창업자 피터 자하리노프가 종이접기 공예에 심취해 있던 2016년, 우연히 원통이나 원뿔을 최소한의 부피로 접을 수 있는 기하학적 패턴을 발견하면서 시작됐다. 2년간의 연구 끝에 이 기술을 상용화하는 데 성공한 디폴드는, 현재 접을 수 있는 물통 오리가미 보틀의 시장 출시를 눈앞에 두고 있다. 공동창업자 라디나 포포바는 "저희는 다른 스타트업과는 제품 개발 과정이 달랐어요. 대부분은 문제를 먼저 발견하고 그것을 해결하기 위해 제품을 개발하지만, 저희는 우연히 기술을 발견하고 그 기술로 해결할 수 있는 문제를 찾던 중에 오리가미 보틀을 개발하게 됐거든요. 한마디로 역발상인 거죠"라며 오리가미 보틀의 개발 배경을 설명했다.

오리가미 보틀은 750㎖의 액체를 담을 수 있는 원통형의 제품으로,

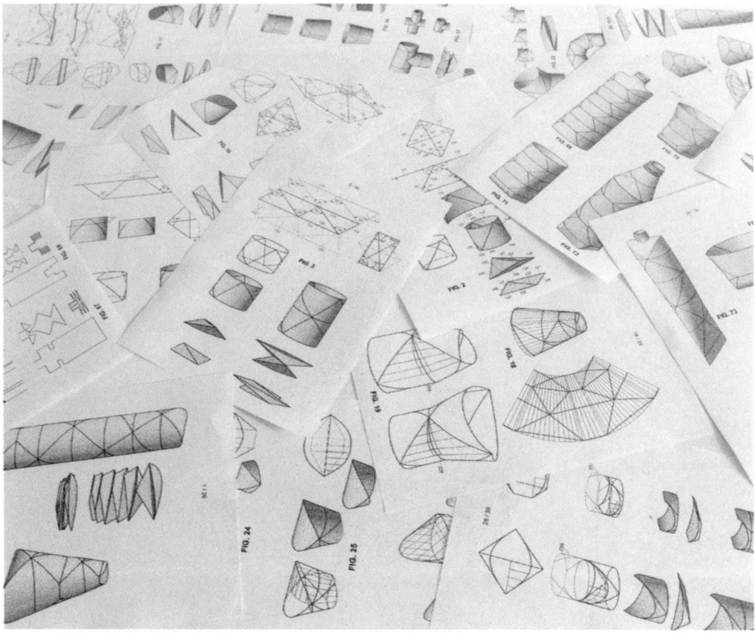

디폴드의 접첩 기술 콘셉트 드로잉

출처 | 디폴드

디폴드의 접첩 기술이 적용돼 접었을 때 최대 80~90%까지 부피가 줄어든다. 덕분에 휴대가 간편할 뿐 아니라, 펼쳤을 때는 일반 유리병만큼이나 단단한 내구성을 자랑한다. 또한 시중에 유통되는 휴대용 물병은 일반적으로 실리콘을 사용해 재활용이 어려운 데 반해, 오리가미 보틀은 식물 원료에 기반한 바이오 플라스틱을 사용해 음용감이 뛰어나고, 제품 세척과 재활용이 용이하다. 호주머니에 쏙 들어가는 750㎖의 물통으로 '환경'과 '편리'라는 두 마리의 토끼를 모두 잡은 것이다.

출처 | 디폴드

일상생활에서 사용 중인 오리가미 보틀

친환경 소비문화와 제로 웨이스트의 확산

디폴드는 오리가미 보틀의 성공에서 그치지 않고, 궁극적으로는 일회용품 사용이 많은 포장 소비재Consumer Packaged Goods 기업에 재사용이 가능한 포장 용기를 공급하는 B2B 비즈니스 기업으로의 변화를 꾀하고 있다. 최근 제로 웨이스트Zero Waste 문화의 확산으로 친환경 용기에 대한 기업들의 관심이 늘고 있는 것도 호재로 작용할 전망이다. 디폴드의 접첩 기술을 활용하면 공간 효율적이고 내구성이 강한 친환경 포장 용기를 개발할 수 있기 때문이다.

디폴드가 개발한 접첩 기술의 활용 가능성은 무궁무진하다. 예를 들어 세계적으로 그 수가 늘고 있는 제로 웨이스트 숍Zero Waste Shop◆에서는 내용물을 모두 사용한 용기를 접어서 보관하는 방식으로 매장의 공간 활용을 극대화할 수 있다. 또한 물건 운송 등에 사용되는 통이나 상자에 접첩 기술을 적용할 경우, 빈 통 또는 상자를 접어서 회수하는 방식으로 운반비용을 획기적으로 절감할 수 있다.

실제로 디폴드의 접첩 기술은 이미 많은 글로벌 기업들의 관심을 받고 있다. 스위스에 본사를 둔 글로벌 식품기업 네슬레Nestle와 기술협력을 논의하고 있는 것은 물론, 글로벌 소비재 기업 P&G, 바이어스

◆ 소비를 통해 배출되는 포장지 등의 쓰레기 배출을 최소화하기 위해 소비자가 직접 가져온 용기에 내용물만을 담아 판매하는 가게.

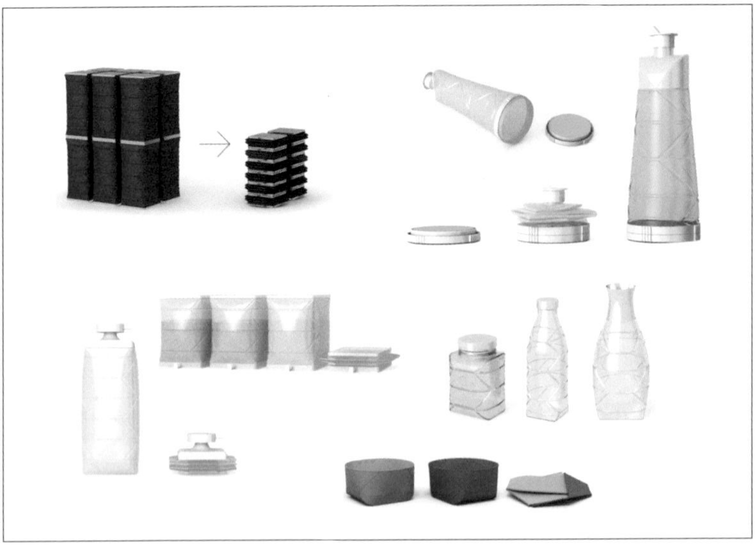

출처 | 디폴드

디폴드의 기술이 적용될 포장 용기 콘셉트

도르프Beiersdorf, 독일 대형 슈퍼마켓 체인 알디ALDI 역시 디폴드와의 협력에 관심을 가지고 있다.

공동창업자인 라디나 포포바는 "많은 글로벌 기업들이 친환경 소비문화를 선도하기 위해 노력하고 있습니다. 테스코Tesco나 알디는 이미 포장 없는 가게를 도입했고, P&G나 네슬레는 친환경 포장 용기를 개발하기 위해 시간을 쏟고 있어요. 모두가 경제적이면서도 소비자가 불편해하지 않을 친환경 용기가 필요한 상황입니다. 저희는 그들이 필요로 하는 모든 것들을 제공할 수 있습니다"라며 디폴드의 성공을 확신했다.

지구를 지키기 위한 불편함, 피할 수 없다면 즐겨라

한국에서도 친환경이 일상 소비에서 점점 중요한 트렌드로 자리매김하고 있다. 특히 최근에는 폐기물을 가공 후 다른 형태로 사용하는 '재활용Recycle'에서 사용한 물건 자체를 다시 사용하는 '재사용Reuse'으로 변화하고 있다. 이에 따라 리필 스테이션Refill Station, 제로 웨이스트 숍 같은 자원의 재사용을 유도하는 가게들 역시 늘어나는 추세다.

우리는 지구를 위해 친환경적으로 소비를 해야 한다는 사실을 머리로는 이미 알고 있다. 다만 불편하다는 이유로 피할 뿐이다. 디폴드의 오리가미 보틀 사례는 소비자가 환경을 지키기 위해 겪게 되는 불편함을 재미와 편의로 극복한 좋은 비즈니스 사례라 할 수 있다.

"피할 수 없으면 즐겨라." 미국의 저명한 심장 전문의 로버트 엘리엇Robert S. Eliet 교수의 명언이다. 이제 더 이상 지구를 지키기 위한 불편함을 피할 순 없다. 그렇다면 이를 즐길 수 있도록 만드는 게 우리 기업들의 남겨진 숙제는 아닌지 되물을 때다. 친환경 비즈니스에서만큼은 소비자의 책임감과 편리함, 그 사이 어딘가에 성공의 기회가 보석처럼 반짝이고 있음을 잊어선 안 될 것이다.

정지운(소피아 무역관)

제로 이코노미

우주선 바퀴를 자전거와 자동차에! 스마트 타이어

뉴욕

2021년 봄, 화성에 착륙한 퍼시비어런스Perseverance는 로봇 팔과 6개의 바퀴를 장착한 무게 1톤의 탐사 로봇으로, 신형 광석 샘플 수집 시스템까지 갖춘 5세대 로버Rover◆다. NASA의 화성 탐사선인 이 대형 로버는 화성의 여러 지역을 자율적으로 이동해 탐사한다. 지구와 화성의 대기 및 토양 환경이 다르기 때문에 화성 탐사선의 타이어는 더욱 단단하고 변형이 없는 소재를 사용할 수밖에 없을 것이다. 만약 이 화성 탐사선 바퀴에 사용한 소재를 지구에서도 사용한다면 어떨까? 아마도 견고하고 내구성이 탁월한 제품으로 입소문이 나지 않을까?

이러한 생각을 현실로 만든 회사가 있다. 바로 미국에 위치한 스마트 타이어 컴퍼니Smart Tire Company의 형상기억합금Shape Memory Alloy Radial Technology 타이어다. 화성 탐사에 사용된 타이어 소재로 만든 이 자전거 타이어는, 마모가 일어나지 않고 펑크도 나지 않아 특히 환경에 유익하다. 매년 마모로 수명이 다해 버려지는 타이어는 10억 개가 넘으며 대부분 폐기물 처리장에 버려진다. 버려진 타이어는 천천히 분해되면서 유해한 화학물질을 대기로 방출한다. 최근 문제가 되는 해양 미세플라스틱의 20~30%도 폐타이어 쓰레기가 차지한다. 따라서 마모되지 않고 펑크도 나지 않는 타이어를 오래오래 사용하는 것이 환경에 도움이 된다. 더욱이 타이어가 갑자기 펑크 나 곤란한 경험을 해본 구매자에게는 반가운 소식일 것이다.

내부에 공기가 없어 펑크가 나지 않는 강점

펑크가 나지 않는 타이어는 어떻게 가능한 걸까. 스마트 타이어는 형상기억합금인 니티놀Nitinol로 만들어졌다. 니티놀은 니켈Nickel과 티타늄Titanium의 조합이다. 니티놀은 니켈과 티타늄이 50:50 비율로 들어가고 미량의 기타 원소를 포함한다. 형상기억합금을 사용해 타이어

◆ 직접 화성의 지형지물을 탐사할 수 있도록 제작된 탐사 로봇. 1세대 로버는 1996년 투입된 무게 10.5kg의 소형 로버 소저너(Sojourner)였다. 이후 2004년에는 쌍둥이 로버인 스피릿(Spirit)과 오퍼튜니티(Opportunity)가, 2011년엔 4세대 로버 큐리오시티(Curiosity)가 화성을 탐사했다.

를 제작하면 고무처럼 탄성이 있지만, 티타늄처럼 강한 초탄성 타이어가 탄생한다. 또한 타이어 안에 공기가 존재하지 않아 구멍이 날 걱정을 하지 않아도 된다. 이 타이어는 NASA의 달과 화성 탐사선 바퀴 타이어에서 영감을 받아 만들었다.

형상기억합금의 장점은 외부의 힘이나 충격으로 인해 형태가 다소 변형된다 하더라도 본래의 형상을 기억하고 있어 조금만 가열해도 곧 원래 형상으로 돌아온다는 점이다. 덕분에 스마트 타이어는 돌이 있거나 고르지 않은 지형을 지날 때도 충격을 완화하며 펑크가 날 염려 없이 완주할 수 있다.

출처 | www.smarttirecompany.com

형상기억합금 니티놀로 만든 타이어

NASA와 협업해 만든 스마트 타이어

형상기억합금인 니티놀은 NASA에서 화성 탐사용 타이어를 만드는 데 사용됐다. 화성에는 도로가 존재하지 않을뿐더러 기온도 낮다. 영하 130도와 같은 화성의 기온 상황에서도 타이어 손상 없이 화성의 표면을 굴러다닐 수 있어야 한다. 또한 불균형한 화성의 지표를 안전하게 다닐 만한 소재가 필요했다. NASA의 글렌리서치센터 Glenn Research Center의 과학자들이 수년간 연구 개발한 끝에, 새로운 형상기억합금 소재인 니티놀을 이용해 타이어를 만들었고, 이것은 스마트 타이어 탄생의 시초가 됐다.

스마트 타이어 컴퍼니의 창업자인 얼 콜 Earl Cole과 브라이언 예

출처 | www.smarttirecompany.com

스마트 타이어 컴퍼니의 자전거 타이어

니 Brian Yennie는 이러한 우수한 소재를 우주에서뿐만 아니라 지구에서도 사용하자고 생각했다. 이들이 2020년 설립한 회사에는 전 NASA 인턴 캘빈 영 Calvin Young도 엔지니어로 활동하고 있다.

스마트 타이어 컴퍼니의 CEO인 얼 콜은 "화성 탐사를 위해 NASA가 만든 기술을 지금 바로 여기 지구에서도 사용할 수 있게 돼 매우 기쁘다"고 밝혔다. 현재 스마트 타이어 컴퍼니는 NASA와 전략적 파트너를 맺고 자전거용 스마트 타이어를 만들고 있다.

안전하고 내구성이 탁월한 친환경 기반

스마트 타이어에는 여러 장점이 있는데, 먼저 타이어에 펑크가 나지 않아 안전하다. 타이어 내부에 공기가 존재하지 않기 때문에 내구성도 뛰어나다. 형상기억합금으로 만들어져 외부 자극에도 강하며 견고하다. 또한 폐타이어를 만들어내지 않아 환경에도 도움이 된다.

글로벌 청정기술산업 관련 매체 아조클린테크 AZoCleantech 보고서에 따르면 전 세계적으로 폐기되는 타이어의 양은 매년 10억~18억 개다. 전 세계에서 발생하는 전체 폐기물의 약 2~3%에 해당하는 양이다. 미국에서만 매년 2억 4,600만~3억 개의 폐타이어가 발생하고 이 중 절반은 소각하는데, 폐타이어를 태우는 과정에서 발암성 및 돌연변이 유발성 독소를 대기로 방출한다. 이를 막기 위해서는 공기 배출 제어 시스

스마트 타이어의 장점

타이어 내부에 공기가 없어 펑크 날 위험이 없기에 안전하다.
오랜 기간 사용이 가능하다.
형상기억합금으로 만들어졌기 때문에 과도한 변형이 올 수 있는 콘크리트길과 자갈길 같은 지형에서도 강하다. 형상기억합금은 일반 강철보다 30배나 더 빨리 원래 모습으로 돌아오기 때문에 타이어에 강한 압력이 가해져도 끄떡없다.
타이어의 소재가 견고하기 때문에 어떠한 지표면에서도 강한 견인력을 자랑한다. 이러한 견고함이 차량과 자전거에 불필요하게 가해지는 에너지를 막아줄 수 있다.
타이어의 마모나 펑크가 일어나지 않아 폐타이어가 발생하지 않는다.

출처 | MedicalStartups, Crunchbase

템을 사용해야 하지만 비용이 많이 든다. 또한 태우지 않은 폐타이어는 매립지에 버려진다. 버려진 타이어가 분해되면서 유해한 화학물질

출처 | www.smarttirecompany.com

스마트 타이어와 일반 타이어의 비교

을 대기로 방출한다. 타이어의 화학물질은 토양도 오염시킨다. 중금속과 같은 유해물질들이 천천히 분해돼 토양으로 누출되며, 비라도 오면 오염물질이 빗물을 통해 흘러들어가 지하수까지 오염시킨다.

폐타이어의 문제는 화학물질만이 아니다. 매립지가 아닌 사유지에 폐타이어를 버려뒀을 때도 문제가 일어난다. 사유지에 버려진 타이어들은 모기나 해충들을 끌어모은다. 이러한 해충들은 인간에게 뇌염과 같은 질병을 가져다준다. 또한 위생적이지 않은 쥐와 같은 설치류들이 폐타이어에 서식지를 만드는 경우도 있다. 미국 질병통제예방센터는 건강상의 위험 때문에 집 주변에 폐기된 타이어를 방치하지 말라고 권고한다.

이처럼 더 이상 사용할 수 없는 폐타이어를 처리하는 과정에서 발생하는 문제는 한두 가지가 아니다. 하지만 스마트 타이어는 마모될 염려가 없고 펑크도 나지 않아 폐타이어의 배출량을 줄여주기 때문에 인간의 환경과 건강에도 큰 도움이 된다.

스마트 타이어, 자전거에만 이용될 순 없다

스마트 타이어 컴퍼니의 처음 계획은 자동차 타이어를 만드는 것이었다. 하지만 자동차 타이어의 규제 요건이 까다로운 탓에 자전거 타이어를 먼저 제작하게 됐다. 자전거 타이어는 제품의 시장 출시 기간이 자동차보다 비교적 짧다. 또한 수요가 높아 자전거 타이어의 진입 장벽이 상대적으로 낮다고 판단했다.

스마트 타이어 컴퍼니는 2022년까지 METL 자전거 타이어를 공개할 예정이다. 또한 METL 자전거 타이어의 시장 출시에 힘입어 곧 전기자동차를 위한 에어리스 타이어도 제작할 계획이라고 밝혔다.

스마트 타이어 컴퍼니의 자료에 따르면, 오늘날 전 세계 타이어 시장의 가치는 약 2,500억 달러(약 293조 원)다. 매년 4억 개 이상의 공기 압력 타이어가 생산되고, 타이어가 필요한 새로운 자동차도 매년 약 4,700만 대가 제작된다. 또한 전 세계에서 자동차를 사용하는 인구는

출처 | www.smarttirecompany.com

METL 자전거 타이어

약 1.6%의 속도로 증가하고 있다. 스마트 타이어가 성공적으로 상용화될 경우, 그 성장 가능성이 무궁무진할 것으로 예상된다.

다방면으로 활용 가능한 신소재 타이어

물론 아직 해결해야 할 문제도 남아 있다. 타이어라면 일반적으로 승차감, 접지력, 회전 저항, 내구성 및 무게를 고려해야 한다. 스마트 타이어 컴퍼니는 프로토타입에서 사용자들이 100psi에서 700c 클린처 타이어clincher tire를 타는 것과 비슷한 승차감을 주는 게 목표라고 밝혔다. 클린처 타이어는 일반적으로 자전거에 사용되는 타이어다.

하지만 스마트 타이어 컴퍼니의 엔지니어인 캘빈 영은 "타이어가 굴러갈 때 구름을 방해하는 힘인 구름 방지 계수와 타이어의 강성을 어떻게 변화시켜 몸무게가 다른 라이더들에게도 비슷한 승차감을 줄 수 있는지에 대한 숙제가 아직 풀리지 않았다"고 전했다. 또한 "와이어 게이지, 스프링 무게 및 기타 요인을 조정할 방법도 여전히 연구하고 있다"고 덧붙였다.

아직 풀리지 않은 숙제들이 남았지만, 스마트 타이어의 전망은 여전히 밝다. NASA의 한 재료과학 엔지니어는 "우주에서뿐만 아니라 지구에서도 사용할 타이어를 형상기억합금을 이용해 만드는 일은 굉장히 혁신적이고 매우 유망하다"라고 답했다. 앞으로 스마트 타이어가 이용될 수 있는 분야는 트럭 운송과 관련한 자동차, 전기자동차가 있다. 또한 드론 같은 군사 분야에도 사용할 수 있다. 마모가 잘 일어나지 않는 타이어의 특성 때문에 주로 평평하지 않은 지표면에서 사용하는 중장비 건설과 산업 기계의 타이어로도 활용할 수 있다. 이처럼 신소재로 만든 스마트 타이어는 전방위적으로 활약이 가능하다.

이와 더불어 또 하나 주목할 점은 스마트 타이어는 환경에도 긍정적인 영향을 미친다는 점이다. 최근 소비자들은 가치소비를 지향한다. 환경 문제를 심각하게 받아들이고 이를 개선하고자 하는 사람들도 많아졌다. 최근 타이어 업계의 친환경 바람이 거센 것도 같은 맥락이다. 물론 펑크가 나지 않고 마모가 발생하지 않아 환경오염 우려가 없는 스마트 타이어에 비하면 아직 가야 할 길이 멀지만, 지구 환경을 생각하는 타이어 업계의 노력은 이미 시작됐다.

전유진(뉴욕 무역관)

제로 이코노미

쌀 껍질로 친환경 플라스틱을 만들다, 오리사이트

마드리드

스페인 북동쪽 해안가에 위치한 작은 마을, 암포스타 Amposta. 이곳엔 100년 역사를 자랑하는 벼농사 협동조합인 몬트시아 Montsia가 있다. 매년 6만 톤의 쌀을 생산하는 몬트시아의 마르셀 마타모로스 Marcel Matamoros 회장은 쌀 도정 과정에서 전체 생산량의 20%에 달하는 쌀 껍질이 버려진다는 걸 알게 된 후, '버려지는 쌀 껍질을 유용하게 활용할 수 있는 방법은 없을까?'를 고민했다. 그리고 이러한 고민은 신소재 개발자인 이반 간두체 Iban Ganduxe를 통해 말끔히 해소됐다. 쌀 껍질을 분석한 결과 플라스틱 대체재로 충분히 활용 가능하다는 결론에 다다른 것이다.

출처 | 오리사이트

몬트시아 쌀 가공 공장 사진

이후 이반은 2005년 오리사이트Oryzite라는 회사를 설립하고 본격적인 신소재 개발에 나섰다. 처음엔 쌀 껍질을 바이오필러Bio-Filler로 가공한 후 플라스틱과 융합해, 순수 플라스틱 사용 비중을 낮추는 데 주안점을 뒀다. 그러나 쌀 껍질의 특성상 입자가 매우 거칠고 습도에 취약해 자연 그대로의 상태로는 플라스틱과 잘 혼합되지 않았다. 이에 추가 공정을 통해 쌀 껍질이 플라스틱과 섞일 수 있게 하는 기술을 개발, 2010년에는 열경화성 플라스틱과, 2012년에는 열가소성 플라스틱과 쌀 껍질을 결합할 수 있

출처 | 오리사이트

게 됐다. 현재 해당 기술은 국제 특허 출원 중으로, 오리사이트는 개발한 쌀 껍질 소재에 기업명과 동일한 '오리사이트'라는 이름을 붙였다. 이 쌀 껍질 소재는 생산하고자 하는 제품의 특성에 따라 기존 플라스틱의 최대 90%까지 대체 가능하다.

탈 플라스틱, 선택이 아닌 필수

오리사이트가 많은 이들의 주목을 받는 이유는 간단하다. 현대인들에게 플라스틱이 없는 세상을 상상하기란 쉽지 않기 때문이다. 단순한 생활용품은 물론 포장재, 가전제품, 건축자재, 섬유, 가구, 자동차 등 우리 주위를 둘러싼 거의 모든 제품에 플라스틱이 포함돼 있다. 금속이나 도자기에 비해 가볍고 내구성이 우수하며 단열성과 절연성, 방습성이 뛰어난 플라스틱은, 무엇보다 적은 비용으로 대량생산이 가능해 제조업 전반에 걸쳐 생산단가를 획기적으로 낮추는 데 크게 기여했다.

하지만 이제 우리는 플라스틱과의 이별을 준비해야 한다. 플라스틱의 무분별한 사용이 인류의 미래를 위협하는 칼날이 됐기 때문이다. 저렴하게 많이 만들 수 있고 오랜 시간 썩지 않아 산업 소재로서 사랑받았지만, 그 결과 지구는 폐플라스틱 쓰레기장이 돼버렸다. 수백 년이 흘러도 분해되지 않는 플라스틱은 자연 생태계 먹이사슬에 악영향을 미치고, 나아가 인류의 건강까지 위협하고 있다.

이에 세계 각국은 탈 플라스틱을 위한 각종 정책을 적극 시행 중이다. EU의 경우 2021년 1월 1일부터 재활용이 불가능한 포장재 플라스틱 폐기물에 1kg당 0.8유로를 부과하는 플라스틱세를 도입하는 한편, 같은 해 7월 3일부터는 식기류, 음료용 컵 등 일부 일회용 플라스틱 제품의 유통과 판매를 금지했다. 중국도 2021년 초부터 일회용 플라스틱 제품의 사용을 억제하는 정책을 도입해 플라스틱 식기나 면봉 같은 제품의 생산 및 판매를 금지했다.

상황이 이렇다보니 플라스틱을 대체할 신소재를 찾기 위한 기업들의 노력도 가속화하고 있다. 특히 옥수수나 사탕수수, 볏짚과 같이 생분해가 가능한 바이오 플라스틱 개발이 한창이다. 쌀 껍질을 활용해 플라스틱 대체재를 개발한 오리사이트가 현지 시장에서 주목받는 건 어찌 보면 당연한 결과다.

재활용·경량화·에너지 절감이 가능한 친환경 소재

오리사이트의 가장 큰 장점은 친환경적이라는 데 있다. 해당 소재는 최대 12번까지 재활용할 수 있고 쉽게 생분해된다. 버려지던 천연자원을 활용해 플라스틱 대체재를 만들고 이를 여러 번에 걸쳐 재활용할 뿐 아니라, 환경오염 없이 폐기 처리가 가능하다. 이는 순환 경제로의 전환에도 긍정적인 영향을 미칠 전망이다.

우수한 에너지 효율성도 주목할 만하다. 오리사이트에 따르면 1kg의 폴리프로필렌PP을 생산하기 위해 일반적으로 0.25~ 0.36kWh의 전력이 필요한 반면, 오리사이트는 동일한 중량의 소재를 0.0625kWh의 전력으로 만들 수 있어 약 5.8배에 달하는 에너지 절감 효과를 얻을 수 있다. 즉, 더 낮은 온도에서 생산이 가능하기 때문에 에너지 효율이 좋고, 생산에 걸리는 시간도 상대적으로 짧아 일반 플라스틱보다 약 25% 생산단가 절감이 가능하다.

또한 오리사이트는 일반 플라스틱에 비해 무게가 가벼워 만들고자 하는 제품의 경량화가 가능하다. 해당 소재를 활용해 자동차 부품 생산 방안을 검토 중인 스페인의 완성차 기업 세아트Seat의 실험 결과에 따르면, 폴리아미드 재질의 부품에 오리사이트 소재를 15% 혼합할 경우 해당 부품의 무게가 12% 가벼워졌다.

모든 플라스틱 제품에 적용 가능한 오리사이트

오리사이트는 기존 플라스틱 소재와 혼합해 사용하기 때문에 사실상 모든 플라스틱 제품에 적용된다. 이미 일부 스페인 제조기업들은 수년 전부터 동 소재를 활용한 플라스틱 제품을 생산해왔다.

대표적으로 스페인의 욕실·부엌가구 제조기업인 로카Roca는 2014년부터 욕실 싱크대 제조 시 사용되는 플라스틱 부품을 오리사이트와

오리사이트 자동차 부품

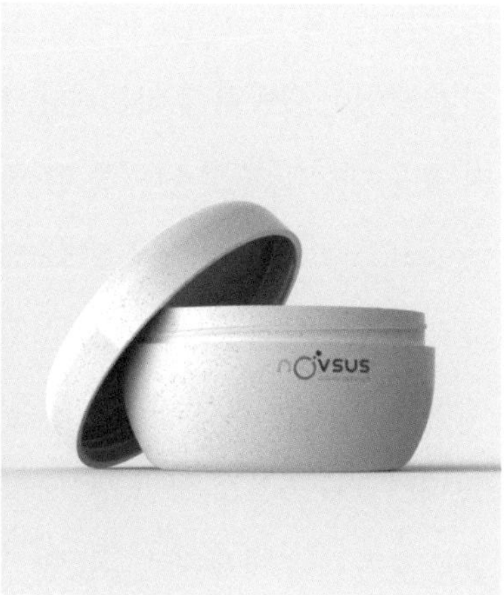

오리사이트 화장품 용기

출처 | 오리사이트

혼합해 생산한다. 또한 CM 플라스틱 리사이클링CM Plastik Recycling은 2016년 동 소재를 사용한 가구와 쓰레기 수거함을 만들었다. 노브수스Novsus의 경우 2020년부터 오리사이트 65% 혼합 플라스틱으로 화장품 용기를 제조해 판매한다. 앞서 언급한 세아트 역시 오리사이드 적용 자동차 부품을 생산하기 위해 2019년부터 파일럿 프로젝트를 수행하고 있다.

탄소 중립을 실현할 다양한 친환경 플라스틱의 개발

전 세계는 2050년까지 탄소 중립을 실현하기 위해 힘을 모으고 있다. 이를 위해 화석연료 사용을 전기·수소 에너지로 대체하는 에너지 전환 작업이 활발하게 이뤄진다. 혁신적인 디지털 기술을 적용한 에너지 효율 개선 노력도 탄력을 받는 추세다. 석유에서 추출한 원료로 만든 플라스틱 역시 이 같은 탄소 제로 정책 기조에 맞춰 점차 인류 역사의 뒤안길로 사라질 것으로 예상된다.

현재 전 세계 연간 쌀 생산량은 7억 5,000만 톤에 달한다. 한국에서도 매년 350만 톤의 쌀이 생산된다. 쌀 가공 과정에서 버려지는 쌀 껍질을 플라스틱 대체재로 활용할 수 있다면 생산단가 절감과 친환경이라는 두 마리 토끼를 동시에 잡을 수 있을 것으로 기대된다. 특히 한국의 플라스틱 쓰레기 배출량은 세계 최고 수준이다. 스타티스타Statista를 비롯, 다양한 기관의 연구보고서에서 우리나라 1인당 일회용 플라스틱 쓰레기 배출량이 대부분 상위에 위치해 있다. 탄소 중립 및 탈 플라스틱을 위한 움직임에 속도를 붙여야 하는 상황이다. 다행인 점은 국내에서도 플라스틱 대체재에 대한 연구 개발이 활발하다는 것이다.

이처럼 기존 플라스틱을 대체할 수 있는 여러 친환경 플라스틱의 비중이 점점 높아지지만, 아직까지 상당수의 제품이 생산단가가 높거나 내열성 또는 내한성이 낮아 완벽한 대체가 쉽지만은 않다. 친환경 소재의 가격이 제품에 따라 다르기는 하지만 통상적으로 기존 플라스틱 소재 대비 20~30% 높다. 또한 바이오 플라스틱을 만들려고 옥수수, 사탕수수, 쌀 등 특정 농작물 생산량을 늘리게 될 경우, 이를 재배하기 위해 또 다른 천연자원을 사용해야 하는 상황을 맞닥뜨릴 수 있어 주의가 필요하다.

그럼에도 친환경 플라스틱 시장은 향후 더욱 확대될 전망이다. 미국 시장조사기관 얼라이드마켓리서치 Allied Market Research 분석에 따르면, 전 세계 바이오 플라스틱 시장 규모는 2020년 58억 달러(약 7조 원)에서 2030년 168억 달러(약 20조 원)로 대폭 성장할 것으로 예상된다. 버려지는 쌀 껍질의 활용 방안을 고민하다 오리사이트라는 플라스틱 대체재를 개발한 스페인 오리사이트의 사례처럼, 우리 주변에서 흔히 찾아볼 수 있지만 무분별하게 버려지는 자원을 새로운 소재로 탄생시킬 수 있는 번뜩이는 아이디어와 진지한 고민이 필요한 때이다.

이성학(마드리드 무역관)

2022 한국이 열광할 세계 트렌드

초판 1쇄 인쇄일 2021년 10월 15일
초판 5쇄 발행일 2021년 11월 15일

지은이 KOTRA

발행인 박헌용, 윤호권
본부장 김경섭 **책임편집** 이영인
발행처 (주)시공사 **주소** 서울시 성동구 상원1길 22, 6-8층(우편번호 04779)
대표전화 02 - 3486 - 6877 **팩스(주문)** 02 - 585 - 1247
홈페이지 www.sigongsa.com / www.sigongjunior.com

ISBN 979-11-6579-729-4 03320